文化精神与法律生命

——梁漱溟新儒家法律思想研究

尹华广　著

ZHEJIANG UNIVERSITY PRESS
浙江大学出版社

图书在版编目(CIP)数据

文化精神与法律生命:梁漱溟新儒家法律思想研究 /
尹华广著. —杭州:浙江大学出版社,2019.1

ISBN 978-7-308-18387-1

Ⅰ.①文… Ⅱ.①尹… Ⅲ.①儒家—哲学思想—文集
Ⅳ.①B222.05—53

中国版本图书馆 CIP 数据核字(2018)第 147140 号

文化精神与法律生命
——梁漱溟新儒家法律思想研究

尹华广 著

责任编辑	石国华	
责任校对	张振华 杨利军	
封面设计	周 灵	
出版发行	浙江大学出版社	
	(杭州天目山路 148 号 邮政编码 310007)	
	(网址:http://www.zjupress.com)	
排 版	杭州星云光电图文制作有限公司	
印 刷	浙江新华数码印务有限公司	
开 本	710mm×1000mm 1/16	
印 张	11.5	
字 数	200 千	
版 印 次	2019 年 1 月第 1 版 2019 年 1 月第 1 次印刷	
书 号	ISBN 978-7-308-18387-1	
定 价	45.00 元	

内容简介

  梁漱溟新儒家法律思想是梁漱溟试图以返本开新的方式重新确立儒家法律思想价值取向的统治地位,解决近代中国社会秩序失范问题的法律思想。它是梁漱溟文化思想的重要组成部分,是其文化思想的产物。

  传统中国的法律与儒家文化是高度融合的。但到了近代,由于西方的入侵与中国自身的衰落,传统中国的法律与儒家文化发生断裂,中国走向了移植、模仿西方法律与西方文化的道路。但西方的法律与西方文化并不能在中国落地生根;更为重要的是,移植、模仿而来的西方法律、西方文化与传统中国的儒家文化发生了根本性的背离。由此造成的后果是,中国出现秩序失范、法律无用状况。如何摆脱这种状况?梁漱溟认为必须以返本开新的方式构建新的法律秩序、新的文化思想,实现新的法律与新的文化的融合。这里新的法律即新儒家的法律,新的文化即新儒家的文化。

  梁漱溟以返本开新的方式构建新儒家的法律秩序、新儒家的文化,实现新儒家法律与新儒家文化融合的思想主要体现在三个方面。

  其一,梁漱溟从宏观政治制度视角探讨解决中国近代秩序失范、法律无用的问题。他认为,虽然中西之间的人治与法治、政教合一与政教分离、义务本位与权利本位存在根本对立,但并不是不能融合。因为,持第二路向文化的中国要向持第一路向文化的近代西方学习,而持第一路向文化的近代西方事实上也正在向着第二路向的文化转变。因而可以建立"人治的多数政治"制度或者说"多数政治的人治"制度。

  其二,梁漱溟从新礼俗视角探讨解决中国近代秩序失范、法律无用的问题。他认为中国社会秩序重构需要新礼俗,应"从中西精神具体的融合"、"从理性求组织"、"从乡村入手"来建设新礼俗。而法律是对新礼俗建设成果的确认。

  其三,梁漱溟从理想的视角探讨人类未来社会秩序的维持问题。他认为,纯道德因素的礼是人类未来社会秩序维持的必然选择,西方社会与中国社会最终都会走上这条道路。但中西方走上这条道路的方式不同:西方社会由法律走上只含道德内容的礼之路,而中国社会由最初的含有法律内容的礼,走上最终的只含道德内容的礼之路。其原因在于近代西方要由"身"的文化走上"心"的文化,而中国要由文化早熟、理性早启的"心"的文化走上正常的"心"的文化。

总之,梁漱溟新儒家法律思想的特点是"文化决定论"、"中体西用论"、"保守性"、"理想性"。梁漱溟新儒家法律思想的局限主要可从激进主义、自由主义的视角进行考察。梁漱溟法律思想对当代中国的法治发展有很重要的启示。

目　录

第一章　绪　论 …………………………………………………… 1
　第一节　研究对象与选题意义 …………………………………… 1
　　一、研究对象 …………………………………………………… 1
　　二、选题意义 …………………………………………………… 3
　第二节　梁漱溟法律思想研究现状 ……………………………… 4
　　一、研究概况 …………………………………………………… 4
　　二、研究存在的问题及改进 …………………………………… 8
　第三节　研究思路与方法 ………………………………………… 9
　　一、研究思路 …………………………………………………… 9
　　二、研究方法 …………………………………………………… 10
　第四节　本书的结构安排 ………………………………………… 10

第二章　梁漱溟新儒家法律思想产生的动因及形成轨迹 ………… 13
　第一节　法律与文化的断裂：梁漱溟新儒家法律思想产生的动因 … 13
　　一、传统中国法律与儒家文化的断裂 ………………………… 15
　　二、西方法律与西方文化不能在中国扎根 …………………… 16
　　三、西方法律与传统中国儒家文化的背离 …………………… 18
　第二节　梁漱溟新儒家法律思想的形成轨迹 …………………… 18
　　一、"必用西法"阶段 …………………………………………… 19
　　二、"必不能用西法"阶段 ……………………………………… 23
　　三、返本开新，构建新儒家法律的社会秩序阶段 …………… 26

第三章　我们今后的政治是"人治的多数政治" …………………… 30
　第一节　中西人治与法治的对立 ………………………………… 30
　　一、人治与法治的难题 ………………………………………… 30
　　二、中国人治与西方法治的对立 ……………………………… 33
　第二节　中西政教合一与政教分离的对立 ……………………… 34
　　一、政教合一与政教分离的区分 ……………………………… 34
　　二、法律与道德的不分与分 …………………………………… 35
　第三节　中西义务与权利的对立 ………………………………… 38

一、中国是伦理义务本位 ·················· 38
二、西洋是法律权利本位 ·················· 39
三、中国义务与西方权利的比较 ·············· 41
第四节 对立的融合："人治的多数政治" ········· 43
一、中西对立的转化 ···················· 43
二、对"人治的多数政治"的理解 ············· 44
三、可能的质疑 ······················ 46

第四章 中国社会秩序的重构在于建设新礼俗 ······ 47
第一节 礼俗、新礼俗与法律 ·············· 47
一、"以礼俗代法律" ···················· 47
二、法律是对新礼俗成果的确认 ·············· 55
第二节 社会秩序重构需要新礼俗 ············ 57
一、以团结组织克服散漫的需要 ·············· 57
二、建立新的社会结构的需要 ··············· 58
三、培养新事实、建立新秩序的需要 ··········· 62
第三节 建设新礼俗的路径 ··············· 63
一、从"中西精神具体的融合"着眼 ············ 63
二、"从理性求组织" ···················· 65
三、"从乡村入手" ····················· 65

第五章 礼的路为人类未来社会所必由 ········· 67
第一节 传统中国的礼 ·················· 67
一、传统中国礼的历史发展、内涵、特征与作用 ····· 67
二、传统中国礼与传统中国法律的比较 ·········· 73
三、传统中国礼法与西方法律的比较 ··········· 79
第二节 身的文化与近代西洋法律 ··········· 88
一、身的文化是第一路向的文化 ·············· 88
二、身的文化决定近代西洋法律发展 ··········· 90
三、近代西洋的法律缘于近代西洋的社会构造 ······ 91
四、近代西洋法律是理智化的 ··············· 97
五、可能的误读 ······················ 99
第三节 心的文化与传统中国的礼 ··········· 101
一、心的文化是第二路向的文化 ·············· 101
二、心的文化决定传统中国礼的发展 ··········· 102
三、传统中国的礼缘于传统中国的社会构造 ······· 102

　　四、礼俗即理性 ……………………………………… 104

　第四节　礼:人类未来社会所必由 ……………………… 110

　　一、西方社会由法律走上礼 …………………………… 110

　　二、中国社会由最初之礼走上最后之礼 ……………… 111

第六章　梁漱溟新儒家法律思想的特点与局限 ………… 113

　第一节　梁漱溟新儒家法律思想的特点 ………………… 113

　　一、文化决定论 ………………………………………… 113

　　二、中体西用论 ………………………………………… 115

　　三、保守性 ……………………………………………… 119

　　四、理想性 ……………………………………………… 122

　第二节　梁漱溟新儒家法律思想的局限 ………………… 124

　　一、从激进主义视角看梁漱溟新儒家法律思想的局限性 … 124

　　二、从自由主义视角看梁漱溟新儒家法律思想的局限性 … 125

　　三、梁漱溟新儒家法律思想的其他局限性 …………… 127

第七章　梁漱溟新儒家法律思想的当代启示 …………… 129

　第一节　当代中国法治发展要重视"术"与"道"的结合 … 130

　　一、我国法律发展过程中存在的问题 ………………… 130

　　二、梁漱溟新儒家法律思想对"术"与"道"的重视 … 131

　　三、当代中国法治发展要重视"术"与"道"的结合 … 132

　第二节　当代中国法治发展要重视"学"与"术"的结合 … 133

　　一、引言:梁漱溟新儒家法律思想中的"学"与"术"及其重要性 … 133

　　二、我国法治发展模式述评 …………………………… 134

　　三、我国"学术推进型"法治构建模式的涵义与特征 … 135

　　四、我国"学术推进型"法治构建模式的具体设想 … 137

　第三节　当代中国法治发展要重视法律与事实之间的"选择性亲近关系"

　　………………………………………………………… 142

　　一、引　言 ……………………………………………… 142

　　二、梁漱溟法律与事实之间"选择性亲近关系"思想 … 142

　　三、对我国法治建设的启示 …………………………… 155

参考文献 …………………………………………………… 162

索　引 ……………………………………………………… 173

后　记 ……………………………………………………… 174

第一章 绪 论

梁漱溟(1893—1988年),当代中国著名的思想家、哲学家、教育家、社会活动家,现代新儒家的开山鼻祖,被美国学者艾恺称为"最后的儒家"。梁漱溟一生关注"人生问题"与"中国问题"两大问题。主要著作有《印度哲学概论》、《唯识述义》、《东西文化及其哲学》、《中国民族自救运动之最后觉悟》、《乡村建设理论》、《中国文化要义》、《人心与人生》等,现山东人民出版社已出版《梁漱溟全集》八卷。

第一节 研究对象与选题意义

关于梁漱溟思想研究的专著,主要有以下三类:一是关于梁漱溟生平思想的研究,代表作有《最后的儒家——梁漱溟与中国现代化的两难》(艾恺,2013)等;二是关于梁漱溟各领域思想的研究,代表作有《梁漱溟哲学思想》(郭齐勇、龚建平,2011)等;三是梁漱溟与其他著名学者思想的比较研究,代表作有《梁漱溟与胡适——文化保守主义与西化思潮的比较》(郑大华,1994)等。

梁漱溟新儒家法律思想属于第二种类型,即梁漱溟各领域思想研究的内容。到目前为止,虽然研究梁漱溟法律思想、新儒家思想的学术专著已有不少,但系统研究梁漱溟新儒家法律思想的著述却不多见。

以梁漱溟新儒家法律思想作为本著作的选题,可能会遇到如下两个质疑:第一,作为现代新儒家开山鼻祖的梁漱溟,有法律思想吗? 第二,如果梁漱溟有法律思想,那么,专门研究其新儒家法律思想有何意义? 在开展研究之前,很有必要对此质疑予以回答。

一、研究对象

根据《辞海》的解释,所谓"思想",亦称"观念"。思维活动的结果。属于理性认识。① 也就是说,考察梁漱溟有没有法律思想,就看他有没有关于法律的理性认识,有没有形成关于法律的理性认识的结果。

与此同时,梁漱溟对一些重大法律问题如中西法律差异的文化思考等有深入的研究,对中西一些具体的法律制度与法律现象的区别,如礼俗与法律、权利与义务、好讼与厌讼、和奸是否为罪等,也有精彩的解释。

尤为重要的是,在近代中国秩序失范、法律无用的前提下,梁漱溟将法律与文化紧紧联系在一起,做出了有异于一般法学家视角的深刻的理性思考,以返本开新、"老根发新芽"的方式,构建新儒家理想的法律秩序,产生了新儒家法律思想,形成了一系列独特的观点。其成果散见于《中国民族自救运动之最后觉悟》《我们政治上的第一个不通的路——欧洲近代民主政治的路》《乡村建设理论》《中国文化要义》等相关著述之中。

当然,这里还涉及另一个重大问题,即儒家思想体系中有没有法律思想的问题,再具体一点,即"礼"是不是"法"的问题。如果将"法"单纯理解为法家的"刑",儒家思想体系中就没有法律思想,而如果将"礼"理解为"法"之源,即"出于礼而入于刑",则从严格意义上来讲,"礼"才是传统中国真正意义上的"法",作为名义上"法"的"刑",只不过是对"礼"的确认与保障而已。又由于"礼"与"法"在传统中国社会秩序的维护中,二者是同时并存的,因而也有学者将传统中国的法律称为"礼法"。关于这一点,以俞荣根为代表的法学者已有相当深刻的研究:

"中国古代社会是一个礼法社会。礼法是中国古代法的基本形态。其基本特征就是将礼作为国家立法、执法和司法的基本原则和指导方针,以礼率法,以礼摄法,'礼'与'法'既糅合又并存,相互补充、相互渗透、相互融合,用于规范社会、管治民众、治理国家。由于对礼法的提倡、研究多为儒学家或与儒家思想密切相关,儒家思想在古代思想领域一直占主流地位,被历代奉为正统,因此,中国古代法家在一定意义上就是礼法学,而礼法学也可称为儒家法学。"②

解决了儒家思想中有法律思想的问题,现代新儒家思想中有法律思想的问题也就不在话下。与传统儒家法律思想一样,作为现代新儒家开山鼻祖的梁漱溟其新儒家法律思想的重心也在"礼",更确切地说在于其"新礼

---

① 《辞海》(第六版)缩印本,上海辞书出版社 2010 年版,第1771页。

② 俞荣根、龙大轩、吕志兴:《中国传统法学述论——基于国学视角》,北京大学出版社 2005 年版,第 43 页。关于此方面的研究,还可详见儒家法思想研究的代表人物俞荣根的相关著述,如:俞荣根:《儒家法思想通论》,广西人民出版社 1998 年版;俞荣根:《礼法传统与中华法系》,中国民主法制出版社 2016 年版;俞荣根:《礼法传统与现代法治》,孔学堂书局 2014 年版。

俗"思想,在于其"礼的路为人类未来社会所必由"①思想。当然,梁漱溟新儒家法律思想也不限于此,还有对西方法治与中国人治如何融合的思考等。

本书研究的对象是梁漱溟的法律思想,具体地说是梁漱溟对新儒家法律秩序的构想。但是,梁漱溟是思想、文化大家,而非法学家,他没有专门地、系统地研究过法律问题,他专门、系统地研究的是文化问题,法律思想在很大程度上只是他文化思想的副产品。所以,本书从其文化思想中去探讨其新儒家法律思想。或者说,本书研究对象是梁漱溟文化视角下的新儒家法律思想。

二、选题意义

清末修律、辛亥革命,标志着传统中国儒家化法律在国家层面、制度层面的消亡。近代中国的法律走上学习英美、苏俄等西方国家的道路,中国试图以模仿、移植西方法律的方式实现中国法制的现代化。但近代以来的事实证明,这条道路在中国没有效果,中国法制现代化尚在完善中。

为什么中国法制现代化尚需完善?原因是多方面的,重要的原因之一在于,近代以来的中国人没有很好地对待传统的儒家法律思想中的优秀成果,往往是将其作为糟粕予以废弃,没有对其进行创造性的转化。与之相反,"而同具有儒家法律思想传统、曾为中华法系一员的日本为何能迅速地成为法治强国?从法律文化角度而言,关键的问题在于能否对传统的儒家法律思想适时地进行改造,从而正确处理好传统儒家法律文化与法制现代化的关系"②。所以,"中国要实现法制现代化,至关重要的是如何重新确立儒家法律思想价值取向……可以说儒家法律思想在中国的兴衰历史犹如罗马法的兴衰史一样,有其存在的历史合理性和必然性"③。新儒家法律思想正是试图重新确立儒家法律思想价值取向的一种最为积极的尝试。

作为思想、文化大家而非法学家的梁漱溟虽然没有专门针对传统儒家法律思想的创造性转化进行研究,但他在对传统文化进行创造性转化研究从而创立新儒学思想的同时,不可避免地要涉及对传统儒家法律思想进行创造性转化的研究问题。对于中国法制现代化而言,在人们还没有认识到儒家法律思想创造性转化的重要性的情况下,将梁漱溟的新儒家法律思想系统整理出来具有重要意义。

---

① 梁漱溟:"东西文化及其哲学",载中国文化书院学术委员会:《梁漱溟全集(第一卷)》,山东人民出版社 2005 年版,第 381-383 页。
② 夏锦文、唐宏强:"儒家法律文化与中日法制现代化",载《法律科学》1997 年第 1 期,第 78 页。
③ 同上,第 84 页。

另外,本选题对法学研究的方法论也具有重要价值。怎样才能探索出中国自己的法制现代化道路?"求本真于法外"①是一个不错的选择。何谓"求本真于法外"?它是指分析、探究法律与其他相关因素的关系,特别是法律与其决定因素的关系。法律背后的决定因素相同,法律必定大致相同,而如果法律背后的决定因素不同,即使法律表面形式上相同,实际运作起来,也可能会相差十万八千里。梁漱溟的贡献在于,他深刻地、成功地探讨了其中的一个因素——文化因素。在此基础上,梁漱溟构建了新儒家法律秩序。这对探寻近代以来中国法律发展的出路,如何使中国的法律具有实效,有强烈的方法论上的启发意义。

第二节　梁漱溟法律思想研究现状②

一、研究概况

目前,学界对梁漱溟的文化思想、哲学思想、教育思想、政治思想、乡村建设理论、佛学思想、伦理学思想、心理学思想、法律思想等各个领域都已展开研究。有些领域的研究已相当成熟,但有些领域的研究还刚刚起步。对梁漱溟法律思想的研究,应是介于成熟与起步之间:数量不多,但涉及面较广,部分成果质量较高。其研究主要包括了梁漱溟对法的概念的理解、法文化思想、法律思想的分期、法律思想研究方法、法律思想对现代的启示等多个方面。

（一）关于梁漱溟法的概念的研究

虽然梁漱溟不是专业法学家,从来没有对法或法律下过学院式的定义,但他对法有自己的定义。对此,学者们意见一致,但对梁漱溟法的定义的具体内容是什么,学者们有不同意见。

许章润认为,梁漱溟法的概念所揭示的是"法律作为一种人文设置的意义,即作为一种表达生活方式的规则、制度和意义三位一体的社会—文化设置的意义"③。可以将梁漱溟法的概念归结为五个不同方面。第一,秩序的

---

①　刘进田、李少伟:《法律文化导论》,中国政法大学出版社 2005 年版,第 1 页。

②　尹华广:"梁漱溟法律思想研究述评",载《渭南师范学院学校》2013 年第 5 期。

③　许章润:《说法　活法　立法——关于法律之为一种人世生活方式及其意义》,清华大学出版社 2004 年版,第 62 页。

制度化。包括法是秩序本身,也是秩序的结果两个相关联的方面。第二,公众意见。即法应是国人所"公认而共守"者。第三,生活方式的表达。法是人世生活的常识、常理、常情,法规则即为生活规则。第四,合理的人世规则。这里所谓合理,是指理性意义上合乎逻辑与道理,知性意义上合乎情理与合乎价值,即合乎"天理"。第五,文化的一部分。即法为体现文化的民族精神的一部分。①

陈景良则认为,梁漱溟的法的定义有两种:一种"法是一个团体中多数分子的公共意思";另一种"是为国人所公认而共守的,此所以有'国法'之称"。总起来说,梁漱溟的所谓"法",就是一个团体或一个国家中多数人的意思表示。他认为,梁漱溟的这个法的概念不十分准确,不符合马克思主义的法学观点。②

(二)关于梁漱溟的法文化观研究

法文化观是梁漱溟法律思想研究中的一个重点。许章润从中国法文化与西方法文化两个不同视角对梁漱溟的法文化观进行了探讨。在中国法文化视角下,许章润认为,中国人人世生活和人间秩序所追求的最高价值是和谐。在中国文明的人生态度下:(1)法律就是刑律,法律是礼俗的补充,包含在礼俗之中;(2)形成以礼俗规则形式呈现的"礼法"结构,大小传统之间没有严格分别;(3)形成各尽义务,权利便也就在其中的"情义本位";(4)造成中国法中不存在神俗两分的结构。在西方法文化视角下,许章润认为,西方法的根源是"人生与人心"两项:(1)西方"人生"是指它的"社会构造",主要表现在如何调理集团与个人的关系上。这是西方用"法"而不用"情"的原因。(2)西方"人心"是指西方的"民族精神",包括"争"、"有对"、以"我"为中心、人性"恶"论、"理智"的工具理性等。这是西方法得以出现与发展的原因。具有西方"人生与人心"特色的法移植于中国,必然出现问题,对此,梁漱溟的解决方式是:调和中西法律精神以联系社会的上下结构,形成新的治道与治式,从而调整中国人的身心,重组整个国家生活。③

陈景良认为,梁漱溟所有的法律思想都可称为法文化思想,梁漱溟的法律文化观是其文化研究中的一个组成部分。另外,对梁漱溟"中国法律基于义务而立"的观点、对人治与法治的区分、预测民主与法制在中国必将逐步

---

① 许章润:《说法 活法 立法——关于法律之为一种人世生活方式及其意义》,清华大学出版社2004年版,第46-61页。
② 陈景良:"论梁漱溟的法文化观",载《河南省政法管理干部学院学报》1999年第2期,第27页。
③ 许章润:《说法 活法 立法——关于法律之为一种人世生活方式及其意义》,清华大学出版社2004年版,第66-68页、第91-112页。

展开三个方面进行了分析。①

孙季萍主要探讨了梁漱溟的传统法文化思想。她认为,梁漱溟先生从中国传统的民族文化、民族心理出发,研究探讨了中国传统法文化的特征,指出中国传统法文化的基本价值内涵与取向是基于"情理"、本于"义务"、趋归"和谐",在传统中国,法律的社会角色认定退居其后——礼俗在上,道德在先。在近代中西法文化冲突与碰撞中,梁先生坚决主张复兴中国传统法文化的精华,在此基础上合理学习西方,重建现世中国的法律规则。②

曹骏扬认为,梁漱溟把"法"作为文化的现象之一,通过中西文化的分析比较,对中西的法文化也进行了深入的研究。梁漱溟试图在近代中国传统与现代的两难境地中寻求既适应中国民族文化特点又符合现代文明发展趋势的法律新路,这条新路是带有"中体西用"色彩的"中西融合"之路。③

郭岳梅对梁漱溟提出的人治与法治的调和的主张提出了自己的看法。她认为,梁漱溟提出的"人治的多数政治"或"多数政治的人治"实际上是想吸收西方法治文明的精华而培育适合中国特色的法治文化。④ 宇培峰从"中国社会与中国法律"的视角,对梁漱溟法文化观有所述及。⑤

(三)关于梁漱溟法律思想的发展阶段问题

梁漱溟的思想发展经历了功利主义、佛家思想与儒家思想或者说新儒家思想三阶段。那么,他的法律思想是否也存在不同的发展阶段呢?许章润认为,梁漱溟的法律思想一生经历了三个不同阶段,存在三种不同的态度。早年坚决拥护与追求"法治"与"宪政";中年认为这是解决"中国问题"的"不通的路";晚年欣慰于民主与法制的前途必将在中国逐步展开。⑥ 孙季萍认为,梁漱溟在青年时期,力倡"法治",主张实行宪政,后来的岁月里,他花费了更多的时间从中国的本土中寻找属于这个民族的成功"治道",儒家的理想在他这里有了实践的机会。到晚年,他渐渐意识到"人性"的难以依

① 陈景良:"论梁漱溟的法文化观",载《河南省政法管理干部学院学报》1999 年第 2 期,第20-30 页。

② 孙季萍:"梁漱溟的传统法文化观",载《南京社会科学》2001 年第 9 期,第 67 页。

③ 曹骏扬:"在传统与现代的两难中寻求新路——由中西文化比较试析梁漱溟的法文化观",载《社会科学》2005 年第 5 期,第 118-123 页。

④ 郭岳梅:"梁漱溟的宪政理路与实践",载《文史博览(理论)》2010 年第 8 期。

⑤ 宇培峰:《新儒家新儒学及其政治法律思想研究》,中国政法大学出版社 2006 年版,第105-140 页。

⑥ 许章润:《说法 活法 立法——关于法律之为一种人世生活方式及其意义》,清华大学出版社2004 年版,第 118 页。

靠,因而越来越倾向于以外在方法约束人心与人身,他提出了"法治"的主张,尽管在这同时他还在构想着未来世界儒家文化的复兴。① 周禄涛认为,梁漱溟的法制思想可分为新中国建立前与建立后两个不同阶段。新中国建立前的法制思想又可分为"对社会主义的朦胧思考"时期、"研修佛法"时期和"新儒家"时期三个不同阶段。②

(四)关于梁漱溟法律思想研究方法的问题

梁漱溟作为现代新儒家的开创者,他的法律思想研究方法与专业法学家不同,带有明显的新儒家特色。主要表现在,以文化作为法律产生的根源,在中西法律的比较中研究中国法律。具体而言,梁漱溟法律思想的研究方法有两个主要特点。

特点一,将法或法律置于文化之中,将法作为一种文化现象进行研究。如陈景良指出,"梁先生总是在讨论中国传统文化时涉及法律,或把法律置于宗教、礼俗、人生态度之中"③。"梁漱溟的法律文化观是其文化研究中的一个组成部分。"④孙季萍指出,梁漱溟的研究立足于一个基本的前提即把"法"作为文化的现象之一,把法文化放在大的文化的范畴中,他认识到,任何法律规则的背后都隐藏着一定的价值判断,都有其文化的内容,因而应从文化的角度全面地分析、考察法律规则的背景,找出不同民族所适合的法律样式。⑤曹骏扬指出,梁漱溟始终将法放在文化的视域中进行研究。⑥

特点二,将中西法律进行比较研究。如陈景良指出,当梁漱溟"在论述中国传统文化时,往往把中国古代的法律与西方加以对比,或在对比中揭示其特点,或在其论述中迸发出睿智的火花"⑦。曹骏扬指出,梁漱溟是通过中西文化的分析比较,对中西的法文化进行了深入研究的。⑧许章润指出,梁漱溟对于法律,特别是传统中国法律与社会的认识,是在"中西法律文化及

① 孙季萍:"梁漱溟的传统法文化观",载《南京社会科学》2001年第9期,第72-73页。
② 周禄涛:"建国前后梁漱溟法制思想的变化及其原因分析",载《福建广播电视大学学报》2010年第2期,第42-44页。
③ 陈景良:"论梁漱溟的法文化观",载《河南省政法管理干部学院学报》1999年第2期,第21页。
④ 同上,第29页。
⑤ 孙季萍:"梁漱溟的传统法文化观",载《南京社会科学》2001年第9期,第73页。
⑥ 曹骏扬:"在传统与现代的两难中寻求新路——由中西文化比较试析梁漱溟的法文化观",载《社会科学》2005年第5期,第122页。
⑦ 陈景良:"论梁漱溟的法文化观",载《河南省政法管理干部学院学报》1999年第2期,第21页。
⑧ 曹骏扬:"在传统与现代的两难中寻求新路——由中西文化比较试析梁漱溟的法文化观",载《社会科学》2005年第5期,第118页。

其传统"的纠缠中铺陈思旅。①

(五)关于梁漱溟法律思想对现代启示的研究

许章润与曹骏扬各自从不同视角对此问题进行了简略的探讨。从"中国文明的人生态度与法律生活"角度,许章润认为,梁漱溟法律思想对现代的启示有三个方面。第一,法律与事实。即现代中国法律发展要从法律是民族精神的体现,是对已成事实的确认的角度思考问题。第二,法律移植与法的价值理性。即现代中国法律发展要处理好"如何嫁接现代法理与中国传统知识"的关系。第三,法律信仰与法的合法性神圣源泉。即现代中国法律发展要"返身回头检视和认取中国固有、深蕴于每个人心灵深处关于人世生活与人间秩序的最高价值与终极理想,乃是经由营建新法制规则而达致新的中国人理想的人世生活与人间秩序的并非充分,但却是必要的条件"。②从"在传统与现代的两难中寻求新路"的视角,曹骏扬认为,梁漱溟法律思想对现代的启示是:(1)在现代化法制建设中注重对社会文化观念层次的改造。(2)在现代化进程中坚持民族文化本体的基础地位。(3)在处理社会关系中追求沟通和谐的群己关系。③

二、研究存在的问题及改进

从上面的综述可以看出,学界对梁漱溟法律思想的研究基本上概括了梁漱溟的法律思想的主要内容,且抓住了"文化"与"中西对比"两个显著特征。特别是许章润较为系统地对梁漱溟法律思想进行了研究。这说明,学界对梁漱溟法律思想的研究正走向深入。但从全面、系统的视角考察,仍存在较多、较大问题,主要表现在:

第一,梁漱溟作为新儒家的开山鼻祖,与其新儒家文化思想一样,其主要法律思想也必然是新儒家的法律思想。这些新儒家思想的内容、特点、局限、价值何在? 目前学界尚未有系统的研究。

第二,只是分别介绍、分门别类地研究梁漱溟的法律思想,没有把它作为一个整体进行研究。

第三,梁漱溟的法律思想虽然不是专业法学家的思想,但同专业法学家思想之间还是有相通之处,那么这些相通之处在哪里? 目前尚未见这方面的研究。

---

① 许章润:《说法 活法 立法——关于法律之为一种人世生活方式及其意义》,清华大学出版社2004年版,第116页。

② 同上,第87-88页。

③ 曹骏扬:"在传统与现代的两难中寻求新路——由中西文化比较试析梁漱溟的法文化观",载《社会科学》2005年第5期,第122-123页。

第四,关于梁漱溟的法律思想对当今法治建设的作用与价值没有深入的、实质性的研究。梁漱溟法律思想对当今法治建设应会有着巨大的启示与价值,并进而对建立具有真正中国特色的法治理论有很大的参考价值。

第五,至目前为止,尚无研究梁漱溟法律思想的专著与博士论文,研究梁漱溟法律思想的学术论文数量不多,整体质量有待进一步提高。

针对上述存在的问题,笔者对梁漱法律思想研究有以下改进意见:以法律与文化关系为视角,研究梁漱溟新儒家法律思想的内容、特点与局限;以法律与文化关系为视角,对梁漱溟新儒家法律思想进行整体的、系统的解读;系统整理与挖掘梁漱溟新儒家法律思想对当今中国法律发展的启示。

本书正是按照上述改进意见而进行研究的。具体而言,本书将以"法律与文化的关系"为视角,研究梁漱溟如何构建新儒家法律的社会秩序,并在此基础上揭示梁漱溟新儒家法律思想的特点与当代价值。

第三节 研究思路与方法

一、研究思路

梁漱溟经常说自己是"问题家",而非"学问家",并说自己一生主要关注两个问题,即"中国问题"与"人生问题"。因而研究梁漱溟的新儒家法律思想也要从问题入手,而非从学术知识入手。

传统中国的法律与儒家文化是高度融合的。但到了近代,由于西方的入侵与中国自身的衰落,传统中国的法律与儒家文化发生断裂,中国走向了移植、模仿西方法律与西方文化的道路。但西方的法律与西方文化并不能在中国生根;更为重要的是,移植、模仿而来的西方法律与传统中国的儒家文化发生了根本性的背离。由此造成的后果是,中国出现秩序失范、法律无用状况。如何摆脱这种状况?这就是梁漱溟新儒家法律思想关注的问题。

面对上述问题怎么办?梁漱溟认为必须以返本开新的方式构建新的法律秩序、新的文化思想,实现新的法律与新的文化的融合。这里新的法律即新儒家的法律,新的文化即新儒家的文化。梁漱溟此种思想主要体现在:从宏观政治制度、新礼俗与人类社会秩序维持的理想状态等不同视角探讨解决近代以来中国秩序失范、法律无用的问题。

梁漱溟新儒家法律思想关注的问题是什么？又怎样来解决这个问题？本书正是遵循这样的思路展开研究的。

二、研究方法

本书主要采用了比较研究法、多学科交叉研究法及解释学的研究方法。

第一，比较研究法。将梁漱溟所论述的中西法律进行比较、中西法律背后的文化进行比较，系统挖掘法律背后的文化根源。具体而言，又可分为：(1)求同法。即中西方法律与文化的实质内容不同，但形式上有共同性。以文化为例，如中国的社会构造与西方的社会构造不同，但其都是社会构造，都属于文化社会学的范畴。(2)求异法。即中西法律与文化在形式上有共同性，但实质内容是不同的，研究这些实质上的不同，即是求异法。(3)两者相结合的方法。认识思想只是前提与基础，如何将认识清楚的思想运用于实践，促进社会的发展，才是我们研究的目的。在此过程中，有必要将求同求异方法结合起来。本书在探讨梁漱溟新儒家法律思想对当今中国法律发展与法学发展的启示时，就运用了两者结合的方法。

第二，多学科交叉研究法。由于梁漱溟是以问题为中心而不是以学科为中心来展开研究，因而其法律思想研究中有意无意地涉及了许多的学科，如哲学、历史学、政治学、心理学、社会学等。我们在研究梁漱溟新儒家法律思想时，也必须有意识地运用多学科方法来研究，本书中主要运用了法学、文化学、哲学、社会学、心理学等学科。

第三，解释学的研究方法。本书的解释学研究方法主要包括两个方面：(1)既不是单纯的"六经注我"式的研究方法，也不是单纯的"我注六经"式的研究方法，而是两者结合的方法。(2)采取"以大看小，小不了"的方式，将法律思想置于与文化思想的关系中进行考察研究。

第四节　本书的结构安排

如前所述，本书以法律与文化的关系为视角，按照"梁漱溟新儒家法律思想关注的问题是什么，怎样来解决这个问题"的写作思路进行文章的谋篇布局。基于此，本书的结构做如下安排。

第一章：绪论。通过文献综述，笔者指出目前学界对梁漱溟新儒家法律思想尚未有系统的研究,而这正是梁漱溟法律思想中最有理论意义与实践意义的内容。从而,也就明确了本书的研究对象与选题意义。

第二章:梁漱溟新儒家法律思想产生的动因及形成轨迹。第一节,研究梁漱溟新儒家法律思想产生的动因。通过分析近代以来中国法律与文化断裂的三种情形,本书指出梁漱溟新儒家法律思想产生的动因是法律与文化的断裂。第二节,研究梁漱溟新儒家法律思想的形成轨迹。具体研究了梁漱溟新儒家法律思想形成的"必用西法"、"必不能用西法"、"返本开新,构建新儒家法律思想的社会秩序"三个不同的阶段。

第三章:我们今后的政治是"人治的多数政治"。本章主要探讨梁漱溟从宏观政治制度视角解决近代以来中国秩序失范、法律无用的问题。第一、二、三节,分析中西之间的人治与法治、政教合一与政教分离、义务本位与权利本位存在根本对立。第四节,虽然中西之间存在前三节所说的根本对立,但梁漱溟认为,并不是不能融合。他认为,中国要向西方学习,而西方自身近代以来事实上也在向着传统中国的方向转变,因而可以建立"人治的多数政治"制度。此节重点介绍该制度的具体内容,以及人们对该制度的可能质疑。

第四章:中国社会秩序的重构在于建设新礼俗。本章主要探讨梁漱溟从新礼俗视角解决近代以来中国秩序失范、法律无用的问题。第一节,介绍新礼俗是什么及其与法律的关系。梁漱溟认为,法律是对新礼俗成果的确认,新礼俗建设成果是法律的实质内容。第二节,探讨为什么要建设新礼俗。第三节,探讨怎样建设新礼俗。

第五章:礼的路为人类未来社会所必由。本章主要研究梁漱溟从理想的视角探讨人类未来社会秩序的维持问题。梁漱溟认为,不含法律因素,只有纯道德因素的礼,才是人类未来社会的必然道路。而中西方走上此礼的道路是不同的。第一节,较为详细地回顾传统中国的礼。第二节,介绍近代西洋身的文化与法律之间的关系。第三节,介绍传统中国心的文化与礼之间的关系。第四节,研究西方从法律走上礼的道路及原因;中国从最初的含法律因素之礼走上最终的只有道德因素之礼的道路及原因。

第六章:梁漱溟新儒家法律思想的特点与局限。第一节,从新儒家特性视角,从与西方相关法学流派、法学家思想比较的视角谈梁漱溟新儒家法律思想的特点。第二节,谈梁漱溟新儒家法律思想的局限性。如果说三、四、五章探讨梁漱溟从不同视角分析、解决近代以来中国秩序失范、法律无用的问题,主要是"中国问题"。那么,第六章则既是"中国问题",也是"人类问题"。

第七章:从三个不同的视角研究梁漱溟新儒家法律思想对当代中国法治发展的启示。第一节,从"术"与"道"的视角谈梁漱溟新儒家法律思想的当代启示。第二节,从"学"与"术"的视角谈梁漱溟新儒家法律思想的当代启示。第三节,从法律与事实之间的"选择性亲近关系"视角谈梁漱溟新儒家法律思想的当代启示。

第二章 梁漱溟新儒家法律思想产生的动因及形成轨迹

第一节 法律与文化的断裂：梁漱溟新儒家法律思想产生的动因

虽然在传统中国文化中有儒释道三教合流的说法，但不可否认的是，无论在理论上还是实践中，儒家文化都是占主导地位的文化。传统儒家文化在中国经历了一个产生、发展与衰落的过程。传统儒家文化产生的奠基人是春秋时期的孔子，他提出了"仁"的思想，主张统治者要实行"仁政"。战国时期的孟子继承了孔子的思想，主张"民贵君轻"。此时，儒家思想只是百家争鸣中的一种思想，并没有取得统治地位。秦始皇通过法家思想统一天下后，儒家思想遭到了无情的打击，焚书坑儒是典型的例证。到了西汉，统治者吸取了秦二世而亡的教训，汉武帝重用董仲舒等儒生，接受董仲舒的"罢黜百家，独尊儒术"的主张，从此儒家思想成为传统中国社会占统治地位的思想。到了魏晋隋唐时期，虽然儒家思想仍然占统治地位，但道家思想、佛家思想给儒家思想带来了很大的冲击。宋代思想家们为了解决道家、佛家思想对儒家思想的冲击，创立了"理学"，其代表人物朱熹明确提出了"存天理，灭人欲"的思想。明代的王阳明不同意程朱"理学"，提出了"心即理"的"心学"。学者们一般将先秦的孔孟儒学称为原始儒学，而将朱熹、王阳明的儒学思想统称为新儒学。新儒学相较原始儒学而言，最大特点是解决了佛家、道家思想对原始儒家思想的冲击，将佛家思想、道家思想整合到儒家思想的框架与最终目标之中。明末清初出现了一些反对传统儒家思想的思想家，如李贽、黄宗羲等，但他们对传统儒家思想的冲击是有限的。真正对传统儒家思想造成冲击的是近代，是清末。鸦片战争打开了中国的国门，传统中国儒家思想面临着一次又一次的打击，乃至最后在国家层面、意识形态层面被废弃。

与儒家文化相适应，儒家法律思想也具有明显的儒家思想的特色。孔子明确提出了"道之以德,齐之以礼"(《论语·为政》)的排除政、刑的思想和"听讼,吾犹人也,必也使无讼乎"(《论语·颜渊》)的"无讼"的法律思想;孟子提出了"徒善不足以为政,徒法不能以自行"(《孟子·离娄上》)的法律思想。在西汉时,与董仲舒提出的"罢黜百家,独尊儒术"相一致,出现了"春秋决狱"的司法实践。魏晋南北朝时期,法律进一步儒家化,在立法领域出现了"五服制罪"入律、"重罪十条",八议、官当制度也确立下来。唐代一切皆"准乎礼",标志着法律儒家化的最终完成。宋、元、明、清阶段的法律制度皆是法律儒家化的继续与运用。直到清末修律,戊戌变法,以至辛亥革命,儒家的法律才发生真正的动摇乃至最后在国家层面被废除。

与上述传统中国文化与法律融合的历史相一致,梁漱溟认为,传统中国的文化主要是孔门的儒家文化,传统中国法律相对于西方而言,是"礼法",是"礼里边就有了法律制度"①,是"以礼俗代法律"②。至清末,中国与近代西方国家全面遭遇前,传统中国的法律与文化是高度融合的,亦即"礼法"与孔门儒家文化的高度融合。对此,梁漱溟有精确的论述。他说,"礼法……,与孔家融混而不能分。儒家地位既常借此种礼法以为维持,而此种礼法亦藉儒家而得维系长久不倒"③。

诚然,在传统中国,法律与文化的融合因朝代更替、特别是佛教文化的传入,受到了一定的影响。但是,这种影响仍未使法律与文化的融合出现实质性的改变。刘小枫说:"华夏帝国自汉以降未遇到制度理念的正当性危机。朝代的更替是政权的更换,制度理念及正当性形式没有变。虽然各代都在具体的制度安排方面有所变革,为制度问题忧心的儒生代不乏人,然而,凡此变革和忧心,都是在儒家的制度理想的框架中生发的,儒家的政制理念的正当性本身,从未受到挑战。佛教义理入华,对作为国家宗教的儒教的义理有很大的冲击,以致促动了儒家革命精神气质的演化,没有佛理的冲击,陆王心性之学不会成为这个样子。但佛教入华,并未携带一套政制理念,从而未激起儒学在政制理念选择上的反应。"④

然而,进入近代中国,法律与文化之间的融合变成了实质性的断裂。这种断裂有三种不同的表现形式。

---

① 梁漱溟:"我们政治上的第一个不通的路——欧洲近代民主政治的路",载中国文化书院学术委员会:《梁漱溟全集(第五卷)》,山东人民出版社2005年版,第854页。

② 梁漱溟:"中国文化要义",载中国文化书院学术委员会:《梁漱溟全集(第三卷)》,山东人民出版社2005年版,第199页。

③ 梁漱溟:"东西文化及其哲学",载中国文化书院学术委员会:《梁漱溟全集(第一卷)》,山东人民出版社2005年版,第479页。

④ 刘小枫:《个体信仰与文化理论》,四川人民出版社1997年版,第532页。

一、传统中国法律与儒家文化的断裂

传统中国法律与儒家文化的断裂是法律与文化之间断裂的三种表现形式之一。这种断裂经历了一个逐渐累积的过程。它以鸦片战争为开端，历经洋务运动、戊戌变法、辛亥革命，直至五四运动。

1840 年第一次鸦片战争爆发，英国入侵中国，中国战败。此战争标志着传统中国历史的结束，中国进入近代历史。在第一次鸦片战争结束后，清政府被迫签订了中国历史上第一个不平等条约——中英《南京条约》。1856 年至 1860 年英国、法国联合对中国发动了第二次鸦片战争，中国战败。战争结果是清政府被迫签订了《天津条约》、《北京条约》、中俄《瑷珲条约》。经过两次鸦片战争的失败，当时所谓"先进的中国人"如曾国藩、李鸿章、左宗棠、张之洞等不得不思考，中国军队为什么会败给英法军队？他们最后得出的结论是，中国的轮船不如英法，中国的枪炮不如英法。如何解决西方坚船利炮对中国的威胁？只有发动"洋务运动"，一方面大量从西方购买先进的轮船与枪炮，另一方面自己制造先进的轮船与枪炮。在这种思想的指导下，曾国藩创立了安庆军械所；李鸿章创立了江南制造总局，后又先后创立了上海轮船招商局、开平矿务局、上海机械织布局、电报总局；左宗棠先后创立了福州船政局、兰州织呢局；张之洞先后创立了汉阳铁厂、湖北织布官局。鸦片战争的失败，洋务运动的兴起，意味着以"华夷"、"朝贡"体系来处理中外关系的中华帝国不得不接受从"器物"上学习西方的现实，这是中国文化内部系统开始失调的显著标志。

1894 年中日甲午战争爆发，清政府惨败，1895 年被迫签订丧权辱国的中日《马关条约》。战争结束后，当时所谓的"先进中国人"如康有为、梁启超、谭嗣同等就在思考：为什么中国的轮船、枪炮不比日本差，甚至在某些方面比日本还更强，却在战争中惨败？经过比照、思考，他们认识到日本不仅学习了西方的器物文明，而且也学习了西方先进的政治法律制度，所以日本强大。而中国的"洋务运动"只是学习西方的器物文明，并没有学习制度文明，这是日本能战胜中国的关键。于是，他们在光绪皇帝的支持下，在 1898 年发动了戊戌变法，其主要内容是对传统中国的政治法律制度进行变革，大量学习西方包括日本的先进政治法律制度，如实行君主立宪制度。

如果说，洋务运动只是当时一些先进的中国人看到中国文化已经失调，那么甲午战争，则使当时全体中国人明白中国文化已经失调，中国落后于西方（包括日本）的不仅是器物文明，也包括了制度文明。戊戌变法，在很大程度上是对甲午战争失败的"刺激"在文化、制度上的"回应"。戊戌变法中许多传统制度的废除从形式上导致了中国传统文化的解体,戊戌变法中的"新政"从形式上导致了传统中国法律的解体,因而戊戌变法从形式上对中国传统文化与制度起到了双重解体的作用。

1911 年辛亥革命爆发,这是一场中国的资产阶级民主革命,它推翻了中国两千多年的封建帝制,建立了亚洲当时第一个民主共和国——"中华民国"。这在形式上是中国学习西方政治法律制度文明的胜利,但在实际上,辛亥革命的胜利果实被袁世凯所窃取,辛亥革命后所制定的政治法律制度如《中华民国临时约法》等从来就没有真正得到贯彻执行。从这个意义上,也可以说辛亥革命是失败了。

但无论如何,辛亥革命是中国传统文化与法律在国家层面的双重退出,"上自朝廷的礼仪、典章、国家的组织与法律、社会礼俗,下至族规、家法、个人的行为规范……凡此自上而下的一切建制之中则都贯注了儒家的原则。这一儒家建制的整体,自辛亥革命以来便迅速地崩溃了。建制既已一去不返,儒学遂尽失其具体的托身之所,变成了'游魂'"①。可是,"即如辛亥革命,自一方面说,固不同于过去之变化改制而止,但至多亦只算得中国礼俗不变之开端。必待'五四'新文化运动,直向旧礼教进攻,而后探及根本,中国乃真革命了"②。

1919 年 5 月 4 日,在北京爆发了五四爱国运动。在运动前后,中国知识界和青年学生反思中国传统文化,其中激进者明确提出打倒孔家店,学习西方的科学与民主的口号。所以,至五四运动,传统中国法律与传统中国文化在形式上、实质内容上都真正发生了断裂。

二、西方法律与西方文化不能在中国扎根

中国法律近代化的过程,在某种意义上可以说是移植、模仿西方法律的过程。无论是当时的封建地主阶级还是资产阶级都提出了移植、模仿西方法律的主张。如在封建地主阶级中,魏源提出了"师夷长技以制夷"的主张,洋务派代表人物张之洞提出了"中体西用"、"采西法以补中法之不足"的主张。在资产阶级中,早期资产阶级改良派提出建立君主立宪制度,晚期资产阶级改良派鼓吹变法维新,反对君主专制,主张开国会、设议院、立宪法,以"公意"立法,重视法治。清末修律充分体现了移植、模仿西方法律的观念。作为资产阶级革命领袖的孙中山,提出了"三民主义"的立法精神,"五权宪

① 余英时:《现代儒学论》,上海人民出版社 2010 年版,第 32—33 页。
② 梁漱溟:"中国文化要义",载中国文化书院学术委员会:《梁漱溟全集(第三卷)》,山东人民出版社 2005 年版,第 225 页。

法"与"权能分治"的理论,其立法精神与法律理论,主体思想都是移植、模仿西方而来。①

中国学习西方,经历了从"器物"到"制度"再最终到"文化"的过程。对此,梁漱溟在《东西文化及其哲学》中有深刻的阐述。

首先,中国学习西方文化是从"器物"开始的。梁漱溟说,"后来到咸同年间,因西方化的输入,大家看见西洋火炮、铁甲、声、光、化、电的奇妙,因为此种是中国所不会的,我们不可不采取它的长处,将此种学来。此时对于西方化的态度亦仅此而已"②。这说明中国学习西方文化是从"器物"开始的,但最初也只限于"器物"。

其次,学习"器物"不行,转向学习"制度"。"及甲午之役,海军全体覆没,于是大家始晓得火炮、铁甲、声、光、化、电,不是如此可以拿过来的,这些东西后面还有根本的东西。乃提倡废科举,兴学校,建铁路,办实业。此种思想盛行于当时,于是有戊戌之变法不成而继之以庚子的事变,于是变法的声更盛。这种运动的结果,科举废,学校兴,大家又逐渐着意到政治制度上面,以为西方化之所以西方化,不单在办实业、兴学校,而在西洋的立宪制度、代议制度。"③对西方的学习,由"器物"转向"制度",如最初学习"器物"一样,是因为军事的失败,是对西方"刺激"的一种直观的"反应"。

最后,学习"制度"也不行,最终转向文化。"中国不单火炮、铁甲、声、光、化、电、政治制度不及西方,乃至道德都不对的! 这是两方问题接触最后不能不问到的一点……这时候因为有此种觉悟,大家提倡此时最应做的莫过于思想之改革,——文化运动。"④不管内容如何、结果如何,此时,中国学习西方已经开始进入深化阶段。

但无论是移植、模仿而来的西方法律,还是主动亦或被动地向西方学习而得的文化,在中国都没有扎根,更谈不上两者在中国的融合。在近代中国,出现了传统中国法律与移植、模仿而来的西方法律混杂,传统中国文化与移植、模仿而来的西方文化混杂的局面。正如梁漱溟所说,"在此刻的中国社会,就是东不成、西不就,一面往那里变,一面又往这里变,老没个一定方向"⑤。

---

①　武树臣:《中国法律思想史》,法律出版社2004年版。

②　梁漱溟:"东西文化及其哲学",载中国文化书院学术委员会:《梁漱溟全集(第一卷)》,山东人民出版社 2005 年版,第 333-335 页。

③　同上。

④　同上。

⑤　梁漱溟:"乡村建设理论",载中国文化书院学术委员会:《梁漱溟全集(第二卷)》,山东人民出版社 2005 年版,第 208 页。

三、西方法律与传统中国儒家文化的背离

传统中国的法律制度是与传统中国调和持中的人生态度相适应的。而近代西方的法律制度则与近代西方的向前争求的人生态度相适应的。因此,它们是两种不同的法律类型与两种不同的文化类型相适应的典范。但近代以来的中国,取西方的法律制度,仍然保持传统中国的文化类型,是法律与文化断裂的一种表征。对此,梁漱溟的观点是,"我们现在所用的政治制度采自西洋,而西洋则自其人之向前争求态度而得产生的,但我们大多数国民还依然是数千年来旧态度,对于政治不闻不问,对于个人权利绝不要求,与这种制度根本不适合;所以才为少数人互竞的掠取把持,政局就翻覆不已,变乱遂以相寻。故今日之所患,不是争权夺利,而是大家太不争权夺利;只有大多数国民群起而与少数人争,而后可以奠定这种政治制度,可以宁息累年纷乱,可以护持个人生命财产一切权利"①。虽然后来梁漱溟对要"大多数国民群起而与少数人争"的态度发生了改变,但对西方法律与中国传统文化背离的认识却一直未变。

西洋法律有与西洋法律相适应的民族精神,中国民族精神与西洋民族精神不同,只是模仿、移植西方的法律制度,而没有其背后的民族精神,这种法律是没有实效的。亦即在梁漱溟看来,近代中国只是引进了西方的法律制度,而决定西方法律的西方文化并没有在中国扎根,没有被中国民众所接受,传统中国儒家文化作为一种"游魂"虽然在国家层面被废弃,但仍然存在于普通民众心中。普通民众以一种传统中国文化的态度来对待西方式法律。

既然近代中国法律与文化发生了断裂,那么,如何使法律与文化重新融合,从而解决秩序失范、法律无用的问题,就成为梁漱溟思考的重要问题。

第二节　梁漱溟新儒家法律思想的形成轨迹②

梁漱溟新儒家法律思想的产生,有一个过程,并且同当时的时代背景密切关联。从总体上来说,梁漱溟新儒家法律思想经历了一个"必用西法""必

---

① 梁漱溟:"东西文化及其哲学",载中国文化书院学术委员会:《梁漱溟全集(第一卷)》,山东人民出版社 2005 年版,第 534 页。

② 尹华广:"梁漱溟法律思想发展脉络研究",载《长安大学学报(社会科学版)》2014 年第 2 期。

不能用西法"①再到返本开新,最终形成新儒家法律思想的发展历程。

一、"必用西法"阶段

在 1907 年时,西方式的民主、法治已成为梁漱溟所追求的政治理想。②
从 1907 年至 1922 年,他一直坚信中国只有实行西方式的法治,才有政治上
的出路,为此,他甚至主张中国人应该改变自己的人生态度。他说:"我相信
中国人之人生态度,必要从'让'转变到'争'才可以。那么亦就是认定中国
人只有随着西洋路子走、乃有其政治出路。"③

此阶段,是梁漱溟对新儒家法律思想的探索奠定基础阶段。同同时代的常
人相比,其思想并无多少特异之处,但这为他认识清楚近代西洋法律思想与传统
中国法律思想,从而为探索新儒家法律思想奠定了基础。其内容主要表现为:

第一,西方式民主法治为其追求的政治理想。

在 1942 年写的《我的自学小史》一文中,梁漱溟说道:"像民主和法治等
观念,以及英国式的议会制度、政党政治,早在卅五年前成为我的政治理
想。"④为什么西方式的民主和法治会成为梁漱溟所追求的政治理想呢? 在
《我们政治上的第一个不通的路——欧洲近代民主政治的路》一文中,梁漱
溟揭示了其原因。其原因有二:一是"合理",二是"巧妙"。"合理"是什么
呢? 梁漱溟认为,是公民权与自由权两项。公民权,是指作为公众的一分
子,有对公众之事参与做主的权利;自由权,是指对于个人的事,不受公众与
他人干涉的权利。"巧妙"又是什么呢? 他认为西方式的民主、法治的巧妙
主要表现在四个方面,一是它可以使人为善容易,为恶不容易;二是它能使
有才华之人得到充分施展其才华的机会;三是它能使国家政权发生平稳转
移,不易发生变故;四是能"救济从国家权力机关所生出的危害、腐败与偏
弊"⑤。所以,梁漱溟后来总结说,"我从前是非常之信佩西洋近代政治制度,
认为西洋政治制度是非常合理的,其作用是非常巧妙的。我彼时总是梦想
着如何而可以使西洋政治制度到中国来实现,从十五岁起一直到二十余岁

① 梁漱溟:"勉仁文学院创办缘起及旨趣",载中国文化书院学术委员会:《梁漱溟全集(第六
卷)》,山东人民出版社 2005 年版,第 798 页。

② 梁漱溟:"我的自学小史",载中国文化书院学术委员会:《梁漱溟全集(第二卷)》,山东人民
出版社 2005 年版,第 681 页。

③ 梁漱溟:"谈中国宪政问题",载中国文化书院学术委员会:《梁漱溟全集(第六卷)》,山东人
民出版社 2005 年版,第 509 页。

④ 梁漱溟:"我的自学小史",载中国文化书院学术委员会:《梁漱溟全集(第二卷)》,山东人民
出版社 2005 年版,第 681 页。

⑤ 梁漱溟:"我们政治上的第一个不通的路——欧洲近代民主政治的路",载中国文化书院学
术委员会:《梁漱溟全集(第五卷)》,山东人民出版社 2005 年版,第 134-140 页。

都是如此,所谓'策数世间治理,则矜尚远西'者是也"①。这充分表明在此时,西方式民主法治为梁漱溟所追求的政治理想。

第二,"梦想立宪",认为宪政是解决"中国问题"的"救急仙方"。

在中学阶段(1906—1911年),梁漱溟就开始阅读梁启超主编的《新民丛报》与《新小说》(杂志月刊),深受梁启超君主立宪思想的影响。当时,他就"以英国式政治为理想"②,"梦想议会政治"③,"渴望中国宪政之实现"④。当然,这时所谈的宪政,还"多半集中在'开国会'和'实行责任内阁制'两点上"⑤。当清朝政府以九年预备立宪为由,拒绝了立即召开国会的请求,并驱逐了各省请愿代表出北京后,海内外的许多立宪派纷纷转向了革命。梁漱溟也是转变中之一人,并加入了同盟会。但他并没有放弃为实现中国宪政而奋斗的决心,至1922年止,他一直都坚信是中国"只要宪政一上轨道,自不难步欧美日本之后尘,为一近代国家"⑥,"只要宪政奠定了,任何问题无不可在宪政内求解决"⑦。由于对宪政的热爱,梁漱溟从清末的资政院到民国初元的临时参议院,再到后来的正式国会开会,都是热心旁听的。他自己曾说:"除了议员们之外,没有人像我那样日日出于议会之门。"⑧

第三,强调形式法治,坚持法律至上。

这一思想主要体现在他1919年写的《论学生事件》一文中。他在文中是这样说的:

"我算是北京大学的一个人,这一次被捕学生中间也有我的熟友。在他们未被释放的时候,我听到许多人运动保释,而当局拿出'此风万不可长'的臭话,一定不允,我也同大家一样的气恼。但我今天拿我与大家不同的意思来投稿在大家认为学生派的报纸上贡献于我同人。"

"我的意思很平常,我愿意学生事件付法庭办理,愿意检厅去提起公诉,

———————

① 梁漱溟:"自述",载中国文化书院学术委员会:《梁漱溟全集(第二卷)》,山东人民出版社2005年版,第18页。

② 梁漱溟:"我的自学小史",载中国文化书院学术委员会:《梁漱溟全集(第二卷)》,山东人民出版社2005年版,第684页。

③ 同上,第687页。

④ 梁漱溟:"谈中国宪政问题",载中国文化书院学术委员会:《梁漱溟全集(第六卷)》,山东人民出版社2005年版,第503页。

⑤ 同上,第504页。

⑥ 梁漱溟:"我的自学小史",载中国文化书院学术委员会:《梁漱溟全集(第二卷)》,山东人民出版社2005年版,第689页。

⑦ 梁漱溟:"谈中国宪政问题",载中国文化书院学术委员会:《梁漱溟全集(第六卷)》,山东人民出版社2005年版,第505页。

⑧ 同上。

审厅去审理判罪,学生去遵判服罪。检厅如果因人多检查的不清楚,不好办理,我们尽可一一自首,就是情愿牺牲,因为如不如此,我们所失的更大。在道理上讲,打伤人是现行犯,是无可讳的。纵然曹、章罪大恶极,在罪名未成立时,他仍有他的自由。我们纵然是爱国急公的行为,也不能侵犯他,加暴行于他。纵然是国民公众的举动,也不能横行,不管不顾。绝不能说我们所做的都对,就犯法也可以使得,我们民众的举动,就犯法也可以使得。在事实上讲,试问这几年来那一件不是借着国民意思四个大字不受法律的制裁才闹到今天这个地步?我们既然恨司法官厅不去检举筹安会,我们就应当恭领官厅对于我们的犯罪的检举审判。"

"但我如说这话,大家一定不谓然的很多,我以为这实在是极大的毛病。什么毛病?就是专顾自己不管别人,这是几千年的专制(处处都是专制,不但政治一事)养成的。除了仰脸的横行,与低头的顺受横行,再不会事事持自己的意思,而又顾及别人的意思。试请大家举目四观,国人中除了仰脸的就是低头的,除了低头的就是仰脸的。由看一个人,除了仰脸的时候就是低头的时候,除了低头的时候就是仰脸的时候。寻一个事事晓得不肯横行、与不受横行,实在不容易得。我以为大家不愿受检察厅检举的意思,自以所行无有不合的意思,还是这个毛病。这个毛病不去掉,绝不能运用现在的政治制度,更不会运用未来社会改革后的制度。质而言之,就是不会作现在同以后的人类的生活。不会作这种生活,不待什么强邻的侵略,我们自己就不能在现在世界上未来世界上存在。"

"我初想经过审判之后,可以由司法总长呈总统特赦。一方顾全了法律,一方免几个青年受委屈。记得那年日本因日俄和约事,人民怨外交失败,东京大起暴动,暴动的主犯河野广中就是特赦的。然我又想终不如服罪的好,现在中国无所不用其特赦,我们实在羞与为伍,何必受他这特赦。最好我们到检厅自首,判什么罪情愿领受,那真是无上荣誉。这好榜样,可以永远纪念的。"[①]

在分析这篇文章前,我们应该先考察一下形式法治的内容与特征。形式法治的内容与特征是:(1)强调"依法而治"(rule by law),突出法的工具性意义。(2)强调秩序,偏重自上而下地管理民众,使民众有法可依和有法必依。(3)重视法律的普遍性、稳定性和逻辑一致性等形式要件,而不关心法律的内容和目的,甚至排斥伦理原则。它注重法律的一致适用,但没有解决

---

① 梁漱溟:"论学生事件",载中国文化书院学术委员会:《梁漱溟全集(第四卷)》,山东人民出版社 2005 年版,第 576-577 页。

法律本身的合法性问题。（4）注重效率和形式上的平等。① 我们可以形式法治的这些内容与特征，来详细考察梁漱溟强调形式法治的思想。

梁漱溟强调形式法治的思想主要体现在以下四个层面。第一，强调依法而治。这表现在两个方面：一方面是对爱国的学生。即使爱国学生的举动是明显公平的、正义的，受大家拥护与支持的，他认为也不能用非法律的方法来解决，而必须将爱国学生事件交付法庭办理，由检厅提起公诉，由审厅审理判罪，也就是说必须用法律方式、法律程序来解决。另一方面，是对大家痛恨的卖国贼曹汝霖、章宗祥。他说："纵然曹、章罪大恶极，在罪名未成立时，他仍有他的自由。我们纵然是爱国急公的行为，也不能侵犯他，加暴行于他。"② 也就是说，对曹汝霖、章宗祥的处罚，也必须通过严格的法律方式、法律程序来处理。第二，强调秩序，偏重自上而下地管理民众。梁漱溟在文中说："在事实上讲，试问这几年来那一件不是借着国民意思四个大字不受法律的制裁才闹到今天这个地步？我们既然恨司法官厅不去检举筹安会，我们就应当恭领官厅对于我们的犯罪的检举审判。"③ 这不是充分表达了梁漱溟以法律来维护社会秩序、甚至由民众自愿接受自上而下的管理的思想吗！第三，重视法律的普遍性、稳定性和逻辑一致性等形式要件，而不关心法律的内容和目的，甚至排斥伦理原则。第四，注重效率和形式上的平等。前述两点的结合，已充分体现了第三、四点的内容。

梁漱溟在《论学生事件》一文中的观点，充分体现了他强调形式法治，坚持法律至上的早期法律思想。在当时的他看来，法律是至高无上的，无论该法律是良法还是恶法，大家都有遵守的义务。甚至就以这种形式法治作为其追求的未来的中国政治制度。这种法律观点的形成，可能同他不是专业法学家，对西方法律知识掌握不系统、不全面也有很大的关系。

梁漱溟"必用西法"阶段的法律思想，实质是欲以近代西洋法律解决近代中国秩序失范、法律无用的思想。这种"中国民族自救运动前期之所为，乃欲举数千年土生土长之'礼'而弃之，凭空采摘异方花果——西洋之'法'以植于中国者；其事何可能耶？"④"中国数千年有其治道曰'礼'；在近二三十年乃欲代以西洋式民治制度。此于其从来习惯事实正是前后全不接气的文

① 程燎原：《从法制到法治》，法律出版社1999年版，第292页。
② 梁漱溟："论学生事件"，载中国文化书院学术委员会：《梁漱溟全集（第四卷）》，山东人民出版社2005年版，第576页。
③ 同上。
④ 梁漱溟："我们政治上的第一个不通的路——欧洲近代民主政治的路"，载中国文化书院学术委员会：《梁漱溟全集（第五卷）》，山东人民出版社2005年版，第163页。

章；其运用不来，原意尽失，祈福得祸，既已昭然。"①这是梁漱溟后来对自己"必用西法"阶段的法律思想的反思。在他看来，"必用西法"阶段的法律思想忽略了中国的"礼"、"政教合一"等传统治道，与中国固有精神不相吻合，因而中国不能盲目学习。另外，对近代西洋的法律，梁漱溟在当时也是认识不全面的。如他在认识西方的法治时，只强调形式法治，而忽略或没有认识到实质法治。

二、"必不能用西法"阶段

梁漱溟"必不能用西法"阶段的法律思想，是与"必用西法"阶段法律思想的正面反对，其思想主要体现在《主编本刊(〈村治〉)之自白》、《中国民族自救运动之最后觉悟》、《我们政治上的第一个不通的路——欧洲近代民主政治的路》等著述之中。

从 1922 年开始，梁漱溟对西方式的政治、法律思想能否适用于中国产生了强烈的怀疑，但又找不到答案，所以常常烦心郁结。但到了 1926 年，他自称对此恍然大悟。悟得了什么呢？"并不曾悟得什么多少新鲜的。只是扫除了怀疑的云翳，透出了坦达的自信；于一向所怀疑而未能遽然否认者，现在断然地否认他了！于一向之所有见而未敢遽然自信者，现在断然地相信他了！否认了什么？否认了一切的西洋把戏，更不沾恋！相信了什么？相信了我们自有立国之道，更不虚怯！"②从而悟得了"我们几十年愈来愈不对的民族自救运动，都是西洋把戏所骗（自是出于自家的迷惑颠倒，怪不得人）；殊不知西洋戏法，中国人是要不上来的"③。这里"自有立国之道"就是儒家文化，西洋的把戏，就是西方式的政治、法律等。具体到宪政问题，他说"就在此时④，我认识了中国问题，并看明了民族出路之何在；数年疑闷为之清除，所谓'民族自救运动之最后觉悟'者，盖正指此我对于宪政问题一个与前不同的态度，当然亦即产生于其中"⑤。从根本上说，1926 年，是梁漱溟新儒家法律思想的一个分水岭，在此之前，他认为中国社会秩序失范问题的解决是"必用西法"，而 1926 年后，是"必不能用西法"。

---

①　梁漱溟："我们政治上的第一个不通的路——欧洲近代民主政治的路"，载中国文化书院学术委员会：《梁漱溟全集(第五卷)》，山东人民出版社 2005 年版，第 166 页。

②　梁漱溟："主编本刊(《村治》)之自白"，载中国文化书院学术委员会：《梁漱溟全集(第五卷)》，山东人民出版社 2005 年版，第 13 页。

③　同上，第 14 页。

④　"此时"，指 1926 年。

⑤　梁漱溟："谈中国宪政问题"，载中国文化书院学术委员会：《梁漱溟全集(第六卷)》，山东人民出版社 2005 年版，第 513 页。

梁漱溟的"必不能用西法"思想首先体现在《我们政治上的第一个不通的路——欧洲近代民主政治的路》中。梁漱溟认为,虽然西洋近代民主政治合理(指规定了公民权、自由权)、巧妙(指使人为善可以,为恶不容易等),但中国模仿、移植这种政治制度不会成功。因为西方政治法律背后,有起决定作用的物质、精神两方面的条件。而中国的物质、精神条件与西洋不相吻合,所以中国模仿、移植西方的政治法律制度不会成功。具体而言,在物质条件上,有三项。(1)中国大多数人生活简单浅陋,没有余力,不能过问政治。(2)交通太不发达,无法行使政治权利。(3)工商业不发达,没有工商业阶级,无过问政治的真正要求。梁漱溟认为,在物质条件上,中国也许可慢慢发达起来,逐渐解决这些问题。但在精神条件决定了中国永远不可能模仿、移植成功西方的政治法律制度。这主要是中国的精神条件与西方的精神条件不相吻合。具体有四个方面。(1)中国不争、知足的精神与西方的争、不知足的精神不吻合。(2)中国的选举体现的是谦德与西方的选举体现的是竞争不相吻合。(3)中西法律背后的事实不相吻合。西方法律背后的事实是个人主义,是权利观念,实质是人对物的第一路向的人生态度;中国法律背后的事实是伦理关系,是义务观念,实质是人对人的第二路向的人生态度。(4)中西的理欲之争、义利之辨不相吻合。

总之,经过长时间的思索,梁漱溟认为,中国与西方近代政治制度是"两个永远不会相联属的东西! 中国不能运用西方的政治制度"①。他认识到了中西法律背后的风气、精神之不同,认为西洋的"公事多数表决"与中国的"尊师敬长的意思"不合、西洋的"私事不得干涉"与中国的"重道德的风气"不合。②

梁漱溟具体分析了西方的民治主义与中国的政教合一之不同。首先,他谈了自己对西方民治主义的认识。他认为,西方的民治主义是以自由为根本观念,民治主义的政治制度是大家立法而共同遵守,国家只能根据法来行使权力,而没有自己的命令,即使有自己的命令,也必须是根据法来发布实施的。其次,他分析了民治主义与政教合一的不同。他认为,民治主义是少数服从多数,即使少数人是"贤智者",也得服从多数人的意见。而政教合一,与之相反,是多数人听从少数人的意见。政教合一的目的,是本着人生向上的目的,这是民治主义无法实现的。还有一点,民治主义不可避免地要

---

① 梁漱溟:"主编本刊(《村治》)之自白",载中国文化书院学术委员会:《梁漱溟全集(第五卷)》,山东人民出版社 2005 年版,第 8 页。

② 梁漱溟:"乡村建设大意",载中国文化书院学术委员会:《梁漱溟全集(第一卷)》,山东人民出版社 2005 年版,第 656—658 页。

实行制衡,而政教合一则实行的是权力统一。① 最后,他得出结论说:"故从政教合一则不合于民治主义,从民治主义则不合于政教合一,二者在制度上最难调和。"②也就是说,此时的梁漱溟认为,由于中国实行的是政教合一,所以,中国不能仿行西方的民治主义。

他还从个人主义与非个人主义、权利与义务、向里用力与向外用力、社会构造等方面论证了中西法律背后因素之不同。他认为,造成先于西方法律而存在的事实,"第一是其个人主义,权利观念,和人人向外用力的风气习惯。第二,是途抱此主义此观念而实践发挥的新兴中间阶级,起而与旧阶级对抗,形成的一种均势"③。而"中国最大的事实是伦理;一切一切都纳于伦理关系中"④。与西方的个人主义相反,中国是非个人主义;与西方的权利观念相反,中国是义务观念;与西方的向外用力相反,中国是向内用力。由于伦理,中国人与人之间不可能产生像西方那样的相互抗衡的权利、平等等一系列观念;政府与人民之间,不可能产生权力对抗、制衡的形势,从而也就无须有像西方"三权分立、权力制衡"一样的维持权力均衡的制度。⑤

此外,梁漱溟对待宪政的不同态度,也体现了其"必不能用西法"的思想。如果说1926年前,他对西方式宪政表现出的基本上是一种狂热的追求,那么1926年后,他对西方式宪政运动则基本上表现出一种"不附合、不参加、另探索"的态度。⑥ 如1929年,对胡适、焦易堂等人倡导发起的"人权运动",梁漱溟的态度是,"倒退廿年我必算一份,倒退十五年(约法初被破坏后)我或者更热心,但此时却无意附和"⑦。1934年,国民政府立法院公布《中华民国宪法》草案(史称《五五宪草》),向全民征求"批评意见"时,梁漱溟在《大公报》撰文说,中国此刻尚不到有宪法成功的时候,只有乡村建设运动才是中国的宪政运动。1939年9月,"国民参政会上通过实施宪政案",那时梁漱溟正巡行华北游击区域,在黄河北岸太行山中闻讯,而不在场。他对此时宪政运动的认识是,这是在野党派对国民党压迫的一种反抗而已,其实质是要求党派关系好转,而不是真正的宪政运动,因而是不可能产生宪政的。所以,

① 梁漱溟:"政教合一",载中国文化书院学术委员会:《梁漱溟全集(第五卷)》,山东人民出版社2005年版,第670-678页。

② 同上,第678页。

③ 梁漱溟:"政治上的民主和中国人",载中国文化书院学术委员会:《梁漱溟全集(第六卷)》,山东人民出版社2005年版,第278页。

④ 同上,第279页。

⑤ 同上。

⑥ 魏继昆:"试论民国时期梁漱溟宪政态度之转变",载《历史教学》2003年第1期,第123-128页。

⑦ 梁漱溟:"谈中国宪政问题",载中国文化书院学术委员会:《梁漱溟全集(第六卷)》,山东人民出版社2005年版,第514页。

当 10 月他回到重庆时,"宪政运动热闹非常",他都一概拒绝参加。1939 年
11 月 29 日,梁漱溟与蒋介石会谈结束后,王世杰送梁漱溟回家。王以梁"反
对中国行宪政","认为中国永不须要宪政"相诘问时,梁漱溟认为自己的真
实想法是"我反对欧美式的宪政",而"他误会我反对中国行宪政"。1943 年,
国民党当局成立了"宪政实施协进会",蒋介石亲自任会长,邀请各在野人士
参加。当时,梁漱溟在桂林,国民党当局"累电相召",但梁漱溟"固辞不赴",
其拒绝的理由是,"宪政可以为远图而非所谓急务"。1944 年,梁漱溟在《民
宪》重庆版 1 卷 2 期发表《谈中国宪政问题》一文,文中重申"宪政可以为远图
而非所谓急务","我们都盼望政府实践民主精神,而宪政却不必忙"。1947 年 9
月,梁漱溟在《观察》3 卷 4、5 期发表《预告选灾,追论宪政》一文,重申了其经过
四十年用心所得结论:"中国需要民主,亦需要宪政,不过民主宪政在中国,都
要从其文化引申发挥,而剀切于其当前事实,不能袭取外国制度。"①

　　最后要指出的是,这里的"中国必不能用西法",并不是指中国不能学习
借鉴西方的法律制度,而是指中国不能移植、照搬西方的法律制度,亦即中
国不能全盘西化,不能以西为"体"。

三、返本开新,构建新儒家法律的社会秩序阶段

　　近代以来,中国社会、文化发生了急剧的变化。社会方面突出地表现在
西方列强的入侵与清王朝的垮台;文化方面主要表现在西学东渐、儒家文化
退出主流文化。随着清王朝的垮台,统治中国两千多年的儒学由占统治地
位的主流意识形态文化变为了被批判的对象。

　　面对作为旧文化的儒家文化的崩溃、作为新文化的西方学术思潮的引
进,如何利用已有的思想文化资源来"振兴民族"就成为当时知识分子义不
容辞的责任。在此背景下出现了多种学术文化思潮。总起来说,是三派:一
是完全的西化派,代表人物如陈序经、胡适;完全的复古派,代表人物如杜亚
泉;还有是介入两者之间的学派,既注重传统文化的内容,又注重对西方文
化的吸收。现代新儒家从总体上来说,就是这样一种学派。无论是哪一个
学派,其目标"振兴民族"却是共同的。

　　现代新儒学有很多特点,首先是对人人格力量的鼓舞。这是新儒学继
承老儒学传统而有的特点。老儒学从其心性特点出发,被称为心性儒学。
老儒学也可被称为生活儒学、生命儒学、为自己的儒学,这正是其培养、激发
人格力量的表征。其次,是儒学的理想性。儒学从政治层面来说,是一种人

---

　　① 梁漱溟:"预告选灾,追论宪政",载中国文化书院学术委员会:《梁漱溟全集(第六卷)》,山东人
民出版社 2005 年版,第 716 页。

治,具体而言是德治之学。它的理论逻辑大致如此:最有德者居最高位,次有德者居次高位……依此类推,并且有德之人教化无德之人。这就是孔子所说的"政者,正也,子率以正,孰敢不正"(《论语·颜渊》)、"其身正,不令而从,其身不正,虽令不从也"(《论语·子路》)、"君子之德风,小人之德草,草上之风必偃"(《论语·颜渊》)。但儒学的这种政治理论,始终只是一种不可能实现的理想追求。实际政治中,是皇帝居于最高位,官僚贵族居于次高位,即使再有德的如孔子、颜回等也不可能居于最高位。因此,正如黄宗智教授所言,中国传统文化实质上是一种"表达加实践"的文化。实际上就是一种不落实的理想文化,传统儒学如此,新儒学也是如此。当然,新儒学除具有与老儒学相同的一些特点外,还具有自己独有的特点,否则也就不必称为新儒学了。新儒学的特点可用"返本开新"来概括。所谓"返本"就是返回到老儒家中去,所有的新儒家都是以老儒家为本、为根的,都是对老儒家能在新社会有新发展、新作为有十二分自信的;所谓"开新",是指在坚持老儒家根基性东西的同时,吸收儒家以外的文化来丰富发展儒学内容,以使其与当下的社会现实相适应,以解决当下的社会问题。如宋明新儒学就是借鉴了佛学、道学而发展了儒学。现代新儒学也是一样,大多数新儒家借鉴西方学术、佛学等来发展儒学。所以,借鉴吸收西方文化学术思想,是现代新儒学的一个重要特点。梁漱溟的新儒学正是建立在这样一种返本开新思想体系之上的。

梁漱溟返本开新,构建新儒家法律的秩序阶段的法律思想与"必不能用西法"阶段的法律思想,从形成时间上说,两者有重复、交叉,并非两个决然不同的时间阶段。从思想内容上说,两者虽有联系,但更有区别,是两个不同逻辑的思想体系,所以笔者将两者作为独立的思想阶段进行论述。

从"必用西法"、"必不能用西法"两种正相反对的思想可以看出,梁漱溟对新儒家的法律秩序的构建,明显经历了一个思想转变的过程。

在"必用西法"阶段,梁漱溟与大多数中国人一样,认为制度上的全盘西化就能解决近代中国秩序失范的问题。可事实却是,全盘西化的法律制度在中国不仅无效,反而进一步破坏了中国社会秩序。于是他进而认识到,近代西洋制度背后有近代西洋的文化,单纯移植近代西洋制度而不移植近代西洋文化是不会有实效的。因而,他主张移植近代西洋的文化。但是最后,他认识到近代西洋文化是人对物的第一路向的文化,它是比传统中国人对人的第二路向文化低的文化。由低级文化向高级文化学习是有效果的,而由高级文化向低级文化学习,不仅是没有效果的,而且是有害的。① 因而,梁

---

① 梁漱溟:"乡村建设理论",载中国文化书院学术委员会:《梁漱溟全集(第二卷)》,山东人民出版社 2005 年版,第 273-275 页。

溟认识到"必不能用西法"。

既然"必不能用西法",那么应如何构建新的法律秩序呢? 梁漱溟认为,应将近代西洋法律与文化、传统中国法律与文化进行比较,然后"深明其异同之故,而妙得其融通之道"①。比较的结果是:梁漱溟认为应以返本开新,即从中国固有法律与文化的老根上发出新芽的方式构建新儒家法律的社会秩序,探索新儒家法律发展的出路。对于"老根发新芽",梁漱溟有一个形象的比喻:

"中国好比一棵大树,近几十年来外面有许多力量来摧毁他,因而这棵大树便渐就焦枯了。先是从叶梢上慢慢地焦枯下来,而枝条,而主干,终而至于树根;现在这树根也将要朽烂了! 此刻还是将朽烂而未朽烂,若真的连树根也朽烂了,那就糟了! 就完了! 就不能发芽生长了! 所以现在趁这老根还没有完全朽烂的时候,必须赶快想法子从根上救活他;树根活了,然后再从根上生出新芽来,慢慢地再加以培养扶植,才能再长成一棵大树。等到这棵大树长成了。你若问:'这是棵新树吗?'我将回答曰:'是的! 这是棵新树,但他是从原来的老树根上生长出来的,仍和老树同根,不是另外一棵树。'将来中国新文化的创造,也正和这棵新树的发芽生长的情形是一样,这虽是一种譬喻的话,可是道理却很切当。"②

梁漱溟的"老根发新芽",带有强烈的"中体西用"色彩。梁漱溟说:"我们要发挥中国文化的固有精神,将团体组织与科学技术建立在人类理性上。"③亦即在梁漱溟看来,要以中国文化的固有精神为"体"的同时,也要非常重视以西方先进文化为"用"。

基于上述原因的分析,梁漱溟认为,应该从三个方面着手构建新儒家法律的社会秩序。第一,必须以传统中国法律为根,以传统中国法律为构建新儒家法律的社会秩序之"体"。"中国人今后必须断绝模仿之念,而自本自根,生长出来一新政治制度才可以。"④传统中国法律是以义务为本位的礼俗,"今后中国新社会组织构造也不会从礼俗转到法律,而要仍旧建筑于礼俗之上。不过所不同者:此乃一新的礼俗而已"⑤。第二,必须吸收借鉴近代

---

① 梁漱溟:"政治的根本在文化",载中国文化书院学术委员会:《梁漱溟全集(第六卷)》,山东人民出版社 2005 年版,第 705 页。

② 梁漱溟:"乡村建设大意",载中国文化书院学术委员会:《梁漱溟全集(第一卷)》,山东人民出版社 2005 年版,第 612 页。

③ 梁漱溟:"中国文化的特征在哪里?",载中国文化书院学术委员会:《梁漱溟全集(第五卷)》,山东人民出版社 2005 年版,第 710 页。

④ 梁漱溟:"谈中国宪政问题",载中国文化书院学术委员会:《梁漱溟全集(第六卷)》,山东人民出版社 2005 年版,第 508 页。

⑤ 梁漱溟:"中国文化的特征在哪里?",载中国文化书院学术委员会:《梁漱溟全集(第五卷)》,山东人民出版社 2005 年版,第 705-706 页。

西洋法律的优秀成果,以近代西洋法律为构建新儒家法律的社会秩序之
"用"。近代西洋的民治制度等是中国所需要的,所以中国要吸收借鉴它。
第三,必须"中体西用",将中国传统法律与近代西洋法律进行融合,构建新
儒家的法律。这充分表现在他的中国今后政治是"人治的多数政治"、"新礼
俗"构建、礼的路是人类未来社会之必由等主张或设想上。

　　总之,所谓返本开新,是指要返回到传统中国儒家法律、传统中国儒家
文化这个本上来,以此作为解决近代以来中国秩序失范"体"的资源,但也要
借鉴吸收近代西洋法律、文化的优秀成果,以此作为解决近代以来中国秩序
失范"用"的资源,然后实现两者的融合,最终解决中国秩序失范问题,从而
形成新儒家法律的社会秩序。

第三章　我们今后的政治是
"人治的多数政治"

在政治上，传统中国一直是人治，而近代西洋是民主、法治，两者有着明显的对立。人治与法治，这可以说是人类治理的难题，如柏拉图曾醉心于"哲学王"的人治，到晚年时不得不承认法治是次优选择。柏拉图认识到这一点，彻底放弃人治而纯用法治；作为新儒家的梁漱溟，也认识到这一点，但他却以人治为体，以法治为用，将人治与法治融合在一个制度中，构建"人治的多数政治"，从而形成一个新的制度。为何能如此？梁漱溟有自己的逻辑。首先，他认识到两者之间一系列的对立；其次，他认为中西方都在变；最后，在此基础上，他认为可以设立一个新的融合中国人治与西方法治的制度。

第一节　中西人治与法治的对立

一、人治与法治的难题

人治与法治是人类国家与社会治理方式选择上至今都未解决的难题。中西方在很早的时候都认识到了这一点。在西方古代，柏拉图由人治向法治的转变说明了这一点；而在中国古代，儒法关于治理方式的争辩说明了这一点。

柏拉图在早年极力主张人治。柏拉图的人治实质上是贤人政治，是"哲学王"的统治。在他看来，法律是由贤人决定的，是低于贤人的，贤人才是最高的，因为他们代表了智慧与权力的相结合。而只有智慧与权力相结合，国家才能得到最好的治理。对此可以引用柏拉图的一段名言予以说明：

"除非哲学家成为我们这些国家的国王，或者目前我们称之为国王和统治者的那些人物，能严肃认真地追求智慧，使政治权力与聪明才智合而为一；那些得此失彼不能兼有的庸庸碌碌之徒必须排除出去。否则的话对国家甚至我想对全人类都将祸害无穷,永无宁日。"①

到了晚年,柏拉图由人治思想转向了法治思想。由于"哲学王"在现实生活中实在难找,也由于柏拉图努力追求贤人政治实践的失败,让他意识到了法治是人类治理不得已的次优选择。他认为必须依靠法律来防止人天性中的不善,惩罚人们的恶行,法律应该高于一切,人人必须遵守法律。

如果说,柏拉图的人治与法治难题,主要是贤人政治与法治之间的难题,则中国古代儒家人治与法家法治之间的难题则是德治、礼治与法治之间的难题。中国古代儒法关于治理方式的争辩,主要建立在如下的理论基础与逻辑之上。儒家根本否认社会是整齐平一的,认为人有智愚、贤不肖之分,社会应该有分工,应该有贵贱上下的分野。② 由此,儒家从总体上将社会中的人分成两部分:君子(贤者、智者、劳心者)与小人(不肖之人、愚者、劳力者),并且认为,君子应该居于社会的上位,以道德教化、治理社会为其要务,而小人则居于社会的下位,以接受道德教化、服务于君子为其要务,进而希望君子以其道德人格感染、教化小人,使全社会成员与人为善,从而达到举国皆治的目的。其依据是"君子之德风,小人之德草,草上之风必偃"(《论语·颜渊》),具体到君主治国,就是"政者,正也,子率以正,孰敢不正"(《论语·颜渊》),"政者,正也,君为正,则百姓从政矣。君之所为,百姓之所从也。君所不为,百姓何从"(《礼记·哀公问》),"君仁莫不仁,君义莫不义,君正莫不正,一正君而国定矣"(《孟子·离娄上》)。由此,儒家主张统治者以德治、人治方式来治国。

法家反对早期儒家的这种观点,认为儒家这是把国家治理的希望寄托在少数贤能的君主身上。而贤能的君主是千世才出一个,如果这样,国家就会是千世乱,而一世治。正如韩非所言:"尧、舜至乃治,是千世乱而一世治也。"(《韩非子·难势》)法家认为,绝大多数君主通常都是些上不及尧、舜,下亦不为桀、纣的中人。③ 治理国家应立足于君主通常都是些上不比尧、舜贤能,下不比桀、纣暴虐的中等资质的君主这个现实基础之上。面对这个现实,究竟用什么方式来治理国家呢?法家认为应该用"法"(辅之以"势"、"术")来治理国家,"抱法处势则治,背法去势则乱"(《韩非子·难势》)。有了"法"这个治国的手段,就是中等资质的君主也会把国家治理得很好。所以韩非说,"夫良马固车,五十里而一置,使中手御之,追速致远,可以及也,

---

① 柏拉图:《理想国》,郭斌和、张竹明译,商务印书馆 1986 年版,第 214-215 页。

② 瞿同祖:"中国法律与中国社会",载《瞿同祖法学论著集》,中国政法大学出版社 1998 年版,第 296 页。

③ 同上,第 325 页。

而千里可日致也,何必待古之王良乎?"(《韩非子·难势》)"使中主守法术,拙匠守规矩尺寸,则万不失矣"(《韩非子·用人》),"世之治者不绝于中"(《韩非子·难势》)。冯友兰先生也认为,他们(法家)鼓吹,君王不需要是圣人或超人,只要实行他们提出的一套方略,一个仅具有中人之资的人就可以把国家治理得井井有条。[1]

对于人治与法治的难题,梁漱溟的认识与上述中西古代先人们的认识有相同之处,但也有相异之处。

在 1917 年写作的《司法例规序》一文中,梁漱溟说:"夫事万不同,所以应之者莫若以万。一以律之,是谓乱之,法律规制,其始皆乱之也。"[2]即世上的事物各不相同,所以处理的方法最好也是各不相同。用统一的标准来处理不同的事物,这会使事物混乱,用法律来规制事物,这是乱的开始。所以"治理之美,无过无法,世有达者必察斯言"[3]。但是,制定法律,是一种不得已之举,是一种次优的选择。为什么呢?因为"人不能无私,作法于公而不得逾,则私格焉私格,则虽于事有失,犹将无争。察不能皆得,而法示准绳。准法应事,不中不远"[4]。

具体到中国,梁漱溟说:"此土往哲,好言人治。夫作法之意,何谓也?谓人之不足任也。谓人不足任,如之何其谓人治也?法之初哉吾无考焉,以意度之犹先三代;自三代以来吾不复见有人治矣!故今后之所务,务缮法,不务无法;务法守以应事,不务就事而乱法,此虽百世而可以无改者也。……"[5]亦即在梁漱溟看来,中国虽然喜欢人治、强调人治,但事实上却不能少了法,不得不用法。这正是在国家治理中人治与法治的难题。

由上可见,梁漱溟也充分认识到了人治与法治的难题,他主要是从三个方面论述此问题。第一是普遍性与特殊性的难题。法治追求解决问题的普遍性,而人治追求解决问题的特殊性。人治、法治都只能解决问题的一个方面,而不能兼顾另一个方面。第二是人性善与恶的难题。防止人性恶,必须要用法律,而引导人性善,则最好用人治。第三是传统中国社会表面上主张人治,但实质上还是少不了以法治理。

---

① 冯友兰:《中国哲学简史》,新世界出版社 2004 年版,第 138 页。

② 梁漱溟:"司法例规序",载中国文化书院学术委员会《梁漱溟全集(第四卷)》,山东人民出版社 2005 年版,第 520 页。

③ 同上。

④ 同上。

⑤ 同上。

二、中国人治与西方法治的对立

在《中国文化要义》中,梁漱溟探讨了西方有法治精神、民治制度而中国没有的原因。他认为西方具有法治精神,而中国缺乏法治精神。西方有法治是因为其社会需要法治,而中国无法治,是因为传统中国社会不需要法治。梁漱溟说:"遇事开会,取决多数,是谓民治。例如今之英国美国,每当大选之时(在英为国会选举,在美为总统选举),真所谓国事决于国人。在中国虽政治上民有民享之义,早见发挥,而二三千年卒不见民治之制度。岂止制度未立,试问谁曾设想及此?"①这说明,西方人有民治制度,中国人无民治制度,甚至想都没想过要有民治制度,这是中西法律上的一个很大的差异。

在《乡村建设理论》中,梁漱溟认为,要想人生向上,就只能实行政教合一,而要想走少数服从多数的路,则不能实行民治。

"因为民治本来就是法治,政教合一恰好是破坏法治,必然要走人治的路。人治与法治不同,在法治中,法是高于一切,因为法就是团体的一个公共决定,而任何人都不能大过团体,所以谁也不能高于法。个人都在法的下边……但是如果走政教合一的路,则须尊尚贤智,势将使命令在上,一切事情都取决于他一个人,听他一个人的话:此则为命令而非法律,所以人治与法治二者为不相容。"②

这是梁漱溟从政教合一与政教分离的角度分析人治与法治的"不相容"。

在《我们政治上的第一个不通的路——欧洲近代民主政治的路》中,梁漱溟说:"中国数千年有其治道曰'礼';在近二三十年乃欲代以西洋式民治制度。此于其从来习惯事实正是前后全不接气的文章;其运用不来,原意尽失,祈福得祸,既已昭然。"③对于此段话,梁漱溟还有一个极为精彩的注释,"西洋式的法律不合中国人情,其为祸亦烈。在他是很想保护人的权利;而柔懦怕事甘心吃亏以消极为良善的中国人,则于他这种法律下,享不着一点保护。然恶人为恶,却多半无法制裁;法庭要主持公道,而被害者不说话,和证人不敢到场,即无办法。因为法律上原来打算你尽量争持辩诉,绝不退让的;犯法者罪名的成立,是靠证人证物种种条件的;法官是不能自作主张,扶

---

① 梁漱溟:"中国文化要义",载中国文化书院学术委员会:《梁漱溟全集(第三卷)》,山东人民出版社 2005 年版,第 251 页。

② 梁漱溟:"乡村建设理论",载中国文化书院学术委员会:《梁漱溟全集(第二卷)》,山东人民出版社 2005 年版,第 284-285 页。

③ 梁漱溟:"我们政治上的第一个不通的路——欧洲近代民主政治的路",载中国文化书院学术委员会:《梁漱溟全集(第五卷)》,山东人民出版社 2005 年版,第 166 页。

弱锄强的。"①

在这里,梁漱溟就指出了中国学习西方民治制度不仅无效,且"为祸亦烈"及其原因。

由此可见,在很早的时候,梁漱溟就已充分认识到人类治理中人治与法治的难题。他认为,人治注意到了治理中要具体问题具体解决,即注意到了特殊性问题,但却不能兼顾普遍性问题;而与之相反,法治注意到了治理中要相同问题同等对待,即注意到了普遍性问题,但却不能兼顾特殊性问题。同时,他对中国的人治与西方的民治、法治的冲突也有充分的认识。他认为,中国之所以实行人治,是因为中国人生活在伦理情谊之中,处于政教合一的社会管制之下,以礼俗来维持社会秩序。而西方之所以实行民治、法治,是因为西方人生活在集团生活之中,处于政教分离的社会风气之下,以法律来维持社会秩序。

第二节　中西政教合一与政教分离的对立

一、政教合一与政教分离的区分

梁漱溟所说的政教合一的基本含义是,"我们所谓政教合一是本着更高向上的意思,由贤智者出主意,众人来听从"②。具体到乡村建设中是,"一面借行政上强制的力量办教育,尤其是办民众教育;一面拿教育的方法、教育的工夫,来推行政府所要推行的各项新政"③。梁漱溟认为,政教合一最为重要的有两点。第一点是,要重视国家这个"最有权威最有力量的"特殊团体的作用。因为它既能保障人的生命安全,又可能对人的生命予以制裁。第二点是,在国家这个特殊的团体中,天然要"以人为最高",而不是"以法为最高",要"尊尚贤智"。为何要如此,因为它以人生向上为目的。

而政教分离,主要是建基在保障个人自由的基础之上的。由社会推行教化,不可避免地会对个人自由实行干涉。因而,政教分离主张"如果承认

---

① 梁漱溟:"我们政治上的第一个不通的路——欧洲近代民主政治的路",载中国文化书院学术委员会:《梁漱溟全集(第五卷)》,山东人民出版社 2005 年版,第 166 页。

② 梁漱溟:"政教合一",载中国文化书院学术委员会:《梁漱溟全集(第五卷)》,山东人民出版社 2005 年版,第 677 页。

③ 梁漱溟:"答乡村建设批判",载中国文化书院学术委员会:《梁漱溟全集(第二卷)》,山东人民出版社 2005 年版,第 574 页。

个人行为是不妨害公众,自家可以任意去行",为什么要这样?因为它"是怕社会来妨害其自由;完全是求着不受害而拒绝社会的干涉"①,"就是拒绝团体干涉个人私事,凡我个人所作所为,无论是好是歹,如果不碍大家的事,则谁也管不着。公私之间的界限划得很清楚,国家的权力虽大,而于个人的私事亦不得干涉"②。这就是政教分离的基本态度。

因而,政教合一与政教分离的主要区别就在于对待个人自由的不同态度。

二、法律与道德的不分与分

道德与法律的关系问题是中西法哲学中都关注的基本问题。对于道德与法律的关系,西方许多哲学家们有着丰富的论述。如哈特指出,关于法律与道德的关系,可以从不同问题进行研究。第一,法律的发展是否受道德的影响?道德的发展是否受法律的影响?第二,在一个适当的法律或法律制度定义中必须放入某些道德内容吗?亦即法律和道德经常重合及它们具有诸如权利、责任和义务之类共同词汇,这仅仅是偶然的事实吗?第三,对法律进行道德批评的可能性和形式,即法律可受道德批评吗?或承认一个规则是有效的法律规则,这是否排除了根据道德标准和原则对它进行道德批评?第四,关于道德的法律强制。这个问题包括很多种提问方式,即某一种行为根据共同的行为标准是不是道德的这一事实,是否足以使该行为成为应受法律惩罚的行为?强制执行道德本身在道德上是允许的吗?不道德行为本身应该算是犯罪吗?③ 罗尔斯指出:"法律和道德这一主题引起人们注意许多不同的问题。其中有:道德观念影响法律制度和受法律制度影响的途径和方式;道德概念和原则是否应进入一个适当的法律定义中;法律的道德强制;批评法律制度的道德理性原则和我们默许法律制度的道德基础。"④ 澳大利亚法学家斯通认为:"法哲学中的一个重要问题,是法律与道德之间的区别。它提出的一些主要问题足以说明它的重要性:(1)一个社会的法律应在多大程度上和在什么意义上影响社会的道德?(2)如果法律不体现道德时,是否还有服从法律的道德义务?如果服从的话,对这个义务有没有限

---

① 梁漱溟:"政教合一",载中国文化书院学术委员会:《梁漱溟全集(第五卷)》,山东人民出版社 2005 年版,第 673 页。

② 梁漱溟:"乡村建设大意",载中国文化书院学术委员会:《梁漱溟全集(第一卷)》,山东人民出版社 2005 年版,第 654 页。

③ H. L. A. Hart,Law,Liberty and Morality,Oxford University Press,1963:1-4.

④ J. Rawls,Legal Obligation and the Duty of Fair Play,See S. Hook(ed.),Law and Philosophy,New York University Press,1964:3.

制？(3)当一个法律规范规定了道德所禁止的行为,公民应当服从哪一个？(4)究竟有无因整个法律制度和道德冲突而推翻这一制度的义务？如果有,又在什么时候？"①

从上述法学家对道德和法律的论述中可以看出,法律与道德可从不同方面进行研究。本书只从道德与法律的关系方面进行研究。

西方法学者对道德与法的关系进行了深入的研究,其中最有名的莫过于美国的法学家富勒。他认为:"法是使人类的行为服从规则治理的事业。"②他认为法具有道德性,法的道德性分为外在道德(external morality of law)和内在道德(inner morality of law)两种。法的内在道德包括一般性或普遍性、公布、可预测性或非溯及既往、明确、不矛盾、可为人遵守、稳定性、官方行为与法律的规定相一致八个方面要素。凯尔逊则认为,道德与法律既有联系也有区别。作为规范分析法学派的代表人物,凯尔逊是从社会规范的角度来谈道德与法律的联系与区别的。他认为,道德与法律的联系就表现在道德与法律都是社会规范。为什么道德也是社会规范呢？凯尔逊说:"的确,它们为一个人规定的行为直接地仅与他本人有关,但间接地与其他社会成员相关。因为只有根据这种行为对社会的影响,在社会成员的心目中它们才成为道德规范。甚至所谓的个人对自己的道德义务也是社会义务,因为对一个孤立生活的个人来说,义务是毫无意义的。"③同样从规范分析入手,凯尔逊谈了道德与法律的区别。他认为:"法律和道德的区别不在于两种秩序所命令或禁止之事,而在于它们命令或禁止一个特殊的人类行为的方式。我们只有把法律看作试图通过把社会的有组织的压迫行为归于一个相反行为,以产生出一个特殊的人类行为的强制秩序,即规范秩序,才能基本上把法律同道德分开。而道德是一个没有规定这种制裁的社会秩序,即一个其制裁仅仅表现为对符合道德的行为的赞许和对违反道德规范的行为的非难中的秩序。"④

中国的法学者们也对道德与法律的关系进行了研究,主要包括联系与区别两个方面。联系主要表现在相互渗透、相互制约、相互保障三个方面。而区别主要表现为形式、违反后果、调节人们行为的方式、调整的对象、规范体系的结构五个方面的不同。⑤

---

① Encyclopedia Britannica(15th edition),1997(10):71.
② L. L. Fuller,The Morality of Law(revised edition),Yale University Press,1969:106.
③ H. Kelsen,Essays in Legal and Moral Philosophy, Springer,1973:82-83.
④ 同上,第 87 页。
⑤ 张文显:《法理学》,高等教育出版社、北京大学出版社 2007 年版,第 383-384 页。

与中外的专业法学家们不同,梁漱溟从文化的视角对道德与法律的关系进行了研究。他认为,中西之间道德与法律的关系是不一样的。在西洋法律与道德是分离的,个人私事,在法律上无问题在私人道德上有问题,国家是不干涉的;而中国法律与道德是不分的,个人私事,在法律上无问题在私人道德上有问题,国家也是要干涉的。他以一个具体的案例对此进行了说明。

"西洋男女合奸,本来是不为罪的:因为他们两个人既然是各自愿意,又不妨碍到旁人,没碍到公共秩序,那么,你就用不着管他,你也不应当管他,那是他们的自由呀!若是有夫之妇,出了奸情,算是妨碍了夫权,还算是犯罪;至于寡妇或在家的闺女与人家合奸,那就没有问题,他既然谁也妨碍不着,便谁也管他不得。西洋的道理就是这样讲法。中国可就不是这样看法了。在中国特别看重道德,就是说个人常常在改过迁善中;自己有了过失,无论大小轻重,总要常常去改,常常存个改过向上的意思。"①

由上例可以看出,西洋对男女合奸不为罪,就是本着道德与法律的分离。男女合奸在西洋是属于不合道德的行为,不合道德的行为,不能由法律制裁,因为这种行为并没有妨害社会公共秩序。而如果用法律制裁,则个人自由就会遭受严重破坏,这与政教分离的原理是相违背的。中国对男女合奸为罪,是本着道德与法律的不分。男女合奸在中国也是属于不合道德的行为,但不合道德的行为,要由法律制裁,因为这种行为妨害人生向上的宗旨,是对个人品格修为的极大破坏。中国社会秩序追求的是"内圣外王",既然不能"内圣",又何能"外王"? 它破坏的是"内圣",是社会秩序的根基,所以,男女合奸就不仅是犯罪,而且是比偷盗、抢劫等只是直接破坏"外王"的犯罪更为严重的犯罪。这显然是基于政教合一的原理。

梁漱溟认为中国虽然道德与法律不分,但道德与法律之间,还是存在着区别的。首先,在上述案例中,虽然道德与法律不分,但其干涉的原因是放在道德上,而不是放在法律上。其次,是道德与法律的不同发展脉络。道德是自己对自己的事,是向内发展的;而法律是要么以义务责人,要么对人而负义务,是向外发展的。道德通俗化,即成为礼俗,而不可能发展为法律,亦即道德与礼俗是一路的;而法律是以组织强制个人,是从外到内的,它不与道德一路,而是与宗教一路的。②

---

① 梁漱溟:"乡村建设大意",载中国文化书院学术委员会:《梁漱溟全集(第一卷)》,山东人民出版社 2005 年版,第 658 页。

② 梁漱溟:"中国文化要义",载中国文化书院学术委员会:《梁漱溟全集(第三卷)》,山东人民出版社 2005 年版,第 205-206 页。

政教合一与政教分离在法律领域的凸出表现是法律与道德的不分与分。法律与道德的不分，是根源于政教合一；而法律与道德的分离，是根源于政教分离。

第三节　中西义务与权利的对立①

中国是以礼俗代法律，中国礼与西方法的差异，造成了中西法律上一系列制度、原理的差异。西方权利与中国义务的差异，是其中最大的差异。西方权利是指法律上的权利，而中国的义务则是指道德上的义务、伦理上的义务。梁漱溟对两者之间的差异进行了深刻的揭示。

一、中国是伦理义务本位

《论语·里仁》说，"君子之与天下也，无适也，无莫也，义之与比"，《论语·述而》说，"德之不修，学之不讲，闻义不能徙，不善不能改，是吾忧也"。张文显认为，这说明，作为一种伦理或法律要求的义务，自春秋战国以来一直是用"义"这个概念来表达的②，它一方面表意个人对社会和他人应尽的责任，另一方面表明道德或法律规范体系对人的行为要求。③ 现代意义的义务一词在中国使用，是清末西法东渐以后的事情，从理论的角度，首次对义务进行阐述的是梁启超。④

由于中国是礼文化或者说是礼法文化，决定了中国的义务观有许多中国特色的鲜明特点，综括梁漱溟的论述及参考其他资料，可以看出，古代中国的义务有以下特点。

第一，中国的义务是一种伦理义务或道德义务。近代以前的中国人每一个人都生活在伦理之网中，"每一个人对于其四面八方的伦理关系，各负有其相当义务；同时，其四面八方与他有伦理关系之人，亦各对他负有义务"⑤。由

① 尹华广："中西法律差异及其文化溯源——《中国文化要义》法律与文化关系思想探析"，载《长春大学学报》2015年第1期。
② 金勇义对"义"是一种义务的观点有相反的看法，他认为，"义"是一个权利概念。参见［美］金勇义：《中国与西方的法律观念》，陈ང平、韦向阳、李存捧译，辽宁人民出版社1989年版，第113页。
③ 张文显：《法哲学范畴研究》，中国政法大学出版社2001年版，第293页。
④ 张恒山：《义务先定论》，山东人民出版社1999年版，第46页。
⑤ 梁漱溟："中国文化要义"，载中国文化书院学术委员会：《梁漱溟全集（第三卷）》，山东人民出版社2005年版，第82页。

此,中国的义务就是伦理义务或道德义务,伦理义务来自伦理道德、礼的要求。

第二,中国形成义务本位的文化。以义务为本位的文化,主要表现在,"一个人在中国只许有义务观念,而不许有权利观念……没有站在自己立场说话机会"①,"重视个人对社会之义务,轻视个人对事物之权利"②,"首先关心和强调的是义务观即行为的正当性"③。这些都是义务本位文化的明显表现。

第三,中国治国手段,除了伦理义务或道德义务外,还有法律义务。由于古代中国实行德治、礼治,所以中国的义务主要是伦理义务、道德义务。伦理义务或道德义务,从理想层面上来说,"义务不是被迫而来,乃系自动发出,彼此相互之间各负有义务,并不是片面的谁负义务、谁不负义务"。但除此之外,古代中国还实行德主刑辅,统治者还奉行阳儒阴法,因而除了伦理义务或道德义务外,还存在法律义务。这种法律义务是"责于人们的义务,不外服役于法律而尽的责任"④。

第四,中国道德义务就是法律义务,法律义务实质上也是道德义务。因为:一方面,由于中国古代是以礼代法,礼实质上起着法的作用,所以礼所要求的道德义务,也就实质上起着法律义务所起的作用。从此种角度完全可以说,"道德义务就是法律义务"。⑤ 另一方面,虽然法即刑中有法的义务,但由于中国古代实行的是德主刑辅、是出于礼而入于刑,所以,法是礼的组成部分,法的义务也是以德、以礼为精神统领的,是为实现道德义务或伦理义务的保障,因而,法律义务实质上也是道德义务。

二、西洋是法律权利本位

权利作为一个明确的概念被提出,也就是 300 多年的历史。那西洋的权利概念究竟怎样生成与演化,关于权利,在西方又有哪些主要观点呢?

西方有学者考证认为,"直至中世纪结束前夕,任何古代或中世纪的语言里都不曾有过可以准确地译成我们所谓'权利'的语句。大约在 1400 年

---

① 梁漱溟:"中国文化要义",载中国文化书院学术委员会:《梁漱溟全集(第三卷)》,山东人民出版社 2005 年版,第 257 页。

② 陈顾远:"从中国文化本位上论中国法制及其形成发展并予以重新评价",载范忠信、尤陈俊、翟文喆:《中国文化与中国法系——陈顾远法律史论集》,中国政法大学出版社 2006 年版,第 66 页。

③ [美]金勇义:《中国与西方的法律观念》,陈国平、韦向阳、李存捧译,辽宁人民出版社 1989 年版,第 139 页。

④ 陈顾远:"儒家法学的义务观",载范忠信、尤陈俊、翟文喆:《中国文化与中国法系——陈顾远法律史论集》,中国政法大学出版社 2006 年版,第 403 页。

⑤ [美]金勇义:《中国与西方的法律观念》,陈国平、韦向阳、李存捧译,辽宁人民出版社 1989 年版,第 139 页。

前,这一概念在希伯来语、希腊语、拉丁语、阿拉伯语或中古语里缺乏任何表达方法,更不用说在古英语里或晚至 19 世纪中叶的日语里了"。① 古希腊、古罗马有权利的思想与制度,但却没有明确的权利概念。中世纪托马斯·阿奎那,中世纪末期格劳秀斯、霍布斯,17、18 世纪斯宾诺莎、康德、黑格尔,19 世纪边沁、耶林,20 世纪霍菲尔德、哈特、米尔恩、迪亚斯等对权利概念都做了有益的探索,形成了资格说、主张说、自由说、利益说、法力说、可能说、规范说、选择说等多种学说。② 资格说认为,"最好把权利看作资格,即去行动的资格、占有的资格或享受的资格,而不管其客体是什么"。主张说认为,权利为"法律上有效的、正当的、可强制执行的主张"。自由说认为,"权利是自由的法律表达"。利益说认为,"权利乃法律所承认和保障的利益"。法力说认为,"权利是法律赋予权利主体的一种用以享有或维护特定利益的力量"。可能说认为,"权利乃法律规范规定的有权人做出一定行为的可能性、要求他人做出一定行为的可能性以及请求国家强制力量给予协助的可能性"。规范说认为,"权利乃是法律所保障或允许的能够做出一定行为的尺度"。选择说认为,"权利意味着在特定的人际关系中,法律规则承认一个人(权利主体)的选择或意志优越于他人(义务主体)的选择或意志"。③

与法学界的观点不完全相同,梁漱溟对西方的权利本位有自己的认识。梁漱溟说:"在西洋,处处都是以权利为本,事事都是归法律解决,'权利为本,法律解决'实在是最近二三百年来西洋最盛行的风气。"④何谓"权利为本"呢? 就是"我既然是团体里面的一分子,我就有我的一份权,你也是团体里面的一分子,你就有你的一份权。那么,我们既然各有一份权,彼此平等,则对团体里面大家的事,就应当由大家来表决;表决的时候,谁的意思占胜利,那就得要由票上见"⑤。而何谓"法律解决"? 梁漱溟说,"多数表决之后就发生法律效力了,因为这多数人所表决的就算是法律。西洋的所谓法律,就是团体里面大家的一个公意。而团体公意如何见呢? 就得由票上见……多数人的意见就算是团体的公意,公意就算是法律"。⑥

---

① Alasdair MacIntyre, After Virtue: A study in Moral Theory, Duckworth, 1981:67. 转引自[英]米尔恩:《人的权利与人的多样性——人权哲学》,夏勇、张志铭译,中国大百科全书出版社 1995年版,第 5 页。

② 张文显:《法哲学范畴研究》,中国政法大学出版社 2001 年版,第 281-309 页。

③ 张文显:《马克思主义法理学》,高等教育出版社 2003 年版,第 282-289 页。

④ 梁漱溟:"乡村建设大意",载中国文化书院学术委员会:《梁漱溟全集(第一卷)》,山东人民出版社 2005 年版,第 656 页。

⑤ 同上,第 654 页。

⑥ 同上,第 654-655 页。

　　梁漱溟认为,在西洋,法律主要是用来界定权利的。每个人拥有什么样的权利,怎样来行使自己的权利,都由法律做出明确规定。当发生矛盾纠纷时,以分析、界定双方权利的方式来解决矛盾纠纷,而不是无原则地和稀泥。

　　上述内容充分体现了西洋社会是以法律权利为本位的。

三、中国义务与西方权利的比较

　　中国的义务与西方的权利,两者之间明显存在巨大差别。两者的差别主要表现在以下一些方面。

　　第一,中国是义务本位,西方是权利本位。谈到中西的区别时,梁漱溟在多处表达和论述了中国是义务本位,西方是权利本位的观点。如他说:"在中国弥天漫地是义务观念者,在西洋世界上却活跃着权利观念了。"[①]"西洋人权利观念发达……而中国人呢……只许讲义务。"[②]梁漱溟认为,中西事实是根本相反的,西方最大的事实是权利观念,而中国最大的事实是义务观念。

　　梁漱溟的这些观点,从其他学者的论述中也可得到证明。如金勇义说:"近代西方强调个人拥有的'权利',而中国传统思想却不重'权利'而重'义务'。"[③]陈顾远说:"罗马法系以权利为本位,中国固有法系以义务为本位,彼此绝然不同。"[④]

　　第二,中西内部义务权利之间的关系不同。中国重义务,西洋重权利,这并不是说,中国就没有权利,西洋就没有义务。在各自的内部,都有权利与义务。其内部权利与义务之间的不同关系,从另一个角度说明了西方权利与中国义务的差异。

　　梁漱溟说:在中国,"从家庭骨肉间的恩情产生了义务观念——这个义务观念不是和权利观念相对待的。在西洋,权利同义务正为对待,比如你欠我钱,你就有还债的义务,我就有讨债的权利。像这一种的义务观念,是硬性的,非怎样不可,从对方课于我者。中国的所谓义务,是自己认识的,不是对方硬向我要的。比如我对我的兄弟要负照顾的责任,对朋友要负帮忙的

---

　　①　梁漱溟:"中国文化要义",载中国文化书院学术委员会:《梁漱溟全集(第三卷)》,山东人民出版社 2005 年版,第 93 页。

　　②　梁漱溟:"中国文化的两大特征",载中国文化书院学术委员会:《梁漱溟全集(第六卷)》,山东人民出版社 2005 年版,第 141 页。

　　③　[美]金勇义:《中国与西方的法律观念》,陈国平、韦向阳、李存捧译,辽宁人民出版社 1989年版,第 142 页。

　　④　陈顾远:"中国固有法系之简要造像",载范忠信、尤陈俊、翟文喆:《中国文化与中国法系——陈顾远法律史论集》,中国政法大学出版社 2006 年版,第 40 页。

责任,完全是从恩义而来,是自愿的,是软性的,在意味上很不相同"①。

从中可以看出,中西之间的义务固然不同,一个是法律义务,一个是伦理义务。相对而言,前者是硬性的,后者是软性的。但是其权利更为不同,虽然同有权利之名,但权利之实是截然不同的。陈顾远说:"故在我国往昔,权利云者,争权夺利之谓,乃极为丑恶之名词,不能公然鼓吹。"②这是对中国古代权利一词的最好解释与说明。

第三,西方重视物权债权,中国忽视物权债权。首先,梁漱溟引用杨鸿烈的论述来说明自己的观点:"各国法律在保障人权,民法则以物权债权为先,而亲族继承次之。此法律建筑于权利之上也,我国则反是(以义务不以权利)。"③"远如唐律,其所规定且多有与现代各国法典相吻合者。但各国法典所致详之物权债权问题,中国几千年却一直是忽略的。"其原因之一,就在于"中国法律一切基于义务观念而立,不基于权利观念"④。这是说明西方重视权利、中国重视义务的最好例证。

第四,西方公私法、民刑法分,中国公私法、民刑法不分。

针对西方的公法、私法明确分开,民法与刑法明确分开,梁漱溟说:在中国,"就没有公法私法的分别,刑法民法亦不分了"⑤。从权利、义务的视角来看,西方的公法私法之所以分开,是因为西方团体的权利如公民权,与个人的权利如自由权是严格分开的,规定团体权利的公法如宪法、行政法等,与规定个人权利的私法,如民法等就要严格分开了;民法刑法之所以分开,是因为民法是权利本位之法,而刑法是重点规定义务之法,所以两者要分开。而中国调整社会关系的是礼,无论是公事还是私事,无论是民事关系还是刑事关系,都包含在礼中,都由伦理义务或道德义务调整。刑事关系是不是伦理义务或道德义务呢?前面已经说过,刑事义务,实质上也是一种伦理义务或道德义务,德主刑辅,出于礼而入于刑即可证明。所以它们只有程度上的差异,而没有性质上的区别。因而在中国,公法、私法无需分,民法、刑法也无需分了。

---

① 梁漱溟:"帮助大家对讨论问题作一准备",载中国文化书院学术委员会:《梁漱溟全集(第五卷)》,山东人民出版社 2005 年版,第 903 页。

② 陈顾远:"中国固有法系之简要造像",载范忠信、尤陈俊、翟文喆:《中国文化与中国法系——陈顾远法律史论集》,中国政法大学出版社 2006 年版,第 41 页。

③ 梁漱溟:"中国文化要义",载中国文化书院学术委员会:《梁漱溟全集(第三卷)》,山东人民出版社 2005 年版,第 26 页。

④ 同上,第 84 页。

⑤ 同上,第 85 页。

第四节 对立的融合:"人治的多数政治"

中西除了上述方面的对立外,还存在自力与他力、理与欲等多方面的对立。虽然中西存在上述如此多方面的对立,但梁漱溟认为,中西的对立是可以融合的,可以融合到一个新的制度即"人治的多数政治"制度或"多数政治的人治"制度中来。

一、中西对立的转化

中西对立能转化,主要有两方面的原因。一方面,梁漱溟认为中国要"向西方转"[①]。近代中国的失败,从根本上讲是文化的失败。其原因在于中国"理性早启"、"文化早熟",第一路向的问题尚未解决,直接进入了第二路向,所以中国文化既幼稚又早衰。在遭遇西方后,中国全面失败,也就是理所当然。所以,中国要想找到自救的出路,就必须向西方学习,补解决第一路向问题的课。例如,因为中国缺乏西洋社会构造中的团体生活,导致中国人散漫、无力,一遇到有团体力的西洋人就败下阵来。所以中国要向西方学习团体生活。而团体生活并不是孤立存在的,它是一个有机的运作系统。在近代西洋团体需要有民治制度、法治制度、政教分离制度、权利本位制度等来保障其有效实施。中国也需要这些制度。但梁漱溟认为,中国学习这些制度应建立在中国固有文化即第二路向文化基础之上,中国只是补"理性早启"、"文化早熟"之课,救幼稚、早衰之病,并非是根本转向,即从第二路向文化转到第一路向文化。

另一方面,梁漱溟认为,近代后的西洋正处在第一路向文化向第二路向文化的过渡阶段,事实上西洋正朝着中国方向转。这表现在以下三点。

第一,西洋在由法治向人治变。梁漱溟说:"所谓西洋事实的变迁何所指?譬如刚才说民治的国家都是法治,以法为最高,命令必须根据法律,这是西洋近代的事实,与古代不同;可是这个问题,在西洋到最近又有了变迁。大家可看武汉大学出版的《社会科学季刊》第一卷第二期中《法律与命令》一文,为王世杰先生所写;这篇文章的大意是说西洋法治已经动摇,慢慢地将

---

① 梁漱溟:"乡村建设理论",载中国文化书院学术委员会:《梁漱溟全集(第二卷)》,山东人民出版社 2005 年版,第 280 页。

要以命令代替法律,立法机关的立法权限,慢慢地要缩减。"①当然,这里的人治,并不是指传统中国的德治、礼治,而是指在法律中更"崇尚智者",更重视"学者立法"、"专家立法"、"技术行政"、"专家政治"②而已。

第二,西洋在由个人本位、权利观念向社会本位、义务观念转变。在《中国之地方自治问题》一文中,梁漱溟说,西洋"以前讲个人应有什么权利,现在讲个人应有什么义务"③。同样在该文中,梁漱溟说,"西洋近代法律思想是个人本位,权利观念的,最新的法学思想是社会本位,义务观念的"④。这都是梁漱溟认为西洋在由个人本位、权利观念向社会本位、义务观念转变的证明。

第三,西洋的新法学在向"政教合一"方向转变。从个人自由角度看,西洋的新法学也讲究个人自由,但与以前的个人自由发生了很大的改变。以前的个人自由,是一种国家不加干涉的自由,只要不损害社会公共利益,个人愿意干什么就可以干什么,但新法学却认为,如果个人放任自己,自甘堕落,即使不损害公共利益,国家也要干涉。梁漱溟认为,"从这一点上可以见出我们政教合一的主张,与西洋新法学思想是很相合的"⑤。这说明即使西方主观上没有朝着"政教合一"方向转的意识,但客观上却有了朝着"政教合一"方向转的事实。

二、对"人治的多数政治"的理解

如上所述,梁漱溟认为,正因为中国要向西方转,而西方也要朝着中国走,因而,"就是两边一齐来"⑥,就能实现中西对立的融合。以团体组织为例,"我们因为事实上的必要,要往团体组织里去;西洋人因为事实上的必要,其团体组织之道也转变而渐与我们接近。所以说二者有一个融合点。——我们将来所要成功的团体组织,也正是西洋将要变出来的一个团体组织。这一个团体,虽不必取决多数,可是并不违背多数;它正是一个民治精神的进步,而不是民治精神的取消"⑦。因此,中国的人治与西方的法治

---

① 梁漱溟:"乡村建设理论",载中国文化书院学术委员会:《梁漱溟全集(第二卷)》,山东人民出版社2005年版,第285页。

② 同上,第289页。

③ 梁漱溟:"中国之地方自治问题",载中国文化书院学术委员会:《梁漱溟全集(第五卷)》,山东人民出版社2005年版,第342页。

④ 同上。

⑤ 同上。

⑥ 梁漱溟:"乡村建设理论",载中国文化书院学术委员会:《梁漱溟全集(第二卷)》,山东人民出版社2005年版,第290页。

⑦ 同上。

就有了融合的可能。

需要注意的是,在中西融合中,双方的地位与重要性并不是对等的。因为中国是第二路向的文化,是"理性早启"、"文化早熟",因而需要以第一路向文化补中国文化幼稚、早衰之弊病;西方文化是第一路向文化,正要向第二路向转变。所以,在融合过程中,无论是中还是西,都必须以中国固有的第二路向文化为主,而以西方第一路向文化为辅。

具体到法治与人治,梁漱溟认为,按照通常原理,民治肯定是法治,法治以法为最高;而人治是以人最高,个人大过法律。"所以法治与人治是冲突的,人治与民治也仿佛是不相容的;不过现在我们是给他调和了。这个调和,我名之为:'人治的多数政治',或'多数政治的人治'。"①所以,我们就有了一个新的政治制度。

所谓"人治的多数政治"或称为"多数政治的人治",梁漱溟指出:"自一方面看,的的确确是多数政治,因多数是主动,而非被动;但同时又是人治而非法治,因不以死板的法为最高,而以活的高明的人为最高。……大家都同意承认这一个人,因而此人取得最高地位,这也像法之被大家同意承认而得为最高者一样! 这个话如若能通,这种政治就可叫作'多数政治的人治',或'人治的多数政治'。"②也就是说,在梁漱溟看来,"多数政治的人治"或"人治的多数政治",是在同一制度中,既可以充分发挥法治的作用,又可以充分发挥人治的作用,从而实现两者作用的最大化。

总之,"人治的多数政治"或称为"多数政治的人治","既是多数人的意志,又是人治制度,此即两相调和之义也"③。它是"我们把两种制度搅合起来,截长补短"④而创造出的一种新制度。当然,在"人治的多数政治"或"多数政治的人治"中,人治与民治或法治的地位是不一样的,人治是根本的,法治是非根本的,人治是目的,法治是手段,因而,这是一种明显带有中体西用特点的政治制度设想。按照梁漱溟世界文化由第一路向向第二路向发展的原理,这种制度不仅是中国以后的政治制度,也是西方政治制度发展的方向。

---

① 梁漱溟:"乡村建设理论",载中国文化书院学术委员会:《梁漱溟全集(第二卷)》,山东人民出版社 2005 年版,第 292 页。

② 同上,第 292-293 页。

③ 梁漱溟:"欧洲独裁制之趋势与我们人治的多数政治",载中国文化书院学术委员会:《梁漱溟全集(第五卷)》,山东人民出版社 2005 年版,第 668 页。

④ 同上,第 667 页。

三、可能的质疑

　　既然梁漱溟主张"人治的多数政治"或"多数政治的人治"，那梁漱溟为什么在1919年的《论学生事件》中极力主张法治解决问题？为什么在1978年12月，已86岁高龄的梁漱溟在重新阅读自己1977年所写的《毛主席对于法律作如是观——访问雷洁琼同志谈话记》一文时，提笔写下了这样一段话："毛主席逝世两年后，法制与民主的呼声渐起，其前途必逐步展开，无疑也。"①这是否意味着梁漱溟在晚年改变了自己"人治的多数政治"或"多数政治的人治"的主张？

　　对于前者，笔者的解释是，1919年是梁漱溟"必用西法"的法律思想阶段，提出此观点，在情理之中。而对于1978年的观点，则必须做深入的考察。笔者认为，梁漱溟在晚年对法律的重视主要源于两个方面的原因：一是源于现实问题的刺激。梁漱溟一直强调自己不是"为学问而学问"的人，是感受到中国问题的刺激而去追寻解决中国问题的办法。同样，"文化大革命"中与"文化大革命"结束后，梁漱溟一直在反思如何才能避免"文化大革命"的浩劫。他最终认为只有靠法律！二是源于"势"与"理"结合的形成。梁漱溟认为，经过"文化大革命"的十年浩劫，全国人民都认识到了法制、民主的重要性，并且在基层已经形成了重视法制、民主的现实状况。

　　但这只是梁漱溟对"人治的多数政治"中"多数政治"即法治的重视，并不意味着梁漱溟对其心目中人治即"德治"的否定。从其一直坚信人性是善的，这个世界会好的儒家信念来看，完美的人治即"德治"才是梁漱溟始终不变的终极追求。于此，有两点要引起高度注意：其一，在梁漱溟这里，人治有两种类型：一种是与暴力、专制对应的人治，一种是与德治相连的人治。在梁漱溟的"人治的多数政治"或"多数政治的人治"中的人治，是指与德治相连的人治，而非与暴力、专制对应的人治。其二，在梁漱溟的"人治的多数政治"或"多数政治的人治"的主张中，"多数政治"即法治是为更好实现人治的方法与手段。明白了这两点，就不难理解，为什么梁漱溟晚年越来越重视法治。

---

　　① 梁漱溟："毛主席对于法律作如是观——访问雷洁琼同志谈话记"，载中国文化书院学术委员会：《梁漱溟全集（第七卷）》，山东人民出版社2005年版，第430页。

第四章　中国社会秩序的重构在于建设新礼俗

梁漱溟认为,社会秩序的构成有文武两面,文的一面主要是宗教、道德、礼俗、法律,武的一面是武力。中国社会秩序的维持主要在文的一面,且主要是文的一面中的礼俗。他说,"从来中国社会秩序所赖以维持者,不在武力统治而宁在教化,不在国家法律而宁在社会礼俗"①。因此,于中国而言,"礼俗实为此社会构造社会秩序之所寄托"②。但到了近代,中国的社会构造遭到破坏、社会秩序紊乱甚至没有秩序,礼俗不再起作用。面对此种情况该怎么办?梁漱溟的回答很坚定,在旧礼俗的基础上,开辟新礼俗,建设新礼俗。他说,"今后的趋势,照我们眼光见地看来,将必为新礼俗之创造"③。因而,中国社会秩序的重构在于建设新礼俗。

第一节　礼俗、新礼俗与法律

一、"以礼俗代法律"

（一）礼俗与法律

对于传统中国礼与法的关系,学界已有相当充分的研究。在谈到先秦儒家思想中礼与法的关系时,俞荣根说,"礼外无法,法在礼中。……礼法是重合的,礼就是法"④。谈到西周的礼与刑的关系,马作武说:"在西周,从刑

---

① 梁漱溟:"乡村建设理论",载中国文化书院学术委员会:《梁漱溟全集(第二卷)》,山东人民出版社 2005 年版,第 179 页。

② 梁漱溟:"中国文化要义",载中国文化书院学术委员会:《梁漱溟全集(第三卷)》,山东人民出版社 2005 年版,第 217 页。

③ 梁漱溟:"中国此刻尚不到有宪法成功的时候",载中国文化书院学术委员会:《梁漱溟全集(第五卷)》,山东人民出版社 2005 年版,第 468 页。

④ 俞荣根:《儒家法思想通论》,广西人民出版社 1998 年版,第 128 页。

法的角度看,礼是精神总则,刑是总则的具体化、条文化,两者不可分割,也不能分割。"①栗劲、王占通认为,"礼既具备道德规范的形式,又具备法律规范的形式"②,"礼既符合道德规范的结构又符合法律规范的结构"③,"礼具有道德与法律的双重属性"④。邵方认为,"传统法的组成可以说就是礼与法的组成。礼不但是中国古代法的渊源,更是古代法的精神和价值的体现,是法的灵魂所在。中国古代传统法的结构是礼与法的结合"⑤。

当然,对于传统中国礼与法的关系,学界还有其他不同的观点。但至少以下观点,是大家所认同的:(1)礼法结合是中华法系的重要特色,是传统中国法的主要结构。(2)礼与法无论在制度层面还是在观念层面都有密切联系。礼的部分规范通过法律认可,直接具有法律规范的功能,礼是立法、司法、守法的重要精神指导。(3)礼中既有道德规范,又有法律规范。(4)礼决定法,法对礼具有维护作用。

对于传统中国礼与法的关系,梁漱溟与上述学者的观点大致相同。他认为,传统中国是"礼法",是"礼里边就有了法律制度"。⑥ 对于梁漱溟在此方面更为详细的见解,下一章再谈。

(二)传统中国以道德代宗教,以礼俗代法律

梁漱溟认为,中国也经历了图腾崇拜、庶物崇拜、群神崇拜等原始宗教阶段,但以后转到了以周孔教化代宗教的伦理文化阶段。由此,西方的宗教与法律,在中国转化成了以道德代宗教,以礼俗代法律。⑦ 西方宗教与法律的关系,在中国就转化成了道德与礼俗、道德与法律的关系。对于梁漱溟的"中国以道德代宗教,以礼俗代法律"的思想,可以从两个方面展开研究:一是探究"以道德代宗教,以礼俗代法律"的内容,二是探究为什么中国能"以道德代宗教,以礼俗代法律"。

1.中国以道德代宗教,以礼俗代法律的内容

道德与宗教的关系如何?礼俗与法律关系如何?道德与法律的关系如

---

① 马作武:"传统法律文化中的礼与法",载《现代法学》1997年第4期,第110页。

② 栗劲、王占通:"略论奴隶社会的礼与法",载《中国社会科学》1985年第5期,第198页。

③ 同上,第200页。

④ 同上,第203页。

⑤ 邵方:"儒家思想与礼制——兼议中国古代传统法律思想的礼法结合",载《中国法学》2004年第6期,第160页。

⑥ 梁漱溟:"我们政治上的第一个不通的路——欧洲近代民主政治的路",载中国文化书院学术委员会:《梁漱溟全集(第五卷)》,山东人民出版社2005年版,第854页。

⑦ 梁漱溟:"中国文化要义",载中国文化书院学术委员会:《梁漱溟全集(第三卷)》,山东人民出版社2005年版。

何？这是探讨中国以道德代宗教，以礼俗代法律的内容应有之义。

（1）道德与宗教的关系

梁漱溟认为道德与宗教一方面有相同之处，但另一方面更有不同之处。其相同之处表现在：①宗教能引生道德。梁漱溟说："宗教信仰中所有对象之伟大、崇高、永恒、真实、美善、纯洁，原是人自己本具之德而自己却相信不及。经过这一转变，自己随即伟大，随即纯洁于不自觉。宗教之引生道德即在此。"①②道德与宗教都是要使人心向善向上。③道德与宗教都能为社会形成良好的秩序与风气。②其不同之处表现在：①在宗教与道德产生与灭亡的先后关系上，梁漱溟认为是先有宗教，后有道德，在未来的共产主义社会，将"不需用"宗教，但要更"依重道德"。③②道德与理性相连，它存在于个人的自觉自律之中，它是让人依靠自己的力量而自信，而宗教是与感情、信仰相连的，它存在于教徒的遵守之中，它是让人舍弃自己的力量去信他，是依靠他力。简言之，道德与宗教的区别即"自与他、内与外之别"。④③虽然道德与宗教都是要使人心向善向上，但无论是对个人还是社会，宗教都生效快，力量大，且不易发生改变。而相比之下，道德则反之。④虽然道德与宗教都能为社会形成良好的秩序与风气，但宗教收效易，道德收效难。⑤

梁漱溟认为，在中国是道德代宗教，具体来说，是以周孔教化或孔子的儒家学说代替宗教。在这里有以下两个问题需要深入研究：周孔教化或孔子儒家学说是道德不是宗教，周孔教化或孔子儒家学说代替宗教的表现。

其一，周孔教化或孔子儒家学说是道德不是宗教。周孔教化或孔子儒家学说主张德治，这世人皆知，无须多费笔墨进行论述。但周孔教化或孔子儒家学说是不是宗教，这是有很大争议的。梁漱溟认为，周孔教化或孔子儒家学说"是一学派，非一宗教"⑥。其原因可从形式、宗教产生的条件、本质三个角度考察。从形式上看，"宗教总脱不开生死鬼神这一套。孔子偏偏全副精神用在现有世界（现有世界就是我们知识中的世界），而不谈这一套。此

① 梁漱溟："中国——理性之国"，载中国文化书院学术委员会：《梁漱溟全集（第四卷）》，山东人民出版社 2005 年版，第 352 页。

② 梁漱溟："中国文化要义"，载中国文化书院学术委员会：《梁漱溟全集（第三卷）》，山东人民出版社 2005 年版，第 108 页。

③ 梁漱溟："中国——理性之国"，载中国文化书院学术委员会：《梁漱溟全集（第四卷）》，山东人民出版社 2005 年版，第 352 页。

④ 梁漱溟："中国文化要义"，载中国文化书院学术委员会：《梁漱溟全集（第三卷）》，山东人民出版社 2005 年版，第 205 页。

⑤ 同上，第 108 页。

⑥ 梁漱溟："理性与宗教之相违"，载中国文化书院学术委员会：《梁漱溟全集（第六卷）》，山东人民出版社 2005 年版，第 399 页。

为儒家非宗教的大证据"①。从宗教产生的条件看,如前所述,梁漱溟认为宗教产生有两个条件:宗教必以对于人的情志方面之安慰勖勉为其事务;宗教必以对于人的知识之超外背反立其根据。于第一方面,周孔教化或孔子儒家学说与宗教或许有着相同的功能,但第二方面,却截然相反,孔子不仅不从人的知识之超外背反立其根据,还专从启发人的理性上下功夫。孔子让人充分相信自己、依赖自己,这是宗教不可能具有的。从本质上看,儒家学说"不是宗教,而是人生实践之学,正如他们所说'践形尽性'就是了。践人之形,尽人之性,这是什么? 这是道德"②。

当然,梁漱溟也认为,虽然儒家学说不是宗教,但并非没有宗教的影子与因素。他说:"孔子的教化全然不从超绝知识处立足,因此没有独断,迷信及出世倾向;何可判为宗教? 不过孔子的教化,实成世界其他伟大宗教同样的对于人生具有等量的安慰勖勉作用;他又有类似宗教的仪式——这亦是我们只说中国几乎没有宗教,而不径直说没有宗教的一层意思。"③

其二,周孔教化或孔子儒家学说代替宗教的表现。周孔教化或孔子儒家学说代替宗教主要表现在以下一些现象或因素之中:①与西方宗教处于文化的中心一样,周孔教化居于中国文化的中心。②宗教氛围缺乏,而道德氛围特重。③以是非观念代替罪福观念。④以自觉自律代替被动他律。

(2)礼俗与法律的关系

梁漱溟认为,传统中国的社会组织与社会秩序存在于礼俗之中,而近代西方则存在于法律之中,相对于西方而言,中国是"以礼俗代法律"④。礼俗与法律是中西用来组织社会、调整社会秩序的方法与手段,两者既有相同之处,也有不同之处。

礼俗与法律的相同之处有,其一,两者都是调整社会秩序的规范体系。无论是礼俗还是法律,都担负着调整社会的行政法律关系、民事法律关系、刑事法律关系等功能,两者虽然名称不同,但都是一种规范体系,都调整法律关系,而且调整法律关系的范围相同。其二,两者都是以国家强制力保证

① 梁漱溟:"理性与宗教之相违",载中国文化书院学术委员会:《梁漱溟全集(第六卷)》,山东人民出版社 2005 年版,第 400 页。

② 梁漱溟:"今天我们应当如何评价孔子",载中国文化书院学术委员会:《梁漱溟全集(第七卷)》,山东人民出版社 2005 年版,第 297 页。

③ 梁漱溟:"中国民族自救运动之最后觉悟",载中国文化书院学术委员会:《梁漱溟全集(第五卷)》,山东人民出版社 2005 年版,第 71 页。

④ 梁漱溟:"中国文化要义",载中国文化书院学术委员会:《梁漱溟全集(第三卷)》,山东人民出版社 2005 年版,第 199 页。

实施的规范体系。西方法以国家强制力为后盾,以国家暴力保证强制实施,这是没有任何疑义的。中国的礼有没有强制力保证实施?如果有,又是什么强制力保证实施呢?礼也是有强制力保证实施的,"出礼入刑"的规定,让礼从刑那儿获得了强制性,所以,作为起着法律功能的礼也是有强制性的,也是国家强制力保证实施的,只不过西方强制性在法自身,而中国礼的强制力不在自身,必须借助刑或者说刑法才能实现。① 其三,从马克思主义的观点来看,两者所追求的目的是相同的,都是统治阶级意志的体现,都是为维护统治阶级的阶级统治而服务的。其四,两者自产生后,不是一成不变的,都有一个发展变化的过程。如前所述,中国的礼自产生后,至清代有一个发生、发展、衰落的过程;而西方的法,也有一个从古代到近代再到现代的发展过程,每个过程中产生了不同的法学思想与法学流派。

除了相同之处外,中国的礼俗与西方的法律两者之间也有许多的不同之处。梁漱溟是从中西文化比较中来谈中西礼与法的区别,所以谈到礼俗与法律的关系时,梁漱溟更多的谈的是两者之间的区别。归纳起来说,梁漱溟主要从以下方面谈了礼俗与法律之间的区别。

第一,来源不同。梁漱溟引用孟德斯鸠的观点,来说明礼俗与法律的来源不同:"盖法律者,有其立之,而民守之者也;礼俗者,无其立之,而民成之者也。礼俗起于同风;法律本于定制。"② 亦即是说,法律与礼俗是有明显区别的,法律总是能找到特定的立法者的,这个立法者可以是君主,也可以是议会,还可以是别的主体,它是特定的;法律制定后,是由人们来遵守的,如果不遵守,里面有明确规定以强制力来保证实施。这里的人们可以仅指被统治者,也可以指统治者和被统治者,视具体的社会发展阶段而定。而礼俗则不同,礼俗不是特定的人所制定的,只能是由模糊的,不特定的人在生活过程中长期形成的,所以它起源于相同的风俗习惯。礼俗形成后,最主要是靠个人内心的认同来自愿实施。但中国社会将礼作为一种治理国家的手段与方式后,它就由礼以外的国家强制力即刑来保证其实施了,这就是所谓的出礼而入刑。

第二,本质不同。梁漱溟说:礼俗与法律"亦还为其本质有着分别:礼俗示人以理想所尚,人因而知所自勉,以企及于那样;法律示人以事实确定那样,国家从而督行之,不得有所出入。虽二者之间有时不免相滥,然大较如是。最显明的,一些缺乏客观标准的要求,即难以订入法律;而凡有待于人之自勉者,都只能以风教礼俗出之。法律不责人以道德;以道德责人,乃属

---

① 张中秋:《比较视野中的法律文化》,法律出版社 2003 年版,第 87—88 页。
② [法]孟德斯鸠:《孟德斯鸠法意》,严复译,商务印书馆 1981 年版,第 404 页。

法律以外之事,然礼俗却正是期望人以道德;道德而通俗化,亦即成了礼俗"①。很明显,梁漱溟是将中国的礼与西方分析法学派所指称的国家制定法进行比较。在这样一种前提下,礼俗与法律的本质区别就表现为:礼俗与理想、与主观、与内心、与道德相连,它是一种人们追求的美好愿望,是一种可能实现也可能实现不了的社会理想,它主要是靠人们自己内心督促、勉励来实现,所以,它总是与道德联系在一起,它是道德的通俗化。而法律则与现实、与客观、与人身、与强制力相连,它是立法者的一种客观的现实要求,是一种必须遵守的社会规范,它是靠外在强制力强迫人们来遵守的,它与道德没有必然联系,法律不能有道德的规定,也不能依靠道德让人们去遵守法律。

第三,效果不同。梁漱溟说:中国的礼"其重点放在每个人自己身上,成了一个人的道德问题,它不是借着两个以上的力量,互相制裁,互相推动,以求得一平均效果,而恒视乎其人之好不好。好呢,便可有大效果;不好,便有恶果"②。此即是说,社会治理依靠礼,其实质是依靠个人的道德自律,礼治的效果很容易走向两个极端:如果所有社会成员,在古代中国就是皇帝、士、农、工、商都能以修身为本,做到内圣外王,则礼治就会有"大效果",就会形成"治世";而如果所有社会成员都不能以道德自律,出现礼崩乐坏,道德沦丧之局面,则礼治就会有"恶果",就会形成"乱世"。而西方的法是"借着两个以上的力量,互相制裁,互相推动,以求得一平均效果"③。对这句话应该如何理解呢?这就要联系到梁漱溟在《乡村建设大意》中所讲的"权利为本,法律解决"。梁漱溟认为,西方社会是一个权利本位的社会,在社会团体中,大家都有权,不能互相相让,怎么解决?只能靠法律解决。如何靠法律解决?就是民主表决,形成多数意见,即制定法律。所以"西洋的所谓法律,就是团体里面大家的一个公意"④,"多数人的意见就算是团体的公意,公意就算是法律"⑤。这里的公意,就是所有有权利的人相互制裁、相互推动的结果。公意成为法律后,对所有的人都适用,"无论什么人来一律看待"⑥。这

---

① 梁漱溟:"中国文化要义",载中国文化书院学术委员会:《梁漱溟全集(第三卷)》,山东人民出版社 2005 年版,第 121 页。
② 同上,第 185 页。
③ 同上。
④ 梁漱溟:"乡村建设大意",载中国文化书院学术委员会:《梁漱溟全集(第一卷)》,山东人民出版社 2005 年版,第 654 页。
⑤ 同上,第 655 页。
⑥ 梁漱溟:"中国文化要义",载中国文化书院学术委员会:《梁漱溟全集(第三卷)》,山东人民出版社 2005 年版,第 68 页。

样的社会既不容易成为"治世",也不容易变成"乱世",但很稳定。

第四,其他方面的不同。"法律制度是国家的(或教会的,如中古教会所有者),而道德礼俗则属个人及社会的。法律制度恒有强制性,而道德礼俗则以人之自喻共喻自信共信者为基础。前者好像是外加的,而后者却由社会自身不知不觉演成。外加的,容易推翻它,自身演成,怎么推翻?"①梁漱溟的这段话说明了礼俗与法律之间的四个区别。①两者的归属不同。法律归属于国家。法律是国家意志的体现,以国家形式制定,由国家推行实施,强调的是保护国家利益,所以它归属于国家。礼俗归属于个人及社会。礼俗形成于相同的风俗习惯、社会意识之上,依靠个人修养作为基础,以个人内心确认与自愿践行作为推行的方式,所以,它归属于社会。②两者保证实施的力量不同。法律是靠外力,即国家暴力作为强制力保证实施,而礼俗靠内力,即内心确认与自愿践行保证实施。当然,这是一般情形,如前所述,在中国礼俗的实行,不仅是依靠内心确认与自愿践行来保证实施,还用国家强制力的刑法来保证礼的实施,即"出礼入刑"。③形成方式不同。法律是人为制定的,是外加于国家、社会的,而礼俗是由社会内部自发产生的,它好像就是社会自身的组成部分。④稳定性不同。正是因为第三方面的原因,所以法律容易推翻,礼俗不容易推翻。如中国古代社会的作为政治、法律意义上的礼俗已经被推翻了,但作为社会生活的礼俗则在民间仍然不同程度地被保留下来。

(3)道德与法律的关系

关于此方面的内容,在第三章第二节里有详细的论述,这里就不再赘述。

2. 中国为什么能以道德代宗教,以礼俗代法律

中国为什么能以道德代宗教呢? 在梁漱溟看来,中国之所以能以道德代宗教至少有三大因素:理性、伦理与礼乐。从理智与理性的视角,梁漱溟说:"理智只在人类生命中起工具作用,而理性则其主体。科学为理智所有事,而理性则人类道德所自出。理智发达尽有破宗教之势,却不能代替它。只有道德容或可以代替宗教。"②从伦理与礼乐的视角,梁漱溟认为:"事实上,宗教在中国卒于被替代下来之故,大约由于二者:一、安排伦理名分以组织社会;二、设为礼乐揖让以涵养理性。二者合起来,遂无事乎宗教。"③

所谓中国以礼俗代法律,这是相对西方社会秩序的维持依靠法律,而中

---

①　梁漱溟:"中国文化要义",载中国文化书院学术委员会:《梁漱溟全集(第三卷)》,山东人民出版社 2005 年版,第 225 页。

②　梁漱溟:"读熊著各书后",载中国文化书院学术委员会:《梁漱溟全集(第七卷)》,山东人民出版社 2005 年版,第 754 页。

③　梁漱溟:"中国文化要义",载中国文化书院学术委员会:《梁漱溟全集(第三卷)》,山东人民出版社 2005 年版,第 110 页。

国社会秩序的维持依靠礼俗而言的。中国为什么能以礼俗代法律呢？在《中国之地方自治问题》一文中，梁漱溟对此有所论述。他说：

"西洋从权利观念出发，故其社会须赖法律以维持；中国从情谊义务出发，故其社会唯赖礼俗以生活。以我们的推断，我们确认中国今后团体生活，仍须接续中国过去情义礼俗之精神。如不此之图，而欲移植西洋权利法律之治具于此邦，则中国社会人与人间之关系问题，团体组织新习惯之养成问题，必永无解决之希望！"①

"多靠强制力，那还是法律统制的局面；而社会等到不靠法律的强制力来统制的时候，那就非靠'礼俗'来维持不可了。礼俗是自然慢慢演成的，法律是强制造成的。西洋近代社会，完全靠法律统制，一刻都离不开。历史上的中国人，本靠礼俗生活，而离法律远甚。今后中国仍然要走礼俗的路，他天然不会变到法律的路。所以此刻的中国问题唯在新礼俗的如何创造开辟，而绝不是由礼俗维持再变到法律维持的问题。如果变到法律的路，则政教就分了。如仍走礼俗的路，则政教仍是合的。比如乡约就无一点法律意味，完全是礼的结合。将来中国地方自治，如果成功，必要建筑于礼俗之上，而法律无能为力。但现在大家所提倡的，乃至中央所推行的，完全是法律的事。所以只有失败，没有成功。今后大家如不彻底觉悟，改变方向，而仍靠法律来推行地方自治，结果仍然是要失败的。所以我敢断言，中国地方自治，想要成功，必须从礼俗出发，进行组织。"②

在《中国文化的两大特征》中，梁漱溟说："维持这种伦理本位社会的当然是一种礼俗，而不是国家法律。因根本上他没有超居在上的一大力量，为法律所自出。他的法律，仍是礼俗的变形而已。"③而且在以道德代宗教，以礼俗代法律中，两者的关系并不是并行的，而是由前者决定后者，亦即能以礼俗代法律，是因为以道德代宗教，正如梁漱溟所言："然若没有以道德代宗教之前一层，即不会引出来此以礼俗代法律之后一层。根本关键，还在前者。"④由于这些原因，中国就能以礼俗代法律。

---

① 梁漱溟："中国之地方自治问题"，载中国文化书院学术委员会：《梁漱溟全集（第五卷）》，山东人民出版社 2005 年版，第 325 页。

② 同上，第 343-344 页。

③ 梁漱溟："中国文化的两大特征"，载中国文化书院学术委员会：《梁漱溟全集（第六卷）》，山东人民出版社 2005 年版，第 145-146 页。

④ 梁漱溟："中国文化要义"，载中国文化书院学术委员会：《梁漱溟全集（第三卷）》，山东人民出版社 2005 年版，第 204 页。

二、法律是对新礼俗成果的确认

何谓新礼俗？综理梁漱溟的论述，可以看出，梁漱溟所指的新礼俗主要有以下一些含义。

第一，新礼俗是对传统礼俗的继承与创新。在《中国之地方自治问题》一文中，梁漱溟说："历史上的中国人，本靠礼俗生活，而离法律远甚。今后中国仍然要走礼俗的路，他天然不会变到法律的路。所以此刻的中国问题唯在新礼俗的如何创造开辟，而绝不是由礼俗维持再变到法律维持的问题。"①在《乡村建设理论》中，他也说：

"因为我们过去的社会组织构造，是形著于社会礼俗，不形著于国家法律，国家的一切一切，都是用一种由社会演成的习俗，靠此习俗作为大家所走之路（就是秩序）……西洋社会秩序的维持靠法律，中国过去社会秩序的维持多靠礼俗。不但过去如此，将来仍要如此。中国将来的新社会组织构造仍要靠礼俗形著而成，完全不是靠上面颁行法律。"②

所以，漱溟认为传统中国社会是靠礼俗自我维持，而不是靠生硬的法律，以后也应该靠礼俗，只不过这是一种改进后的礼俗，是对旧礼俗的创新，是一种新礼俗。

第二，新礼俗是一种新的社会组织构造。梁漱溟说："所谓建设，不是建设旁的，是建设一个新的社会组织构造——即建设新的礼俗。"③"新礼俗的开发培养成功，即社会组织构造的开发培养成功。新组织构造、新礼俗，二者是一件东西。"④那么何谓"社会组织构造"呢？梁漱溟认为，社会组织构造、社会结构、社会秩序、社会机构等基本是同义的。在《中国文化要义》一文中，梁漱溟给社会构造下了个定义："所谓社会构造，即指一个社会里面，这个人与那个人的关系，这部分人与那部分人的关系，这方面与那方面的关系，方方面面种种的关系而言。或者说一个社会里面政治的、经济的、教育的各种制度，即社会构造。"⑤"社会构造就是一个社会的秩序，一个社会的

---

① 梁漱溟："中国之地方自治问题"，载中国文化书院学术委员会：《梁漱溟全集（第五卷）》，山东人民出版社 2005 年版，第 343 页。

② 梁漱溟："乡村建设理论"，载中国文化书院学术委员会：《梁漱溟全集（第二卷）》，山东人民出版社 2005 年版，第 276 页。

③ 同上。

④ 同上。

⑤ 梁漱溟："中国文化要义"，载中国文化书院学术委员会：《梁漱溟全集（第三卷）》，山东人民出版社 2005 年版，第 49 页。

机构。"①"所谓'社会构造','社会制度','社会秩序','社会机构'等,名词虽不同,实在是一回事。"②社会构造在各国的文化中具有特别重要的地位,是区分不同文化的标志。梁漱溟认为:"一时一地之社会构造,实即其时其地全部文化之骨干;此外都不过是皮肉附丽于骨干的。若在社会构造上,彼此两方差不多,则其文化必定大致相近;反之,若社会构造彼此不同,则其他便也不能不两样了。"③中西之所以不同,社会构造不同是最为重要原因之一。

梁漱溟认为,西方社会组织构造的重心在团体,其近代的社会组织构造是"个人本位,阶级对立",但随后有转向"社会本位,阶级对立"的趋势。传统中国社会组织构造的重心在家庭,其社会组织构造是"伦理本位、职业分途(立)"。而新礼俗是一种既不同于西方"个人本位,阶级对立"或"社会本位,阶级对立"的社会组织构造,也不同于传统中国"伦理本位、职业分途(立)"的新社会组织构造。

第三,新礼俗是"中西具体事实之沟通调和"④。梁漱溟说:"所谓新礼俗是什么? 就是中国固有精神与西洋文化的长处,二者为具体事实的沟通调和(完全沟通调和成一事实,事实出现我们叫他新礼俗),不只是理论上的沟通,而要紧的是从根本上调和沟通成一个事实。此沟通调和之点有了,中国问题乃可解决。"⑤中国固有精神与西洋文化的长处很多,这种提法很笼统。在新礼俗建设中,中国固有精神主要是"伦理情谊,人生向上"的中华民族精神。西洋文化的长处则主要是指"团体组织"、"团体中的分子对团体生活会有力的参加"、"尊重个人"、"财产社会化"四点。

第四,新礼俗是一种新习惯、新社会、新生活。梁漱溟说:"我们的许多规定,都只是规定出一个方向,本此方向以培养出一个习惯,将来可凭的就是凭习惯,我们说建设新礼俗亦即此意。礼而成俗,就是一个习惯。"⑥因而,新礼俗就是一种新习惯、新社会、新生活,是一回事,只是说法不同罢了。

综上可以看出,梁漱溟的新礼俗的基本内涵是对传统礼俗的继承发展与创新,是在中西具体事实融合的基础上构建新的社会结构,最后形成新习

---

① 梁漱溟:"中国文化要义",载中国文化书院学术委员会:《梁漱溟全集(第三卷)》,山东人民出版社 2005 年版,第 49 页。

② 梁漱溟:"中国社会构造问题",载中国文化书院学术委员会:《梁漱溟全集(第五卷)》,山东人民出版社 2005 年版,第 843 页。

③ 梁漱溟:"中国文化要义",载中国文化书院学术委员会:《梁漱溟全集(第三卷)》,山东人民出版社 2005 年版,第 49 页。

④ 梁漱溟:"乡村建设理论",载中国文化书院学术委员会:《梁漱溟全集(第二卷)》,山东人民出版社 2005 年版,第 278 页。

⑤ 同上。

⑥ 同上,第 384 页。

惯、新社会与新生活。

在谈到传统中国礼俗与法律的关系时，梁漱溟说，"法律也要跟礼俗来"[①]，"法律制度乃仅为其从属"[②]。这些话的意思是，礼俗是法律制度的真正内容与精神意蕴，法律制度只不过是礼俗的一种确认形式。在谈到新礼俗与法律的关系时，梁漱溟说："中国将来的新社会组织构造成功，虽然也要有法律制度，可是法律制度产生必在礼俗已形著之后。"[③]与上同理，法律与新礼俗的关系就应是，新礼俗是法律制度的真正内容与精神意蕴，法律制度只不过是新礼俗建成成果的一种确认形式。也正因如此，我们研究梁漱溟新儒家法律思想，首先要研究的是他新儒家法律思想的实质内容——新礼俗，而不是具体法律形式。

第二节　社会秩序重构需要新礼俗

近代以来，中国与西方遭遇后全面失败，文化失调，社会结构崩溃，这是中国社会秩序重构需要建设新礼俗总的原因。具体而言，梁漱溟认为主要有以下一些原因。

一、以团结组织克服散漫的需要

梁漱溟认为："中国社会病在散漫，救治之道，在于团结组织。"[④]文化上的散漫是中国近百年来失败的必然结果，在某种意义上，甚至可以说是近百年中国失败的唯一原因，"中国过去的政治生活是端拱无为放任消极的，经济生活是自给自足不相关联的，社会风尚是背反团体共同活动的，种种条件凑合成了中国社会的散漫性。近百年来，这个庞大散漫的国家，遇到了与其恰好相反的，特别是以团体组织见长的近代西洋国家，其失败乃是历史之必然！近百年来，西洋文化战胜，胜于其组织能力；中国民族的失败，败于其散

---

① 梁漱溟："乡村建设理论"，载中国文化书院学术委员会：《梁漱溟全集（第二卷）》，山东人民出版社 2005 年版，第 306 页。

② 梁漱溟："中国文化要义"，载中国文化书院学术委员会：《梁漱溟全集（第三卷）》，山东人民出版社 2005 年版，第 225 页。

③ 梁漱溟："乡村建设理论"，载中国文化书院学术委员会：《梁漱溟全集（第二卷）》，山东人民出版社 2005 年版，第 278 页。

④ 同上，第 206 页。

漫无力,实为中国近百年来所以失败的唯一原因!"①而缺乏团体组织,使中
国缺乏诸多现代社会的观念,在某种意义可以说,中国没有走上现代社会皆
可寻根到此,"有四大缺点,都渊源于缺乏集团生活而来:(1)缺乏公共观
念——身家而外,漠不关心,国民缺乏国家观念即其著者;其他类此。(2)缺
乏纪律习惯——西洋在多人聚集场面,无待一条一条宣布告诫,而群众言动
之间早已习惯成自然的有条不紊。在中国人多,便无秩序,虽有警察犹难维
持。(3)缺乏法治精神——西洋总按照一定章程办事;中国人却每徇私人情
面。(4)缺乏组织能力——组织能力即政治能力;其要点在公共事情大家商
量着办理,既不由自己一个人做主,亦非完全被动。这要十分耐烦,要对团
体有牢韧的向心力才行。中国人最缺乏的是这个"②。"缺乏集团乃是中国
最根本的特征;中国一切事情莫不可溯源于此。"③所以,中国必须向西方学
习,要建立团体组织,往团体组织里去。

二、建立新的社会结构的需要

中国"伦理本位、职业分途"的社会结构遭到破坏,需要建立新的社会
结构。

何谓伦理本位?梁漱溟认为,西方社会生活在团体中,近代以来,在个
人与团体的关系中,个人重于团体,形成了个人本位。但第一次世界大战
后,出现了更为重视团体的趋势,因而出现了社会本位的倾向。而中国的情
况与西方完全不同,中国是以家庭为生活的重心,在家庭生活中,不可能形
成个人本位、团体本位。但中国又不能被称为家族本位,因为只有宗法社会
才可以被称为是家族本位。宗法社会的特征是:"崇拜祖先,以家族体系组
成的社会,所谓宗法社会者是。其社会所由组成,一恃乎宗教。他们亦有法
律,亦有政治,亦有战争,亦有社交娱乐;但一切一切原本宗教,而为宗教之
事。"④中国社会"崇拜祖先,以家族体系组成的社会"⑤,这与宗法社会相同,
似乎中国就是宗教社会,但宗法社会一切源于宗教,而中国社会从很早就不
以宗教为中心,不重视宗教,而是以人为中心。如《论语·述而》中说:"子不

---

① 梁漱溟:"中国之自治问题",载中国文化书院学术委员会:《梁漱溟全集(第五卷)》,山东人
民出版社 2005 年版,第 320 页。

② 梁漱溟:"中国建国之路",载中国文化书院学术委员会:《梁漱溟全集(第三卷)》,山东人民
出版社 2005 年版,第 340 页。

③ 同上,第 331 页。

④ 梁漱溟:"中国文化要义",载中国文化书院学术委员会:《梁漱溟全集(第三卷)》,山东人民
出版社 2005 年版,第 54 页。

⑤ 同上。

语怪、力、乱、神。"《论语·先进》中说:"未能事人,焉能事鬼?"由于中国以周孔教化代替了西方的宗教,中国不是宗法社会,而是伦理社会。所以梁漱溟说:"此时必须用'伦理本位'这话,乃显示出中国社会间的关系而解答了重点问题。若说家族本位既嫌狭隘,且嫌偏在一边。"①

既然中国是伦理本位的社会,那么何谓伦理? 何谓伦理本位? 梁漱溟认为,"人一生下来,便有与他相关系之人(父母、兄弟等),人生且将始终在与人相关系中而生活(不能离社会),如此则知,人生实存于各种关系之上。此种种关系,即是种种伦理。伦者,伦偶,正指人们彼此之相与"②。"伦理本位云者:相互关系的两方,彼此互以对方为重而非以任何一方为其固定本位也。"③所以,可将伦理本位简单地概括为一种以对方为重的关系本位。

从以上伦理和伦理本位的概述中,可以看出,与西方的团体或个人本位、社会本位相比,伦理或伦理本位具有以下三个特点:

第一,关系化。西方的团体是一种组织,有边界,有中枢机关,所以,团体不能无限大。而中国的伦理是一种关系,即情谊关系,而不是一种组织。它没有边界,可大可小,大到可无限大,即天下,小到家庭、二人之间,而且没有中枢机关。

第二,义务化。西方个人本位,重视权利,形成法律上的权利本位;西方社会本位,重视义务,形成法律上的义务本位。而中国的伦理,既是一种情谊关系,也是一种义务关系。但这种义务,不同于西方的法律义务,它是一种伦理义务。这种伦理义务是一种以对方为重,不与权利相对待的软性义务,伦理义务来自伦理道德、礼的要求,而不是法律的规定。

第三,二人化。西方个人本位重视个人、社会本位重视团体,无论在人与人的关系上,还是人与团体的关系上,要么重视人,要么重视团体。而中国不同,中国伦理将人与人的关系、人与团体的关系二人化,家庭中固然是二人关系,即父子、兄弟关系,夫妇关系。国家、社会关中的关系亦全部拟制为二人关系,如将国家政治关系拟制为家庭中的父子关系,君父与臣子,父母官与子民,将社会关系中的朋友关系拟制为兄弟关系。

梁漱溟认为,中国的伦理表现在经济、政治、宗教等各个方面。伦理在经济方面,主要有:第一,共财之义。即在一个家庭甚至一个大的家族中,所

① 梁漱溟:"中国文化要义",载中国文化书院学术委员会:《梁漱溟全集(第三卷)》,山东人民出版社 2005 年版,第 81 页。

② 同上。

③ 梁漱溟:"中国——理性之国",载中国文化书院学术委员会:《梁漱溟全集(第四卷)》,山东人民出版社 2005 年版,第 460 页。

有家庭成员之间的财产是不分的,每个家庭成员都有以其财产救助其他成员的义务。第二,分财之义。即兄弟之间、近支亲族之间可以分财,但每个人都有以财产救助他方的义务。第三,通财之义。即亲戚朋友之间互相以财产帮助接济的义务。伦理在政治方面,主要表现在政治构造、政治理想、政治途术三个方面。在政治构造方面,"比国君为大宗子,称地方官为父母,视一国如一大家庭……这样,就但知有君臣官民彼此间之伦理的义务,而不认识国民与国家之团体关系"①。在政治理想上,是"天下太平",其内容,"就是人人在伦理关系上都各自做到好处(所谓父父子子),大家相安相保,养生送死而无憾"②。在政治途术上,是"以孝治天下",其内容是,"从人人之孝弟于其家庭,就使天下自然得其治理;故为君上者莫若率天下以孝"③。在宗教上的表现是,伦理具有宗教的作用。伦理能融合人我而泯忘躯壳,使人在义务感与远景中取得活力,具有宗教之人生安慰勖勉功能,所以有宗教的作用。

伦理本位的社会被破坏,是指"我们旧的社会组织,是伦理本位,互以对方为重的;但自西洋风气输入,逐代以个人本位,权利观念,伦理本位社会乃被破坏"④。但是西洋的"个人本位、权利观念"在中国社会并没有扎根,与此同时,西洋社会的社会本位也开始传入中国,中国社会出现了伦理本位、个人本位、社会本位三种理论并存的局面。于是,"现在的中国人,各人有各人的理,譬如,我站在伦理本位上讲理,你站在西洋近代思想上讲理,他又站在反西洋近代潮流上讲理,左也有理,右也有理,甚至一个人可以讲三种道理,其实左右都没理。中国在这种矛盾中,伦理本位的社会便崩溃了,而如西洋一样的个人本位或社会本位的社会也未建立"⑤。"在此刻的中国社会,就是东不成、西不就"⑥,这就是近代中国伦理社会被破坏,而新的社会结构却又建立不起来的现状。

西洋是阶级对立的社会,而中国没有形成阶级对立的形势,可从经济、政治两方面考察。

从经济方面看,自秦汉以来,在农业工商业等方面看,中国都不可能形

① 梁漱溟:"中国文化要义",载中国文化书院学术委员会:《梁漱溟全集(第三卷)》,山东人民出版社 2005 年版,第 85 页。
② 同上,第 86 页。
③ 同上。
④ 梁漱溟:"乡村建设理论",载中国文化书院学术委员会:《梁漱溟全集(第二卷)》,山东人民出版社 2005 年版,第 204 页。
⑤ 同上,第 207-208 页。
⑥ 同上,第 208 页。

成阶级。首先，从农业方面看，由于"第一，土地自由买卖，人人得而有之。第二，土地集中垄断之情形不著；一般估计，有土地的人颇占多数"①。因而，农村中不易形成阶级。其次，从工商业看，中国历代实行海禁，没有广阔的市场，没有刺激工业发展的动力，因而，生产工具生产技术不发达，所以在工商领域不易形成阶级。再加之，中国实行的是遗产诸子均分的习俗，更不易财富集中，形成阶级。

从政治方面看梁漱溟认为，中国自周代就封建解体，代表统治者实行统治的是官吏，而不是贵族，他们不是为自己利益而行统治，也不是终身的，他们将当官作为了一种职业，所以政治上就难形成阶级对立。由于科举考试，耕读结合的生活方式，使士农互相流通。另外，中国也形成了士农工商四种职业并列的形势。所有这一切，使中国无法形成阶级对立。

既然中国不是阶级对立的社会，那么中国是什么社会呢？梁漱溟认为，相对于西方的阶级对立的社会，中国是职业分途的社会。

何谓职业分途？梁漱溟说："各人作各人的工，各人吃各人的饭，只有一行一行不同的职业，而没有两面对立的阶级。所以中国社会可称为一种职业分立的社会。在此社会中，非无贫富，贵贱之差，但升沉不定，流转相通，对立之势不成，斯不谓之阶级社会耳。"②"意思就是说，在这个社会里有职业而无阶级……在中国旧日的社会差不多让中国人在经济上、政治上，乃至于受教育的机会上，几乎人人机会均等，各有前途可求。"③亦即贫富、贵贱并不固定，不同职业可以互相转化，只有职业的差别，而无固定阶级产生，这就是梁漱溟所说的职业分途或者说职业分立。

职业分途的社会被破坏，是指"中国旧日职业分立的社会之好处，是没有垄断。土地的垄断不成功，资本的垄断也不成功，而成功了一个职业分立，各奔前程的社会。……但是这么一个一切都没有垄断的社会，现在已被破坏，渐要往垄断里去；但虽往垄断里去，而垄断终不可能，——职业分立的社会破坏了，而阶级对立的社会也不成功"④。所以，职业分途社会被破坏，最突出的表现，就是垄断，就是固化，而这是阶级对立的固有的特征，阶级对

---

①　梁漱溟："中国文化要义"，载中国文化书院学术委员会：《梁漱溟全集（第三卷）》，山东人民出版社2005年版，第146页。

②　梁漱溟："乡村建设理论"，载中国文化书院学术委员会：《梁漱溟全集（第二卷）》，山东人民出版社2005年版，第171页。

③　梁漱溟："中国人的长处与短处"，载中国文化书院学术委员会：《梁漱溟全集（第五卷）》，山东人民出版社2005年版，第975页。

④　梁漱溟："乡村建设理论"，载中国文化书院学术委员会：《梁漱溟全集（第二卷）》，山东人民出版社2005年版，第209页。

立与职业分途是相反的。在梁漱溟看来,中国是职业分途被破坏,阶级对立却又建立不起来。

总之,近代以来的中国社会的"伦理本位、职业分途"传统社会结构被破坏,而西方近代的"个人本位,阶级对立"社会结构、西方最近的"社会本位,阶级对立"社会结构在中国社会皆不能树立。"中国此刻最苦的,即东不成、西不就;成功一边也好办,两边不成,故为最苦也。"①因而,中国需要建立新的社会结构。

三、培养新事实、建立新秩序的需要

梁漱溟认为,近代以来中国"国家权力建立不起"②,所以需要培养新事实、建立新秩序。

详细分析,梁漱溟认为近代中国国家权力不能建立起来有五层原因。第一层原因,统治者无力却又要用力导致中国国家权力崩溃。根据历史,中国是只有统治者,而没有统治阶级。统治者本身无力,所以最适合无为而治。但在近代,中国统治者却过于用力,所以崩溃。第二层原因,思想分歧导致中国国家权力建立不起来。传统中国有自己的思想,近代西洋有其思想,近代后的西洋又有反近代西洋的思想,各种思想互相矛盾,它们同时在近代中国存在,造成近代中国思想的多重矛盾。人们在思想上无所适从,国家权力当然建立不起。第三层,没有阶级是真正让中国国家权力建立不起的原因。在梁漱溟看来,中国没有阶级是近代中国政治上消极无力、思想分歧的根源。前面所说的第一层、第二层原因,都缘于第三层原因,即中国没有阶级。第四层,主观意识与客观的社会事实不调和是中国国家权力建立不起的重要原因。近代中国,人们在主观意识上,想模仿、移植西方的法律与西方的文化,以解决中国秩序失范的现状,但在客观事实上,人们却仍保有传统文化的思维,仍以传统方式处理社会纠纷。这样,旧的传统的东西从形式上去了,新的西方的东西从形式上来了,但两者都没有实效。国家权力何以能建立得起? 第五层,"中西精神之不同"③导致中国国家权力建立不起来。中西精神的不同,主要表现在四个方面:其一,中国人与西洋人在人生上是两种不同的态度,两副不同的情形。其二,中西选举背后的机理不同。西洋选举背后的机理是竞争,"中国而有选举也,其必由众人有所尊敬,有所

---

① 梁漱溟:"乡村建设理论",载中国文化书院学术委员会:《梁漱溟全集(第二卷)》,山东人民出版社 2005 年版,第 213 页。

② 同上。

③ 同上,第 240 页。

佩服之心,而相率敬请于其人之门而愿受教焉"①。其三,西洋不相信人,防范人;中国则完全相信人,恭敬人。其四,文化精神特色不同。西方是权利为本,法律解决;而中国是伦理情谊,人生向上。

正是因为旧中国社会构造被破坏,近代中国政治建立不起来,所以中国需要培养新事实,建立新的社会构造,建立新的社会秩序。

总之,持"文化至上主义"观点的梁漱溟认为近代中国的失败在于中国文化的失败。他说:"中国问题的内涵,虽包有政治问题、经济问题,而实则是一个文化问题。"②因而,中国需要培养新的文化、新的社会构造、新的事实、新的秩序——所有这些亦可称为需要新的礼俗。

第三节　建设新礼俗的路径

在《乡村建设理论》中,梁漱溟认为应该主要从三个方面建设新礼俗:一是中西精神具体的融合;二是从理性求组织;三是从乡村入手。

一、从"中西精神具体的融合"着眼

梁漱溟认为,近代以来中国问题之所以不好解决,是因为"中西人生精神的矛盾"已经到了"深微处",但大家还只在皮毛上用力,"所以我们必须从根本矛盾处求其沟通调和,才是真的解决"③。"从根本矛盾处求其沟通调和"就是建设新礼俗。

建设新礼俗就是求中西精神具体的融合,那么如何融合呢? 梁漱溟认为,首先要明白中西精神能具体融合的前提。其前提是,"因为中国人与西洋人同是人类,同具理性;所以彼此之间,到底说得通——我们的理他们承认,他们的理我们也承认"④。其次,要明白中西精神具体融合的载体,这个载体就是团体组织。之所以是团体组织,并非中国人的主观臆想,而是"因为事实的变迁让他到融合里去"⑤。具体而言,"一是关于我们这方面,从事实上促逼我们要有一个团体组织;一是关于西洋那方面,也是事实上

---

① 梁漱溟:"乡村建设理论",载中国文化书院学术委员会:《梁漱溟全集(第二卷)》,山东人民出版社 2005 年版,第 249 页。

② 同上,第 452 页。

③ 同上,第 278-279 页。

④ 同上,第 279 页。

⑤ 同上。

促逼他们的团体组织之道要变。简言之：就是我们要往组织里去，他们的组织之道要变"①。所以，在团体组织这个平台上，中西就有了融合的可能。

我们往团体组织里去，是"向西方"转，"会不会转的与我们旧的精神不合了呢？"梁漱溟认为，"大体上说不致如此，没有什么冲突不合：——中国人虽然缺乏团体组织，并非反对团体组织，所以大体上说没有冲突的必然性"。②但是仍然有三个大问题需要注意：第一个问题是团体形成发展的逻辑问题。西洋的团体是按照先分后合的思路形成发展的，中国的团体将按照先合后分的思路形成与发展。第二个问题是"进步的团体组织与多数主动的问题"③。在此方面，梁漱溟认为具体包括三方面问题：(1)团体中多数主动与中国精神冲突与否的问题。梁漱溟认为，团体中多数主动体现的是西方的民治主义精神，而中国固有精神是尚贤尊师，强调政教合一，天然的是听从少数人的统治。这两者之间实质上是政教分离与政教合一、法治与人治的区别。如此巨大的区别，梁漱溟认为在未来的团体组织中，可以融合——通过"人治的多数政治"制度或"多数政治的人治"制度即可实现二者的融合。(2)选举权问题。西方国家认为，选举是个人的权利，国家有保障个人选举的义务。而中国则认为，选举是国家给个人的权利，个人有履行选举的义务。(3)平等问题。西方国家主观上要求自己与别人平等，而在中国主观上没有自己与别人平等的意思，但却应有将别人与自己平等甚至超过自己对待的意思。第三个问题是自由的问题。在西方，个人只要不损害团体的公共利益，个人就是无限自由的。而在中国未来的团体中，团体与个人之间的关系"仿佛在父子、君臣、夫妇、朋友、兄弟这五伦之外，又添了团体对分子、分子对团体一伦而已"④。亦即团体与个人之间的关系仍然适用伦理的关系，个人要尊重团体，团体也要尊重个人。

总之，建设新礼俗，就是建设一个新的团体组织，此团体组织"是一个中西具体事实的融合，可以说，是中国固有精神为主而吸收了西洋人的长处"⑤。这是梁漱溟所说的从中西具体精神融合的大意。

---

① 梁漱溟："乡村建设理论"，载中国文化书院学术委员会：《梁漱溟全集（第二卷）》，山东人民出版社 2005 年版，第 279—280 页。

② 同上，第 280 页。

③ 同上，第 297 页。

④ 同上，第 308 页。

⑤ 同上。

二、"从理性求组织"

如前所述,建设新礼俗即建设新的社会组织,这样一个组织"纯粹是一个理性组织"①,因为"它充分发挥了人类的精神(理性),充分容纳了西洋的长处"②。它容纳了西洋的哪些长处呢? 主要容纳了西洋的团体组织、团体中的分子对团体生活会有力的参加、尊重个人、财产社会化的长处。分别矫正了我们的散漫、被动的毛病,增进了个人的地位,完成个人的人格,增进了社会关系。"所以我们说这个组织是以中国固有精神为主而吸收了西洋人的长处。"③

人类历史上的社会组织构造,包括传统中国的"伦理本位、职业分途"的社会构造、近代西洋的"个人本位,阶级对立"的社会组织构造,都是"从一种机械的不自觉的而演成"④。而新礼俗所要建设的社会组织构造,"是完全从理性上求得的;不是机械地演成的。……在这个社会组织里,人与人的关系都是自觉的认识人生互依之意,他们的关系是互相承认(互相承认包含有互相尊重的意思),互相了解,并且了解他们的共同目标或曰共同趋向"⑤。梁漱溟认为,人类一般的社会秩序都是由少数人在实行统治,由少数人在维持。那么少数人怎样统治,怎样维持呢? 只有靠武力。这是一种非理性的办法。新礼俗与此不同,新礼俗所追求的社会秩序,是由多数人在实行统治,由多数人在维持,它是"大家慢慢磋商出来的……仿佛是社会自有的一种秩序,而非从外面强加上去的"⑥。

三、"从乡村入手"

为什么新礼俗或者说新的社会组织构造的建设要从乡村入手? 梁漱溟认为,主要有四方面的原因。

第一,范围适中。求新的社会组织,以家为单位,范围太小,以国为单位,则范围太大。以乡为范围是最适当的。因为"中国这个国家,仿佛是集

---

① 梁漱溟:"乡村建设理论",载中国文化书院学术委员会:《梁漱溟全集(第二卷)》,山东人民出版社 2005 年版,第 309 页。

② 同上。

③ 同上。

④ 同上。

⑤ 同上,第 310 页。

⑥ 同上,第 313 页。

家而成乡,集乡而成国"①。所以,以乡为范围最为适中。

第二,有利于调动团体分子多数的积极性。新的组织要求组织的每个成员对于团体生活都要积极地参与,要发挥自己的积极性与主动性,要靠多数人的力量形成新的组织。"那么,为团体主体的多数人既都在乡村,所以你要启发他自动的力量,启发主体力量,只有从乡村作工夫。"②这符合便利性原则。

第三,由经济建设所决定。由于"中国的经济建设必从复兴农村入手"③,所以新的社会组织构造也要从农村入手,从农村去寻找火种。

第四,最为重要的是,乡村特别适合从理性求组织。为什么乡村特别适于从理性求组织呢?梁漱溟给出了八个方面的理由。其一,乡村农民的职业、生存环境造成了他们"宽舒自然的性情","很适于理性的开发"④。其二,中国农民生产、生活天天打交道的对象是动植物,即"囫囵的、不可分的生物","易引发他的活趣",而"这正是理性"⑤。其三,乡村自然经济的生产方式让农民容易"从容不迫",也不得不"从容不迫",而这"也是让乡村人容易开发理性"⑥。其四,"农业最适宜于家庭的经营","农业是巩固家庭的",而"家庭乃最能安慰培养人的性情"⑦,最有利于情谊化组织的建立。其五,农民有乡土观念,对本乡村人都很亲切,"容易成功情谊化的组织",而新礼俗是"以伦理情谊为本原"⑧的,所以正好借此进行组织。其六,中国固有的"伦理的社会"、"情谊的社会"的"风气"、"意味"在农村还有些保留,正好可以借此继续发挥。其七,"因为乡村是本,都市是末,乡村原来是人类的家,都市则是人类为某种目的而安设的","那么,从乡村入手,由理性求组织,与创造正常形态的人类文明之意正相合"⑨。其八,培养新的政治习惯,也就是团体的组成人员对团体事务积极关注与参加的习惯,"要从小范围——乡村着手"⑩。这八个方面,充分说明乡村特别适合从理性求组织。

---

① 梁漱溟:"乡村建设理论",载中国文化书院学术委员会:《梁漱溟全集(第二卷)》,山东人民出版社 2005 年版,第 313 页。
② 同上。
③ 同上。
④ 同上,第 315 页。
⑤ 同上。
⑥ 同上。
⑦ 同上。
⑧ 同上,第 316 页。
⑨ 同上,第 318 页。
⑩ 同上。

第五章　礼的路为人类未来社会所必由

梁漱溟认为传统中国社会与近代西洋社会走的是不同的文化路向。近代西洋走的是第一路向的文化，其社会秩序维持主要依靠法律；传统中国走的是第二路向的文化，其社会秩序维持主要依靠礼或礼俗。虽然近代中国与西洋接触后，遭遇全面失败，中国社会秩序维持的礼也被破坏，但梁漱溟认为，礼不仅是未来中国的必由之路，也是未来西洋的必由之路，"此礼的路为人类未来社会所必由"[①]。

第一节　传统中国的礼[②]

一、传统中国礼的历史发展、内涵、特征与作用

（一）历史发展

"礼事起于燧皇，礼名起于黄帝"（《礼记·标题疏》）；"礼有五经，莫重于祭"（《礼记·祭统》）；"礼，履也，所以事神致福也"（《说文解字》）。这些古籍的记载与论述说明，礼最早起源于原始氏族社会祭神祈福的宗教仪式。

礼自产生后，经历了一个发生、发展、终结的过程。在此发展过程中，一系列人物和事件起了至关重要的作用。孔子说"殷因于夏礼，所损益可知也；周因于殷礼，所损益可知也"（《论语·为政》）。说明夏、商、周三代的礼是互相传承的。西周时的周公，对中国礼文化的发展起着源头开创性的作用。周公制礼的出发点和归宿是"尊尊"和"亲亲"，尊尊为忠，亲亲为孝，前者旨在维护君权，所谓"国无二君"，后者旨在维护父权，所谓"家无二尊"，这

<hr />

①　梁漱溟："我们政治上的第一个不通的路——欧洲近代民主政治的路"，载中国文化书院学术委员会：《梁漱溟全集（第五卷）》，山东人民出版社 2005 年版，第 165 页。

②　尹华广："中西法律差异及其文化溯源——《中国文化要义》法律与文化关系思想探析"，载《长春大学学报》2015 年第 1 期。

种政治与伦理相统一的理论,就是礼的思想基础。① 周公制礼标志着礼开始走向系统化、规范化、制度化。春秋战国时期是礼崩乐坏的时期,孔子以恢复周礼为己任,提出要"道之以德,齐之以礼",并创立"仁学",以仁率礼,以仁辅礼。梁漱溟认为,周孔教化是中国文化的源头,是中国能以道德代替西方宗教的原因。在礼的发展过程中,有一个理论的转折点,其标志是荀子礼法思想的提出。在周孔时期,并不是没有法,只不过,法是完全被涵括在礼之中的。经过春秋战国时期法家以法治国思想的提出并逐渐成为显学,礼与法出现分离。荀子正视这种事实,第一次提出了"礼法"的概念。如他说:"故学也者,礼法也。"(《荀子·修身》)"礼法之大分也……礼法之枢要也。"(《荀子·王霸》)在处理礼与法之间关系方面,荀子提出了要同时重视礼与法的"隆礼重法"的原则。其思想影响深远,礼与法结合成为西汉至清代中国统治者实行统治的基本模式。谭嗣同说,"两千年之学,荀学也",正是基于此而发。秦摒弃礼只用法,因此统一六国也因此二世而亡,汉吸取秦亡的教训,在短暂采用黄老之学后,最终在汉武帝时"罢黜百家,独尊儒术"。此中,董仲舒功不可没,他提出的"德主刑辅"的思想,推行的"春秋决狱"的实践,标志着中华法系的礼法体制由理论走向实践,由幼稚走向成熟,直至清代,中国传统法律的发展,都在此框架内而没有根本的偏离。魏晋南北朝时期"八议制度"、"准五服以制罪"、"官当制度"、"重罪十条"等制度与原则的出现,标志着礼与法的关系发展到了"引礼入律"新的阶段。隋唐是中国传统社会发展的鼎盛时期,也是礼与法结合的鼎盛时期,达到了礼法合一的高度。如《唐律疏议》中规定:"德礼为政教之本,刑罚为政教之用,犹昏晓阳秋相须而成者也。"此规定明显体现了"一准乎礼"的特点。宋元明清时期是礼在理论上继续发展时期,以朱熹为代表的"理学"、以王阳明为代表的"心学"的发展,都对礼学发展起了促进作用。1840年鸦片战争后,中国由传统社会进入了近代社会,面对西方的坚船利炮,中国不得不被迫一步一步改革,其中包括法制改革。以沈家本、伍廷芳主持的清末修律,虽然引起了"礼法之争",但最终还是实现了舍礼逐法的结果。当然,这里的法,已不再是中国法家之法,而是西方之法。这标志礼(法)统治模式在中国政治、法律上的终结,至少是形式上的终结。

(二)主要内涵

传统中国礼的含义是非常丰富的,其范围是非常广泛的。在梁漱溟看来,儒家在中国古代所做的主要工作就是将宗教、法律制度、政治乃至人生

①　张晋藩:《中国法律的传统与近代转型》,法律出版社2005年版,第5页。

等一切都化为礼。同时，他也非常赞成孟德斯鸠所说的，传统中国的礼是包含了宗教、法典、仪文、习俗四个方面，认为这个礼是传统中国社会治理规范的总称。传统中国社会秩序的稳定，政治的安定、政治家治理的成功都来源于该礼。

但在更多的时候，梁漱溟是在道德的外化意义上来谈礼。他认为这种礼具有四个方面的特征[①]，它的前提与基础是人性善。与荀子认为礼的基础与前提是人性恶，礼的作用是矫正人性恶的工具不同，梁漱溟认为礼的基础与前提是人性善，礼是人的情与义的自然表现。他认为，礼的出发点是个人而非社会。荀子、朱熹等人谈到礼时往往是从社会政治组织、社会规范等视角来谈，而梁漱溟则主要从个体行为、个人情感视角来谈。他认为礼的作用是使情感优美化。礼非但不是束缚人的情感的一种工具，与之相反它恰恰是美化人的情感的手段。他认为礼是人的情、人的义的自然流露，究其实质就是理性。梁漱溟所认为，礼"必'本乎人情'，不露形迹地不知不觉地，化除愚蔽，平抑强暴，而开发了理性（理性就是人情，人情就是理性）"[②]。

按梁漱溟的理解，礼可以分为内在的礼与外在的礼。内在的礼指情的自然外露，正如梁所言："所谓礼者即是人情的自然要求，并不是人情外面假的形式。"[③]外在的"所谓礼是指社会制度而言，不一定点头鞠躬算是礼。礼的根本、礼的重要、礼的大端是在制度，不过这个制度运用去行的时候，还是要靠礼貌之礼、礼节之礼……"[④]内在的礼与理性相连，"设为礼乐揖让以涵养理性"即是与理性相连的内在之礼，在某种意义上也可以说它就是"内圣"。外在的礼与秩序相连，"安排伦理名分以组织社会"[⑤]即是与秩序相连的外在之礼，在某种意义上也可以说它就是"外王"。

（三）主要特征

第一，在礼与法的关系上，是礼主法辅。

即在传统中国社会，礼俗、道德是居于主要地位的，法律是附加的。所

---

①　季芳桐："梁漱溟对孔子伦理思想的体认"，《南京理工大学学报（社会科学版）》2002年第1期，第15—17页。

②　梁漱溟："在中国从前历史上有无乡村自治？"，载中国文化书院学术委员会：《梁漱溟全集（第五卷）》，山东人民出版社2005年版，第586页。

③　梁漱溟："孔家思想史"，载中国文化书院学术委员会：《梁漱溟全集（第七卷）》，山东人民出版社2005年版，第931页。

④　梁漱溟："乡村建设理论"，载中国文化书院学术委员会：《梁漱溟全集（第二卷）》，山东人民出版社2005年版，第385页。

⑤　梁漱溟："中国文化要义"，载中国文化书院学术委员会：《梁漱溟全集（第三卷）》，山东人民出版社2005年版，第110页。

谓出入礼即入于刑、德主刑辅等都是这个意思。梁漱溟也曾引用过杨鸿烈下面的一段话：

"法学家谈世界法系，或列举十六系九系八系，或至少三系四系，而通常则曰世界五大法系。不论是多是少，总之中国法系却必占一位置。这不止为中国法系势力所被之广大，更为中国法系崭然独立自具特彩。其特殊之点，据说是：

（1）建国之基础以道德礼教伦常，而不以法律；故法律仅立于辅助地位……

（2）立法之根据以道德礼教伦常，而不以权利。各国法律在保障人权，民法则以物权债权为先，而亲族继承次之。此法律建筑于权利之上也，我国则反是（以义务不以权利）……

（3）法律即立于辅助道德礼教伦常之地位，故其法常简，常历久不变（从汉代以迄清末不变……"①

梁漱溟引用杨鸿烈的观点，说明传统中国的法律是"德主刑（法）辅"。它与礼主法辅，出乎礼即入于刑等是同一个意思。这说明梁漱溟是同意法学界公认的观点，即传统中国的法律是"德主刑辅"，礼法并用。那为什么他又说传统中国是"以礼俗代法律"，说"礼是人类未来社会所必由"？这就是梁漱溟在具体论述时视角的不同。当他说传统中国法律是"以礼俗代法律"时，他说的是传统中国法律的主体、实质是礼俗，这个礼俗相当于西方的法律来维持社会秩序。而当他说"礼是人类未来社会所必由"时，实际上是在说原始儒学的复兴，说真正的儒学的实现。这是从应然的理想主义视角来说的。也许从这个角度而言，他所说的中国文化理性早启、文化早熟，就是礼不得不用法来作保障，以德主的同时，不得不以刑辅。而当中国文化发展到正常的发展状态时，即不是文化早熟、理性早启，而是第二路向文化的正常状态时，应该就是以礼维持社会秩序，而无须法律。这是他心目中新儒学的"新中国"，其实也是他儒化后的"共产主义社会"的模样。

对于梁漱溟此方面的思想，当代学者孙季萍有一个非常精彩的总结。她说：

"梁漱溟先生从中国传统的民族文化、民族心理出发，研究探讨中国传统法文化的特征，指出中国传统法文化的基本价值内涵与取向乃基于'情理'、本于'义务'、趋归'和谐'，在传统中国，法律的社会角色认定退居其后的，——礼俗在上，道德在先。"②

———————————

① 杨鸿烈：《中国法律思想史》，中国政法大学出版社2004年版，第2页。

② 孙季萍："梁漱溟的传统法文化观"，载《南京社会科学》2001年第9期，第67页。

"基于情理、本于义务、趋归和谐"是传统中国法律实质性内容的层面，而礼俗在上、道德在先、法律退后则是传统中国法律形式层面的内容，两者结合，则将传统中国法律的内容谈得很全面，很深刻了。这是梁漱溟传统中国法律观的一个最基本而又最全面的总结。

第二，礼是中国伦理义务的体现，但其中也有权利，与西方法律权利相比，它既没有减少也没有迟延。

一方面梁漱溟说：传统中国的礼"为什么只讲义务不提权利？……其所以不提来说，正为事先存在了。须知这义务原是从伦理彼此相互间生出来的；我既对四面八方与我有关系的人负担着义务，同时四面八方与我有关系的人就对我负担着义务；当人们各自尽其对我的义务时，我的权利享受不早在其中了吗？"①

"从乎人类生命的伟大，不提个人权利是很自然的事情。"②

在这里，梁漱溟提出了为什么伦理道德义务只提义务不提权利的两个原因。第一个原因：伦理道德义务，在他人对自己尽伦理义务时，自己的权利就实现了，因而无须再单独提权利。第二个原因，伦理道德义务比讲权利更为进步与高明，它是人类进步的体现。

另一方面，梁漱溟也说："要之，各人尽自己义务为先；权利则待对方赋与，莫自己主张。这是中国伦理社会所准据之理念。而就在彼此各尽其义务时，彼此权利自在其中；并没有漏掉，亦没有迟延。事实不改，而精神却变了。"③这说明中国的伦理义务中包含了权利。这种权利的特点是：(1)它不由自己主张，而由对方通过履行伦理义务而实现。(2)伦理权利义务与法律权利义务一样，没有漏掉，没有迟延。(3)它体现了中国让的精神，而非西方争的精神。

第三，礼也存在惰性，存在机械化、僵化的可能。

梁漱溟认为群体生活中的礼俗制度也有惰性。他说："所以群体生活中的礼俗制度正和个体生活中的气质、习惯是同一样的东西，自始便有些惰性（其指预先规定下来）而愈到后来惰性愈重。有这它原是为便利于进行生活的，而不利即伏于其中。"④他认为礼制一方面使社会能自由活动，另一方面

---

① 梁漱溟："人心与人生"，载中国文化书院学术委员会：《梁漱溟全集（第三卷）》，山东人民出版社 2005 年版，第 739 页。

② 同上，第 740 页。

③ 梁漱溟："中国文化要义"，载中国文化书院学术委员会：《梁漱溟全集（第三卷）》，山东人民出版社 2005 年版，第 94 页。

④ 梁漱溟："人心与人生"，载中国文化书院学术委员会：《梁漱溟全集（第三卷）》，山东人民出版社 2005 年版，第 698 页。

使社会机械化,成为社会创新的阻碍:

"在吾人生命中,恒必有一部分转入机械化(惯常若固定),而后其心乃得有自由活动之余裕。此在个体则本能与习惯,其在社会则组织与礼制,皆是也。是皆人类生命活动之所必资藉,非必障蔽乎心也。然而凡可以为资藉者,皆可转而为障碍;此一定之理。"①

这就是礼俗与法制的悖论。一方面,没有礼俗与法制,社会没有秩序,从而社会不能有序运转,更谈不上活力与创新;另一方面,有了礼俗与法制,社会有了秩序,但却会逐渐机械化、僵化,最终失去活力与创新。梁漱溟认为礼俗制度机械化、惰性的原因在于人心失去自觉灵活:

"礼俗制度之在群体生命同于气质习惯之在个体生命,原为吾人所资以进行生活的方法、手段、工具(或云必要条件)。说它惰性愈趋愈重者即指其愈来愈僵硬化,末后几于失去任何意义,既不能起有利作用,就转落于不利而为病。然问题固不在它,——它原非是自己表见作用的。问题在人心有失去其自觉灵活,未能为之主也。"②

梁漱溟也认识到礼俗机械化后,就会变成吃人的礼教:"中国文化一无锢蔽之宗教,二无刚硬之法律,而极尽人情,蔚成礼俗,其社会的组织及秩序,原是极松软灵活的,然以日久慢慢机械化之故,其锢蔽不通竟不亚于宗教,其钢硬冷酷或有过于法律。"③

能认识到这一点,非常重要。所以,梁漱溟一切谈礼思想好的方面,如"礼的路是人类未来社会所必由"等,都是从理想状态、应然视角来谈的。而对于礼可能变成吃人的礼教,梁漱溟并非没有认识。只不过,他要复兴的是新儒学,他要从理想状态、应然视角来复兴儒学。同理,鲁迅等人批判吃人的礼教,也只是对机械化、僵硬化的礼教的一种批判,他们也并非是要批判"松软灵活"的礼。他们不同的视角,都是为自己的研究目的服务的,都是片面的,但在理论研究领域,也许只有片面,才会深刻。

(四)主要作用

《礼记·曲礼上》中说:"夫礼者,所以定亲疏、决嫌疑、别同异、明是非也。道德仁义,非礼不成;教训正俗,非礼不备;分争辩讼,非礼不决;君臣上

---

① 梁漱溟:"礼记大学篇伍严两家解说",载中国文化书院学术委员会:《梁漱溟全集(第四卷)》,山东人民出版社 2005 年版,第 8 页。

② 梁漱溟:"人心与人生",载中国文化书院学术委员会:《梁漱溟全集(第三卷)》,山东人民出版社 2005 年版,第 698 页。

③ 梁漱溟:"中国文化要义",载中国文化书院学术委员会:《梁漱溟全集(第三卷)》,山东人民出版社 2005 年版,第 285 页。

下,父子兄弟,非礼不定;宦学事师,非礼不亲;班朝治军,莅官行法,非礼威仪不行;祷祠祭祀,供给鬼神,非礼不诚不庄。"

由此可见,礼是等级的标准、伦理的支柱、法律的准则、修身的规范,因而具有治国、理家、律己的特殊功能,是独特的社会整合理论。礼的主要作用是确认尊卑贵贱秩序,调整以尊尊、亲亲为指导原则的社会关系。[①]

具体而言,礼具有如下作用[②]:(1)人与禽兽,文明与野蛮的分异点。如管子说:"辨明礼义,从之所长,而蝼蚁之所短也。"(《管子·形势解》)孔子说:"今之孝者,是谓能养,至于犬马,皆能有养,不敬,何以别乎?"(《论语·为政》)(2)别贵贱,序尊卑。如《礼记·乐记》中说:"礼者,天地之序也……故群物皆别。"又说:"礼乐明备,天地官矣;天尊地卑,君臣定矣;卑高已陈,贵贱位矣;动静有常,大小殊矣;方以类聚,物以群分,则性命不同矣;在天成象,在地成形,如此,则礼者天地之别也。"孔子说:"必也正名乎……名不正则言不顺,言不顺则事不成。"(《论语·子路》)(3)经国家,定社稷。如孔子认为:"礼之所兴,众之所治也;礼之所废,众之所乱也。"(4)规范行为的指南,评判是非的准绳。如孔子说:"非礼勿视,非礼勿听,非礼勿言,非礼勿动。"(《论语·颜渊》)

二、传统中国礼与传统中国法律的比较

梁漱溟认为传统中国的法律就是刑律。他说,传统中国"其自古所谓法律,不过是刑律,为礼俗之补充辅助……则是备而不用的。事实上亦很少用"[③]。梁漱溟认为,传统中国的法律就是刑律,法律是对礼俗的确认与保障,这与传统中国的礼与法关系是一致的。因为礼没有强制力,违反后没有保障,因而,必须要用法来保障。所以,无论传统中国的礼俗,还是梁漱溟乡村建设的新礼俗,都离不开法的确认与保障。而且这种法,是以刑法为主,同西方近代意义上的法律是不一样的。所以,从这个角度讲,中国法律实质上也是礼。

作为法律内容的礼与法或者说法家意义上的刑法是什么关系呢?这是探究礼的内容时必须明确的。礼与法律的关系可以从正反两个方面进行考察。

---

① 张晋藩:"综论独树一帜的中华法文化",载教育部人文社会科学重点研究基地、中国政法大学法律史学研究院:《中国法律文化论集》,中国政法大学出版社 2007 年版,第 3 页。

② 张晋藩:《中国法律的传统与近代转型》,法律出版社 2005 年版,第 10-15 页。

③ 梁漱溟:"中国文化要义",载中国文化书院学术委员会:《梁漱溟全集(第三卷)》,山东人民出版社 2005 年版,第 199-200 页。

（一）两者的相同之处

礼与法有密切联系。首先，礼与法的结合构成了中国传统法的整体。无论怎样的社会，都离不开行政法律关系、民事法律关系、刑事法律关系、国际法律关系等的调整，中国将刑事关系置于法中，而将其他关系置于礼中，它们的结合构成了统一的规范调整体系，它实质上就相当于现代完整的法律体系。其次，以礼统法，以法保礼。体现在法制建设中，礼成为法律创制、实施的指导，成为法律内容设计的价值灵魂，甚至直接转化为法律规范；法则成为宣教、贯彻、推广礼的有力保障，二者互融互补，相辅相成，形成"出于礼则入于刑"的礼法制度模式。① 最后，体现了刚柔相济的治理策略。礼出自自律的柔的一面，法出自他律的刚的一面。守礼自然就能守法，而守法则从反面促进守礼。所以，礼是没有强制性的法，而法是有强制性的礼。这也可以用"礼—法格局"来进行概括。

梁漱溟并没有明确提出礼—法格局的概念，但在他的思想中却有体现。如他说：传统中国是"摄法律于礼俗"，"儒家奔赴思想，而法家则依据现实"，其原因在于传统中国是"融国家于社会"，"以伦理代宗教"。② 也就是说，在梁漱溟传统法律思想中，既有礼思想，也有法（刑法）思想，还有礼—法思想。只不过作为儒者的梁漱溟，更多的是从儒家文化的实质与理想视角而强调"礼"，但这并不能否认他有法思想及"礼—法"思想。笔者认为，以"礼—法"格局来概括传统中国的法律，应该是比较符合传统中国的现状的。但以礼或礼法来概括传统中国的法律，则比较符合传统中国法律的精神。

传统中国的礼—法格局就是礼法并用，是儒家的礼与法家的法并用，但以儒家的礼为主，以法家的法为辅。两者的人性预设是完全相反的，儒家预设人性善，因而主张以道德来引导，以礼（仪、俗）来规范，其方向是导善；法家预设人性恶，因而主张以行政方式管理，以刑罚来处罚，其方向是防恶。一个是把重点放在"君子"上，一个是把重点放在"小人"上。但其实两者的重点都在"君子"与"小人"之间的"中人"上。只是管理"中人"的方式方法不同而已。而实践证明儒法两家观点都有其合理之处，但又都有其缺陷。社会现实要求两家方法并存。因而，就形成了传统中国德主刑辅、阳儒阴法的局面。

在传统中国礼与法律关系的相同性上，梁漱溟特别强调以下两点：

---

① 俞荣根、龙大轩、吕志兴：《中国传统法学述论——基于国学视角》，北京大学出版社 2005 年版，第 45 页。

② 梁漱溟："中国文化要义"，载中国文化书院学术委员会：《梁漱溟全集（第三卷）》，山东人民出版社 2005 年版。

第一,法是对礼的确认与保障。传统中国也有法律,但法律只是对礼俗的确认与保障,礼俗是第一位的,法律是第二位的,法律只不过是礼俗的附属品。在梁漱溟追寻原始儒家的理想社会中,如孔子一样,是没有法律的,只有礼。而在现实社会中,又不得不有法律。即使这样,法律也只是礼的附属品。所以,在梁漱溟看来,无论是理想社会中,还是现实社会中,传统中国维持社会秩序的根本上都是礼而非法律。梁漱溟认为:"有法律,亦要有礼俗才行;即法律之行,亦莫不有资于习俗。"①中国的礼俗与中国的法律的关系于此而言,梁漱溟认为,中国的法律是中国礼俗的确认与保障,必须先有了礼俗才会有法律。而不可能反过来,先有法律才有礼俗,或者是只有法律没有礼俗。从这里可以看出,在中国的礼俗与法律关系上,梁漱溟仍然沿用的是传统中国的礼与法的关系。

第二,礼为法之本,出于礼即入于刑。梁漱溟曾明确地谈到过出于礼即入于刑的观点。他说:"在中国人看,则道德与法律是相连的。中国的礼与法(礼俗与法律)很相连,在他认为不道德的就是犯法的,所谓出于礼即入于刑,这便与西洋的法律观不同了。"②从这里可以看出,梁漱溟认识到了道德是礼俗之本,法律(刑法)是道德、礼俗的保障,同时道德(礼俗)也是法律(刑法)的指导原则与本质内容。

(二)两者的不同之处

礼与法有严格区别。从来源看,礼没有固定的制定机构,是在社会长久的风俗习惯中慢慢形成的,而法是由国家制定的,是统治阶级意志力的直接体现。从内容看,礼既包括宪法、行政法、民法、国际法等内容,又包括轻微的刑事犯罪内容,而法只包括刑事犯罪内容。从强制性来看,礼自身是没有国家强制力作为保证的,而只是以社会舆论等自律力量来推动施行,而法是以国家的暴力的他律作为强制实施后盾的。从作用来看,礼是预防违法犯罪的,而法是惩罚犯罪的。从其在传统中国法律文化中的地位来看,两者的地位是明显不同的。礼明显高于法,礼的精神贯穿在法中,法只是实现礼的工具,在传统治道中,是贵礼而贱法的。从形式特征上看,礼主要是体现差别的,不同身份的人适用不同的礼,而法主要体现"平等性",不同身份的人犯罪适用同样的法,所谓"王子犯法与庶民同罪"(《史记·商君列传》)。

对于上述学术界一般通行的观点,梁漱溟是认同的。但除此之外,梁漱

---

① 梁漱溟:"山东乡村建设研究院设立旨趣及办法概要",载中国文化书院学术委员会:《梁漱溟全集(第五卷)》,山东人民出版社 2005 年版,第 230 页。

② 梁漱溟:"乡村建设大意",载中国文化书院学术委员会:《梁漱溟全集(第一卷)》,山东人民出版社 2005 年版,第 658 页。

溟还有自己的认识。梁认为,传统中国礼与传统中国法律的区别主要表现在以下方面。

第一,传统中国维持社会秩序的是礼俗,而非法律。梁漱溟曾引用过孔子一段关于礼法之争的最有名的话。"孔子有言:'道之以政,齐之以刑,民免而无耻;道之以德,齐之以礼,有耻且格。'盖刑罚实利用众人趋利避害之计较心理成立者,此必至率天下而为不仁之人,大悖孔子之意,所以要反对的。"①

这段话对解释为什么梁漱溟认为礼俗是传统中国维持秩序的社会制度而非法律很有帮助。因为梁漱溟要回到原始儒家,回到孔子那儿去。在孔子那儿,就是没有法律的。在孔子那儿的法律就是刑法、刑罚。梁漱溟是从应然的角度,是从未实现过的原始儒家理论的角度来复兴儒家,所以,他也不赞同法律。这主要表现在:首先,他虽然也承认传统中国"德主刑辅、阳儒阴法"的历史事实,但仍然只从原始儒家孔子思想出发,认为传统中国维持秩序的应该只能是礼。而传统中国之所以出现问题,就是没有坚持孔子的思想,没有只用礼,而用了法,形成了"德主刑辅、阳儒阴法"的局面。这也是梁漱溟批评近代中国落后的重要原因,他认为近代中国之所以落后,就是没有真正坚持与践行儒家思想。他要做的事情,他要为近代中国寻求的出路,就是要寻回真正的原始儒家的精神。只用礼俗而不用法律,就是其思想之一。其次,梁漱溟按照原始儒家只用礼而不用法的精神,在乡村建设理论中,也践行过这一个精神,但他同汉代的儒家一样,碰到了同样的问题,只用礼不用法,是干不成事的。这也许是他后来提出"人治的多数政治"的重要原因吧!只用礼,回到原始儒家中去,这也是梁漱溟说"礼是人类未来社会所必由"的重要原因。

第二,礼与法产生力量不同,保障实施的方式不同。梁漱溟曾引用孟德斯鸠的话:"礼俗与制度二者略有不同。孟德斯鸠《法意》上说:'盖法律者有其立之而民守之者也;礼俗者无其立之而民成之者也。礼俗起于同风,法律本于定制。'"②从这段话,可以将礼俗与法律的区别归纳为以下几点:(1)产生的方式不同。法律是由专门机关制定而老百姓遵守,礼俗则不是制定出来的,而是老百姓逐渐形成的。所以礼俗产生于相同的风俗,法律产生于专门的制定。(2)礼俗没有强制执行力,而法律制度有强制执行力。这段话既

① 梁漱溟:"东西文化及其哲学",载中国文化书院学术委员会:《梁漱溟全集(第一卷)》,山东人民出版社 2005 年版,第 462 页。

② 梁漱溟:"人心与人生",载中国文化书院学术委员会:《梁漱溟全集(第三卷)》,山东人民出版社 2005 年版,第 685 页。

适用于西方法律与中国礼俗的比较,也适用于传统中国礼与法的比较。

第三,法律与国家、武力、他力相连,礼俗与社会、教化、自力相连。梁漱溟认为,"可以说礼俗尚属于社会之事,而法律制度却是国家的。前者不似后者有一种超居社会之上的强迫制裁力量,便是其不同处"①。

同时,梁漱溟也认为,"从来中国社会秩序所赖以维持者,不在武力统治而宁在教化;不在国家法律而宁在社会礼俗。质言之,不在他力而宁在自力"。② 从梁的论述可看出,礼俗与教化、自力相连;而法律与武力、他力相连。同时也可看出,这是梁漱溟从应然视角,从中国无阶级视角来谈社会秩序的维持,亦即从此视角,中国社会结构是伦理本位、职业分途,因而维持社会秩序的是礼俗而非法律。而瞿同祖与之正好相反,从实然视角,从尊卑贵贱的阶级分化视角,认为传统中国社会秩序主要靠刑法来维持。③ 显然,两人都说出了传统中国社会秩序维持的部分真相,两者结合才是传统中国的真面貌。

第四,礼责人以道德,法律不责人以道德。梁漱溟说:"道德而通俗化,形见于风尚,即成了礼俗。礼俗、道德,道德、礼俗,辗转循环;它却不发展到法律。它怎能发展到法律呢? 法律或以义务课于人,或对人而负义务,总之,义务是从外来的。但从道德看,一切皆自己对自己的事,一切皆内而非外。礼俗以道德勉于人,而法律则不责人以道德。以道德责人,乃属法律以外之事。其不同脉路有如此。法律盖继宗教而有,以组织笼置个人,从外而到内,它们却是同一脉路的。"④

在这里梁漱溟从与道德关系的角度说出了礼俗与法律的区别。也就是说,在一般意义上,礼与道德相连的,道德是礼的本质,礼是道德的外在表现形式。而法律与道德并无必然的联系,法律是一个大的团体组织或统治力量对违背其制定的规则,实质是对违背其意志的行为的一种惩戒。它与道德并无直接的、必然的联系。梁漱溟也说:"在孔门看来统治阶层只须尽其自身修养功夫,不需用刑罚去制服人。此即证明上文所指出向内用力与向

---

① 梁漱溟:"人心与人生",载中国文化书院学术委员会:《梁漱溟全集(第三卷)》,山东人民出版社 2005 年版,第 685 页。

② 梁漱溟:"乡村建设理论",载中国文化书院学术委员会:《梁漱溟全集(第二卷)》,山东人民出版社 2005 年版,第 179 页。

③ 瞿同祖:《瞿同祖法学论著集》,中国政法大学出版社 1998 年版。

④ 梁漱溟:"中国文化要义",载中国文化书院学术委员会:《梁漱溟全集(第三卷)》,山东人民出版社 2005 年版,第 206 页。

外用力截然两途"①。这说明礼俗本质上是个人私德的社会化,礼俗与道德一样,本质上是属于内心的主观范畴。这与法律相反,是属于身外的客观范畴。因而,礼俗与道德一样,须从内心出发加强内在修养。所谓内圣外王,所谓诚心、正意、格物、致知、修身、齐家、治国、平天下,都是此意。而法律则只须在行为上遵守规则即可。

第五,法是外力强加的,而礼是自愿接受的。梁漱溟说:"法律是从外面力量加于众人的,其入人者浅;礼俗则是从社会渐渐演成下去为大众所共认共习,其入人者深。中国社会秩序很少寄于法律,而多寄于礼俗,即是它少靠从外来加于人身上的东西,而多靠与他习而为一的东西。因礼俗入于人者深,故极难动摇变革,而社会秩序就这样自尔(有)秩序了。"②

于此,费孝通与梁漱溟的观点有着惊人的相似。谈到礼时,费孝通说:"这显然是和法律不同了……法律是从外限制人的,不守法所得到的罚是由特定的权力所加之于个人的。人可以逃避法网,逃得脱还可以自己骄傲、得意……礼则有甚于道德:如果失礼,不但不好,而且不对、不合、不成。这是个人习惯所维持的。十目所视,十手所指的,即使在没有人的地方也会不能自已。曾子易簧是一个很好的例子。礼是合式的路子,是经教化过程而成为主动性的服膺于传统的习惯。"③

这就是说礼不同于法,法是从身外限制人,不守法的惩罚是由外力加于人,人有可能逃脱。而礼则是由个人习惯所维持,由"内在的良心"所维持,它所服从的是自己,是教化、传统——是一种内力。

第六,礼与法的本质区别在于:礼给人理想的指引,而法给人确定的事实。梁漱溟说,礼与法"亦还为其本质有着分别:礼俗示人以理想所尚,人因而知所自勉,以企及于那样;法律示人以事实确定那样,国家从而督行之,不得有所出入"④。这里,梁漱溟提出了礼与法的本质区别,即礼给人以理想的方向,指引人们往理想的方向前行,如人都要一心向善。而法则是给人以确定的事实,并以此督促人们达到此事实。如法家代表人物商鞅的徙木立信。

第七,礼是"心"的文化的产物,法是"身"的文化的产物。梁漱溟说:"礼

---

① 梁漱溟:"东方学术概观",载中国文化书院学术委员会:《梁漱溟全集(第七卷)》,山东人民出版社 2005 年版,第 337 页。

② 梁漱溟:"中国文化的特征在哪里?",载中国文化书院学术委员会:《梁漱溟全集(第五卷)》,山东人民出版社 2005 年版,第 705 页。

③ 费孝通:《乡土中国生育制度》,北京大学出版社 1998 年版,第 52 页。

④ 梁漱溟:"中国文化要义",载中国文化书院学术委员会:《梁漱溟全集(第三卷)》,山东人民出版社 2005 年版,第 121 页。

乐是一种教育,作用于人心的,而刑罚则加于人身。"①从这个角度,可以说传统中国的礼是与"心"的文化即第二路向文化相连,是"心"的文化的产物;而传统中国的法即刑则是与"身"的文化即第一路向的文化相连,是"身"的文化的产物。

此外,礼俗体现了相互迁就、合作商量、彼此相让的精神,而法律则体现的是一种死板、不讲情义、彼此相争的精神。与法律的刻板、统治驾驭人、追求功利,引导民众形成趋利避害之计较心理相比,礼俗灵活讲情义,引导民众形成协作共赢、尚情无我不计较的心理,它讲道德,使人有羞耻之心,从而主动不去干违法犯罪的事情,也就是孔子所说的"道之以德,齐之以礼,有耻且格"(《论语·为政》)。

三、传统中国礼法与西方法律的比较

(一)西方法律的历史发展

西方法可分为古代、近代、现代三个不同时期。西方古代法主要包括古希腊、古罗马和欧洲中世纪的法律观。西方法哲学起源于古希腊。柏拉图、亚里士多德为古希腊法哲学思想的产生、发展做出了卓越的贡献。柏拉图在《法律篇》中有理性的命令就是法等思想。亚里士多德提出了著名的法治的概念,"法治应该包含两重含义:已成立的法律获得普遍的服从,而大家所服从的法律又应该是制定得良好的法律"②。古罗马创立了以权利为本位的私法,确立了契约自由等对后世有着深远影响的法律原则。西方中世纪是宗教神学的世纪,法律思想被笼罩在宗教思想之下,法学家是由神学家来兼任的。奥古斯丁、托马斯·阿奎那为神学法律思想的发展做出了巨大贡献。

西方近代法,主要包括古典自然法学派、哲理法学派、历史法学派、功利主义法学派及早期分析法学派的法律观。古典自然法学派这一概念实际上指的并不是一个统一的派别,而是西方自然法学发展的一个阶段,指的是17至19世纪初西方自由资本主义阶段所产生的一种世俗的自然法学,它是在批判中世纪神学自然法学的基础上产生的,是资产阶级反对封建斗争的产物和锐利武器。其产生的标志是1962年格劳秀斯的《战争与和平法》的发表。③ 自然法理论有五个显著特征:第一,理性主义。第二,个人主义。第

---

① 梁漱溟:"中国——理性之国",载中国文化书院学术委员会:《梁漱溟全集(第四卷)》,山东人民出版社2005年版,第472页。

② [古希腊]亚里士多德:《政治学》,吴寿彭译,商务印书馆1983年版,第199页。

③ 严存生:《西方法律思想史》,法律出版社2004年版,第123-125页。

三,激进主义。第四,分权主义。第五,社会契约论。① 其代表人物主要有格劳秀斯、霍布斯、斯宾诺莎、洛克、孟德斯鸠、卢梭等。哲理法学派主要包括德国古典哲学家的法学思想、新康德主义法学和新黑格尔主义法学。其最大特点是以哲学眼光、哲学方法来研究法,使法学具有浓郁的形而上学色彩。历史法学派则是以历史的眼光、历史的方法来研究法,其最具代表性的人物是萨维尼。萨维尼认为法律是民族精神的体现:"在人类信史展开的最为远古的时代,可以看出,法律已然秉有自身确定的特性,其为一定民族所特有,如同其语言、行为方式和基本的社会组织体制(constitution)。不仅如此,凡此现象并非各自孤立存在,它们实际乃为一个独特的民族所特有的根本不可分割的禀赋和取向,而向我们展现出一幅特立独行的景貌。将其联结一体的,乃是排除了一切偶然与任意其所由来的意图的这个民族的共同信念,对其内在必然性的共同意识。"② 功利主义法学派是以功利主义作为其思想基础和视角来研究法律问题的学派。其代表人物有边沁、穆勒、耶林等。早期分析法学派指以功利主义为基础,以实证方法研究实然之法的法学流派。其代表人物是奥斯丁,他认为,法律是主权者的命令。③

西方现代法,主要包括现代分析法学派、社会法学派、现代自然法学派及其他法学流派的法律观。现代分析法学又称新分析法学,指的是适应 20世纪新情况在奥斯丁创立的老分析法学传统的基础上产生的分析法学新的代表人物和分支学派。其主要的代表人物有凯尔逊、哈特、拉兹、麦考密克、魏因贝格尔等,主要的分支学派有纯粹法学、制度法学等。④ 社会法学派是以社会学的观点和方法来研究法律问题和法律现象的法学学派。主要分支学派有:社会连带法学,以狄骥为代表;社会工程法学,以庞德为代表;利益法学,以赫克为代表;自由法学,以埃利希为代表;现实主义法学,以卢埃林、弗兰克为代表;法人类学,以霍贝尔为代表。另外,马克斯·韦伯的法律思想也是社会法学学派极其重要的组成部分。现代自然法学,是对古代自然法包括古希腊、古罗马自然法思想,神学自然法思想,古典自然法思想的复兴。其代表人物主要有马里旦、菲尼斯、富勒、罗尔斯、德沃金等。

梁漱溟在其著作中所称的西方法或西洋法,主要是指西方分析法学派的法律观。

---

① 张文显:《二十世纪西方法哲学思潮研究》,法律出版社 2006 年版,第 37-39 页。
② [德]弗里德里希·卡尔·冯·萨维尼:《论立法与法学的当代使命》,许章润译,中国法制出版社 2001 年版,第 7 页。
③ [英]奥斯丁:《法理学的范围》,刘星译,中国法制出版社 2002 年版,第 1-4 页。
④ 严存生:《西方法律思想史》,法律出版社 2004 年版,第 277 页。

（二）梁漱溟对西方法律特征的认识

梁漱溟从独特的视角对西方法的特征进行了探讨。

第一,他从法律与事实的关系对法的特征进行了探讨。他说:

"近代西洋民主政制里面,权力分立,一面相依为用,一面又相对抗衡,互为限制,原是沿着英国历史不知不觉演成的事实……其所为如此安排配置者,正因为有其先乎法制而存在的事实。"①

"中国最大的事实是伦理:一切一切都纳入伦理关系中。"②

"一种政治制度不寄于宪法条文,却托于政治习惯而立。"③

"本来社会秩序(一切法制礼俗),都是随着社会的事实(经济及其他)产生,而使这些社会事实走得通的一个法子。"④

从上面的论述可以看出,梁漱溟认为,西中的法律都是先有事实,而后才以法律对事实予以确认,从而产生法律。这显然是一种片面的观点。这种观点从法律专业的视角而言,它说明的是自然演进型的法治类型,而对政府推进型法治而言,它是不适用的。所以,梁漱溟所举的例子,是以自然演进型的英美法系的英国、美国为主,而对政府推进型的大陆法系,他很少论及,当然这也许同他当时就没了解这些法律思想有关。

即使是对英国的法,梁的认识也有欠缺。梁漱溟对英国的普通法高度关注,认为英国法是对习惯的确认,认为英国法与英国的习惯是完全吻合的。而"事实上,普通法即是习惯,这些习惯通过上述审判制度逐步发展为全国性的,也就是说,发展为普通的(common)。但它又不仅仅是习惯,因为当法官们选择承认什么样的习惯以使其具有全国性的效力,和禁止什么样的习惯通行时,他们实际上运用了'合乎理性'这一检验标准"⑤。

在此可以看出,英国普通法对习惯的确认是有选择性的。法律与习惯之间并非完全吻合的。而梁漱溟在乡村建设中也提出无论宪法还是法律,都是对新礼俗的完全确认,也就是对新习惯的完全确认。

另外,传统中国的法律从周公制礼以后,是有自然演进的特点,西方英

---

① 梁漱溟:"政治上的民主和中国人",载中国文化书院学术委员会:《梁漱溟全集(第六卷)》,山东人民出版社 2005 年版,第 278 页。

② 同上,第 279 页。

③ 梁漱溟:"谈中国宪政问题",载中国文化书院学术委员会:《梁漱溟全集(第六卷)》,山东人民出版社 2005 年版,第 507 页。

④ 梁漱溟:"中国党派问题的前途",载中国文化书院学术委员会:《梁漱溟全集(第六卷)》,山东人民出版社 2005 年版,第 594 页。

⑤ [美]爱德华·S.考文:《美国宪法的"高级法"背景》,强世功译,生活·读书·新知三联书店1996 年版,第 19 页。

美法系也是自然演进型,但由此否认政府推进型,特别是中国就不能实行政府推进型法治,显然是错误的。现在,中国正在进行的政府推进型法治,也证明梁当时认识的错误。

第二,从法律与风俗习惯的对比中,梁漱溟认为法律是假的,风俗习惯才是真的。他说:"法律是假的,风俗习惯是真的,吾辈应创习惯。"①所谓法律是假的,风俗习惯是真的。这可能是针对近代以来中国学习西方,在社会事实没有出现前先制订法律,然后期待以法律带出事实,亦即现在正在实施的政府推进型法治;而所谓风俗习惯是真的,风俗习惯是对道德的真实反映。没有相应的道德要求就不会形成相应的风俗习惯,因而其必然是真的。建立在其基础上的法律,也就有实效。这也是英美法系的自然演化型的法治模式。这可能缘于梁对两种不同法治模式理论没有掌握,而是根据英国的不成文法、中国的礼俗来谈此内容。人为制定的法律可能是假的,没有实效;而自然形成的风俗习惯(礼俗)则肯定是真的,是有实效的。也许正是从这种意义上,梁漱溟一直主张复兴传统中国的礼俗,而非引进西方意义上的法律。

第三,梁漱溟认为,近代西方的法律是从工业社会产生出来,在都市文明中有作用,在农业社会无作用。他认为,"如法律,从工业社会产生出来,于都市文明中有其位置与作用。搬到中国来,既安插不上,又失其意义,乃大生其反作用……外力之破坏尚属有限,我们感受外面刺激而起反应,自动的破坏乡村,殆十倍不止"②。亦即梁漱溟认为,近代西方的法律是工业社会的产物,而传统中国是农业社会,近代以来的中国也是农业社会,所以,中国只能沿用传统的礼俗,而不能用西方式的法律。并且他认为,这(如运用西方法律)是对中国乡村最大的破坏,这叫自毁,西方的入侵叫他毁,比起他毁来,自毁更严重。不仅法律这样,近代以来的中国整个文化都是如此。这大概也是他与毛泽东的最大分歧之所在。毛泽东坚持普遍性,认为中国也要像西方国家一样,走上工业社会,所以中国也要破除旧礼俗,运用新法律。而梁漱溟坚持特殊性,认为中国以后也是一个农业社会,即使有工业,也是要由农业引发工业,所以中国不是要引进法律,而是要复兴旧礼俗,梁漱溟将其称为新礼俗。

这里就会有一个大的理论与实践的问题。既然法律是工业社会的产物,礼俗是农业社会的产物。梁漱溟给近代中国社会开出的处方是由农业

---

① 郑天挺:"'乡治十讲'听后记略",载中国文化书院学术委员会:《梁漱溟全集(第七卷)附录》,山东人民出版社 2005 年版,第 871 页。

② 梁漱溟:"乡村建设理论",载中国文化书院学术委员会:《梁漱溟全集(第二卷)》,山东人民出版社 2005 年版,第 151 页。

引发工业，仍然走以农业为根本的道路，这是其新儒学、新礼俗乃至一切新主张的根本。而事实证明，近代以来，中国并没有走上农业社会，而是走上了工业化的道路。是否由此说明梁的理论没有价值与意义了呢？似乎不能完全这样认为，我们可以认为其理论必然失败，但并非必然完全无意义。一方面，传统中国是农业社会，我们即使走上工业社会，也是从农业社会发展而来的，农业社会的影响，特别是历史的惯性是不可忽视的。另一方面，西方国家已由现代社会走向后现代社会，后现代社会与农业社会有很多相似之处。但正在走上现代化的中国，能否在走现代化道路时兼顾一些带有农业社会特点的后现代化呢？这都是梁漱溟相关理论具有价值与意义的可能性之所在。

（三）两者的比较

如前所说，传统中国的法律，从形式上讲，是刑法，从实质上讲是礼，梁漱溟称之为礼俗。从实际运作层面上讲，是礼与法的结合，是礼—法体系。那么，这样意义上的传统中国法律与近代西方意义上的法律有何异同呢？

两者的相同之处表现在：

（1）从西方法学理论视角，礼才是真正意义上的传统中国法律。

第一，从法社会学视角，传统中国的礼才是真正意义上的法律。在传统中国，礼才是真正维持社会秩序的手段，形式上的法律"不过被视为一种权宜之计"。在社会秩序的维持上，中国的礼俗就等同于西方的法律，所以，从法社会学的视角，传统中国真正的法是礼，而非形式的法律即刑法。这也是梁漱溟将礼俗思想视为传统中国法律思想的重要原因。

第二，从自然法学的视角，礼具有自然法的性质。梁漱溟说："十八世纪欧洲自然法思潮中魁斯奈（Francois Quesnay 1694—1774）尝解答说：中国所唤作天理天则的，正是自然法其物；中国文物制度正是根本于自然法，故亦与自然同其悠久。这话不为无见。礼俗本来随时在变的，其能行之如此久远者，盖自有其根据于人心，非任何一种势力所能维持。"[①]这就是说，传统中国礼俗具有西方自然法的性质，其原因在于礼俗要"根据于人心"，这也是梁漱溟所经常提到的理性。

第三，从法律人类学理论视角看，也只有礼才是传统中国实质意义上的法律。埃尔曼在《比较法律文化》一书中，曾引用了法律人类学"法律职责"的理论，"法律人类学方面一位重要的学者曾提出对于所有社会都相同的四

---

① 梁漱溟："中国文化要义"，载中国文化书院学术委员会：《梁漱溟全集（第三卷）》，山东人民出版社 2005 年版，第 119 页。

项基本的'法律职责'(实证法学派也接受了他的分析):社会控制、冲突解决、适应社会变化以及规范实施"①。

根据"法律职责"理论,判断中国的礼俗、伦理道德等是否为"法律",主要可从社会控制、冲突解决、适应社会变化以及规范实施四个方面来判断其是否具有这四个方面的功能。如果有,则礼俗、伦理道德等就是"法律",如果没有,则不能称为"法律"。

首先,礼俗、伦理道德是传统中国社会控制得最为重要的,也是最为根本的手段。其次,传统中国社会冲突的解决是根据礼俗、伦理道德而非明文规定的法律,即使是明文规定的法律,也只是对礼俗、伦理道德的确认与保障而已。如春秋决狱,出于礼而入于刑等就表现得更为明显。再次,适应社会的变化。礼俗、伦理道德在适应社会变化方面,有其自己的方法与逻辑。这在瞿同祖的研究中有非常生动的实例。如复仇,亲人之间的矛盾纠纷,在不同时代,其具体内容可能有发展变化。礼俗对其的调节,在形式上似乎没有变化但在实质上却有很大的变化。最后,规范实施。这方面,礼俗似乎是比较弱的。但我们不要忘记,无论是家族间的家法,还是国家的法律,它们实质内容都是礼。而且即使以礼直接进行调解,往往也是有一套不成文的规范。

从上述标准明显可以看出,礼就是传统中国的法律。当然,也要指出的是,与西方法律相比,在适应社会变化与规范实施方面,礼确实相对来说要弱一些,但并非没有。而在社会控制、冲突解决方面,就表现更为突出。

(2)传统中国的礼与西方的英美法系都属于自然演进型的法律发展模式。

礼作为传统中国实质意义的法律,与西方自然演进型法律发展模式相一致。根据西方法律发展模式的理论,主要有三种类型:一是自然演进型法律发展模式;二是政府推进型法律发展模式;三是自然演进型与政府推进型相结合的混合发展型模式。梁漱溟认为,西方的法律、中国的礼俗都是先有事实,而后才以法律对事实予以确认,从而产生法律。这显然是一种片面的观点。这种观点从法律专业的视角而言,它说明的是自然演进型的法律发展类型,而对政府推进型法律发展类型而言,它是不适用的。所以,梁漱溟所举的例子,是以自然演进型的英美法系的英国、美国为主,而对政府推进型的大陆法系的法国、德国等,几乎没有论及,当然这也许同他当时就没了解这些法律思想有关。传统中国的法律从周公制礼以后,有自然演进的特

---

① 埃尔曼:《比较法律文化》,贺卫方、高鸿钧译,生活·读书·新知三联书店 1990 年版,第 26 页。

点,西方英美法系也是自然演进型。这可以说是两者法律发展模式上的一致性。

(3)传统中国形式意义上的法律即刑法与西方法律具有很多相同之处。

两者建立的基础相同。无论传统中国的刑法还是近代西方的法律,它们都是建立在人性恶的基础之上的,建立在梁漱溟所说的"计较心"之上的。也就是说,这两种法律都是以规则来防恶,而非以规则劝人为善。同时,它们也鼓励人对自己的利益斤斤计较,而不要重义轻利。

在对规则的遵守上面,基本上要求大家一体遵守。近代西方的法律明确提出了法律面前人人平等的口号。传统中国的法家虽没提出国王犯法与庶民同罪的观点,但提出了"王子犯法与庶民同罪"(《史记·商君列传》)的口号。

两者的相异之处表现在:

(1)西方社会秩序的维持靠法律,中国社会秩序的维持靠礼俗,法律与礼俗两者的特性不同。

梁漱溟认为,社会秩序由社会制度规定。而社会制度要么由国家法律规定,要么由社会风俗习惯维持。西方的社会制度由法律规定,传统中国的社会制度由社会风俗习惯维持。西方法律重视的是权利,讲求的是权利义务关系。西方的法律权利义务是自己主张权利让对方承担义务,它重视的是人与人相对之势,体现的是一种死板、不讲情义、彼此相争的精神。西方法律要权利义务清清楚楚,西方法律讲法不讲情。而传统中国礼俗重视的是人与人相与之情,重视的是情与义。传统中国礼俗中讲求的是伦理义务关系,这种伦理义务是自己尽义务,权利让对方赋予,体现的是一种相互牵就、合作商量、彼此相让的精神。传统中国礼俗只须厚风俗,讲情不求法。两者的比较也可简单地这样总结。近代西方:法律—相对之势—本在权利;传统中国:礼俗—相与之情—本在情与义。

(2)西方法律起源于宗教,是外在他律;传统中国法律起源于道德,是内在自律。西方法律缘于宗教,它是一种外在的他律。传统中国法律是礼,它缘于道德的要求,实质上是理性意义的要求。它是一种内在的自律。传统中国意义上的刑律当然也是他律的。但刑律本身并无独立性,它只是礼、道德的确认和保障。它一般是备而不用,只有当道德、礼不起作用时,它才从反面起惩罚违反礼、道德者的作用。

(3)法律是强硬的,是政教分离的;礼俗是软性的,是政教合一的。西方的法律是靠国家强制力保证实施的,是法律与教育相分离的。而中国礼俗与之不同,其内容是情谊、伦理的,是政教合一的,是没有法律意味的。在梁漱溟看来,传统中国的礼俗是高于西方的法律的(有点类似于柏拉图说的人治是高于法治的意味),所以中国今后仍然只能走礼俗的路,而不能走法律的路。他还说过,"礼是人类未来所必由",也就是说,礼不仅是中国将来要坚持的路,西方以后也要走礼的路,而非法律的路。

(4)法律与道德的关系不同。西方的法律义务是与法律权利相对应的,因为当事人享有法律权利就必须承担法律义务,它的核心是利益。而非情感。西方法律义务是硬性的,自己带有强制执行力,无需要别的辅助手段保障实施。而中国的伦理义务是基于情感而产生的义务,运用于社会后,变成了一种道德义务。道德义务是软性的,因而需要以法(刑法)来保障实施,所谓出于礼而入于刑,即是如此。西方的法律是以权利义务为核心来处理个人与个人、个人与团体、团体与团体之间的关系,直接以法律来维持社会秩序。当西方法律追求分析法学时,法律与道德是分离的,当西方法律追求自然法学时,法律与道德则是合一的。总之西方礼俗、道德等与法律的关系是礼俗、道德随着法律的变化而变化。而在传统中国社会,是靠礼俗来维持社会秩序,法律只是礼俗的确认与保障,是从属于礼俗的,因而中国虽然有狭义上的法律即刑律,却不可能产生西方一样的法律权利观念。传统中国狭义上的法律即刑律是随着礼俗、道德内容的变化而变化的。

(5)西方法律重利,传统中国法律重义。西方罗马法以民法为主,重视物权债权、所有权,也就是说西方法律重利;而中国的法律(礼)从伦理社会的组织构造中产生,注重的不是经济所有权,而是情义道德,也就是说传统中国法律重义。关于这一点,梁漱溟说:"罗马法是所有权本位的法律,全副精神照顾在物权债权这些问题上。而中国法律则根据于伦理组织,其传统精神恰好与此相反(忽略这些问题)。"[①]

(6)礼与法的内在关系不同。从狭义的角度讲,西方社会中既存在法也存在礼,传统中国社会中同样既存在礼也存在法,但在社会中,两者之间的关系是不一样的。正如梁漱溟所言:"中国把法放入礼中,而西洋把礼放入法中。"[②]也可以说在中国社会,是礼主法辅,而在西方社会则是法主礼从。

(7)西方法律有独立品格,传统中国法律无独立品格。从狭义的角度来讲,近代西方法律是有独立品格的,而传统中国狭义上的法律是没有独立品格的,它只是礼的一个补充,更确切地说,它只是礼的确认与保障。传统中

---

① 梁漱溟:"中国文化要义",载中国文化书院学术委员会:《梁漱溟全集(第三卷)》,山东人民出版社 2005 年版,第 190 页。

② 梁漱溟:"孔家思想史",载中国文化书院学术委员会:《梁漱溟全集(第七卷)》,山东人民出版社 2005 年版,第 930 页。

国的法律,从最为严谨的说法,应该是"礼—法",从实质角度来说,可以说是"礼法",从形式主义、最狭义的角度来说,法律就是刑法。

（8）近代西方法律是工业社会的产物,传统中国的法律是农业社会的产物。梁漱溟认为,近代西方法律是工业社会的产物,而传统中国是农业社会,近代以来的中国也是农业社会,所以,中国只能沿用传统的礼俗,而不能用近代西方式的法律。并且他认为,如运用近代西方法律是对中国乡村最大的破坏,这叫自毁,西方的入侵叫他毁,比起他毁来,自毁更严重。不仅法律这样,近代以来的中国整个文化都是如此。① 这大概也是他与毛泽东的最大分歧之所在。毛泽东坚持普遍性,认为中国也要像西方国家一样走上工业社会,所以中国也要破除旧礼俗,运用新法律。而梁漱溟坚持特殊性,认为中国以后也是一个农业社会,即使有工业,也是要由农业引发工业,所以中国不是要引进法律,而是要复兴旧礼俗,梁漱溟将其称为新礼俗。这种认识是很有道理的。正如农村里的人做农活要穿草鞋、雨鞋;城市里的白领工作要穿皮鞋。皮鞋对于城市、白领是有实用价值的,而于农村特别是农村的农活是没有实用价值的。在农村生产方式没有改变前,仍然是传统农业的时候,引进皮鞋,以皮鞋来干农活,显然只能是一种破坏,而非是对传统农业生产方效率的增进。这个比喻虽然不一定完全精确,但其基本意思却表达在其中了。

（9）西方的法律重点在人与人（团体）之间,而传统中国的礼重点在个人。梁漱溟说:

"中国制度似乎始终是礼而不是法。其重点放在每个人自己身上,成了一个人的道德问题,它不是借着两个以上的力量,互相制裁,互相推动,以求得一平均效果,而恒视乎其人之好不好。好呢,便可有大效果;不好,便有恶果。因此,就引人们的眼光都注到人身上,而不论是向某个人或向一般的人要求其道德,都始终是有希望而又没有把握的事。那么,就常常在打圈子了。二千余年我们却多是在此等处努力。"②

这说明在梁漱溟看来,礼的重点在个人自己,而不像法的重点在于人与人（团体）之间。礼的核心问题是道德问题,法的重点是力量（强制力或力量之间的均衡）问题。礼的效果是菊与刀式③的两极,而法的效果是平均式的,

---

① 梁漱溟:"乡村建设理论",载中国文化书院学术委员会:《梁漱溟全集（第二卷）》,山东人民出版社 2005 年版。

② 梁漱溟:"中国文化要义",载中国文化书院学术委员会:《梁漱溟全集（第三卷）》,山东人民出版社 2005 年版,第 185 页。

③ ［美］鲁思·本尼迪克特:《菊与刀》,何晴译,浙江文艺出版社 2016 年版。

既不指望你做好人,也不允许你做坏人。

（10）西方法律鼓励好诉,而传统中国法律鼓励厌诉。西方法律重利,每个人必须重视自己的权利,利益才能得到保障,法律才能得到实施与运行,这样法律才会起作用。所以好诉是西方法律的必然要求。在西方"在某些社会(例如美国及其他国家),那种认为'无法不治'的本能情感却可以十分强烈"[①]。而传统中国则不一样,传统中国的法律本质上是礼,是道德,狭义的法律是刑律。刑律是对礼的确认与保障,只有礼不起作用时,法才能发挥作用。诉讼越多,说明礼发挥作用越少,这显然与传统中国法律的设置是不相符合的。因而,厌诉也就成为传统中国法律的必然要求了。

另外需要注意的是,传统中国法律与西方法律既有相同之处,也有不同之处。传统中国法律与西方法律相同之处,就是它们都是建立在"计较心"基础之上,建立在人性恶基础之上。从这个意义上来说,传统中国的法律本来是有独立品格的,但由于儒家思想占据了主导地位,儒家在不得已的情况下,不得不将法家意义上的法律作为一种礼、德之辅助与保障的工具。这样一来,法家之法律就失去了独立品格,成为儒家之礼的确认与保障,从而使法律失去了独立性品格。但由于传统中国的法律与西方法律的相同性,使得近代以后传统中国接引西方法律,以西方式法律作为社会秩序维持的主要工具,至少在形式上就不是那么困难。但要在实质上生效,则不是一件容易的事情。

第二节　身的文化与近代西洋法律[②]

梁漱溟认为,法律是文化的重要组成部分,法律亦是由文化决定的。因而,要研究近代西洋的法律,就必须要研究近代西洋的文化及其与法律的关系。

一、身的文化是第一路向的文化

根据《辞海》,身有以下九种意思:(1)指躯体,如半身。(2)指物的主体部分,如船身。(3)自身;亲身。如身历其境。(4)统指人的身份、品德、才力等。如出身;修身;立身。(5)身孕。(6)佛家轮回说的一世。(7)量词,用于衣服。如换身衣裳;做两身制服。(8)"人称"。语法范畴之一。通过一定的

---

①　埃尔曼:《比较法律文化》,贺卫方、高鸿钧译,生活·读书·新知三联书店 1990 年版,第 22 页。
②　尹华广:"梁漱溟法律与文化心理学关系的思想研究",载《长春大学学报》2013 年第 9 期。

语法形式表示行为动作是属于谁的。属于说话人的是第一人称,属于听话人的是第二人称,属于说话人、听话人以外的是第三人称。(9)姓。汉有身相。①

梁漱溟认为,"人的个体生命即人身,通过某种感觉器官与环境相接乃发生感觉"②,它"为生命活动所资借的物质条件"③。这是梁漱溟从上述第一种意义上即"躯体"的意义上来使用身的概念。

那么何谓从身体出发? 或者说,何谓第一路向文化、第一期文化或文化发展的第一问题,第一态度呢? 梁漱溟认为,"生存问题则发生在身体对外物之间。身体为争生存之具,而同时主要亦就是为了身体生存而争。第一问题径称为'身体的问题'亦不为过。此问题居一切问题之先,人的心思聪明首先是为它而用。眼向外看,耳向外听,手向外取,心向外想……这都是自然趋向。而必从前面对方下手,变更外在条件,改造客观环境,以为问题之解决,亦是一定的。这就所谓第一态度,其实亦就是生来身体的态度。当人类本第一态度适应第一问题而不断活动,有所解决,那种种活动正是从身体出发;其所解决种种,即属第一期文化","第一问题即人对物的问题;第一态度即向外用力的态度"。④ 所以梁漱溟将第一期文化称为身的文化。

根据梁漱溟在《东西文化及其哲学》中的论述,身的文化有以下一些特点:它是一种意欲向前的文化,是一种向外用力的文化,是一种征服自然的文化,是一种科学的文化,是一种民主的文化。

第一,它是一种意欲向前的文化。所谓意欲向前的文化,是指"遇到问题都是对于前面去下手"⑤。也就是说,遇到问题首先想到的是去奋斗,去解决问题,去满足自己的要求。对此,梁漱溟举了一个很形象的例子。他说,假如一个持有第一路向文化与态度的人遇到了一间又小又漏雨的房子,他肯定要另外换一间房子,而不是与第二或第三人生态度一样,改变自己的意思或是取消该问题。

第二,它是一种向外用力的文化。所谓向外用力,是指它解决问题主要靠外在的机械的、物理的力量,而不是依靠强大的内心或意识等主观力量,

---

① 《辞海》(第六版)缩印本,上海辞书出版社 2010 年版,第1659页。

② 梁漱溟:"人心与人生",载中国文化书院学术委员会:《梁漱溟全集(第三卷)》,山东人民出版社 2005 年版,第 745 页。

③ 同上,第 630 页。

④ 梁漱溟:"中国文化要义",载中国文化书院学术委员会:《梁漱溟全集(第三卷)》,山东人民出版社 2005 年版,第 260 页。

⑤ 梁漱溟:"东西文化及其哲学",载中国文化书院学术委员会:《梁漱溟全集(第一卷)》,山东人民出版社 2005 年版,第 381 页。

也就说它更为关注的是事物的客观性,而非人的主观性。如果要找出一个与它完全相反的例证,则王阳明的心学、佛学等应该是与其正相反对的。

第三,它是一种征服自然的文化。所谓征服自然的文化,是指它的意欲向前、向外用力,主要针对的就是自然。通过征服自然、改造自然,从而获得丰富的物质成果,是这种文化的重要特征,也是这种文化对人类有重大吸引力之所在。

第四,它是一种科学的文化。所谓科学的文化,主要是指这种文化对于任何事物的认识、理解、掌握等主要运用的是一种客观分析的方法。如它会运用归纳法,也会运用演绎法。运用归纳法来认识事物从特殊到一般的特性,而通过演绎法来认识事物从一般到特殊的特性。

第五,它是一种民主的文化。身的文化之所以是民主的文化,梁漱溟是从取得民主的结果而言的。梁漱溟认为,民主的产生,是同权威、专制等斗争的结果,只有人人向前奋斗,每个人都有了实力,才可能有民主。如果每个人没有向前斗争的精神,没有取得行使民主的实力,空有民主的制度与形式也是没有作用的。

二、身的文化决定近代西洋法律发展

梁漱溟说:"西洋历史进行之一路线,盖以'向外用力'的第一态度,于人生'对物'的第一问题下演出者也。他这样最能解决第一问题,其一切社会进步,均随其第一问题之逐步解决而进步,照第一问题之形式而解决。明白言之,其社会上层建筑之政治法律风俗道德为被推进的,以机械规律而进步,以物理形式而解决,殆亦有如唯物史观家所说者。本来人类文化之初,莫不在第一问题压迫之下,第一态度即以自然必要而无问何洲土何种族而皆然;其文化演进之序,自有类似从同之点,而一与其对物问题之进展相应。此实为使唯物史观家相信他们的所见可以普遍适用之故。"[①]亦即梁漱溟承认,在西洋是适用唯物辩证法的经济基础决定上层建筑这个原理的,作为西洋上层建筑的法律,是由西洋的经济基础所决定的。

于此,也可进行具体的分析。例如,西洋十分重视物权、债权问题。为什么他们会十分重视物权、债权问题? 这就同西洋身的文化有关。身的文化是人对物的文化,是向外用力、征服自然的文化,那么生产工具归谁所有? 征服前的自然资源、征服后的取得物归谁所有? 怎样分配? 物流动过程中产生的债务如何处理? 这一系列问题的解决,就非得重视物权、债权,重视

①　梁漱溟:"中国民族自救运动之最后觉悟",载中国文化书院学术委员会:《梁漱溟全集(第五卷)》,山东人民出版社 2005 年版,第 97 页。

物权制度、债权制度不可。

西洋不仅物权制度、债权制度如此,其作为法律根本的权利制度也是如此。梁漱溟说:"从乎身则人各站在自己立场;——这便是权利观念之所本。"①也就是说梁漱溟认为,从自己个人立场出发,这是权利产生的根本。这在某种意义上似乎也可以认为,个人利己主义就是权利产生的根本。梁漱溟之所以会这样认识,是有其用意的。其用意就是为了与传统中国的伦理义务做比较。传统中国的伦理义务与西方的权利正好相反,它是建立在为伦偶之人着想,而完全忘了自己的基础之上的。与此同时,梁漱溟也认为,"集体本位主义也好,个人本位主义也好,表面似乎大相反,而实则其站在各自一方主张其权利而责对方以义务,正无不同。即同样是从身出发的"②。在这里,梁漱溟对集体主义与个人主义从权利的视角进行了本质的分析。从权利的视角而言,所谓集体主义就是在一个团体中,团体的整体权利大于组成团体的个人的权利;而所谓个人主义就是在一个团体中,组成团体的个人的权利大于他们所组成的团体的权利。因而,无论是集体主义还是个人主义,其本质都是以权利为根本。于此而言,两者并没有区别,两者都是属于身的文化。这充分说明,在梁漱溟看来,身的文化是西方权利观念产生的根本。

三、近代西洋的法律缘于近代西洋的社会构造

(一)近代西洋的社会构造

近代西洋的社会生活重心在团体。梁漱溟认为,团体至少包括公共观念、纪律习惯、组织能力、法治精神四个方面的要素。他也认为,西方的社会生活重心在团体,也就是说西方人过的是一种团体生活。那么何谓团体生活? 团体生活也可称为集团生活,梁漱溟认为集团生活必须同时符合三个条件:

"(1)要有一种组织,而不仅是一种关系之存在。组织之特征,在有范围(不能无边际)与主脑(需有中枢机关)。(2)其范围超于家族,且亦不依家族为其组织之出发点。——多半依于地域,或职业,或宗教信仰,或其他。(3)在其范围内,每个人都感受一些拘束,更且时时有着切身利害关系。合于此

---

① 梁漱溟:"中国建国之路",载中国文化书院学术委员会:《梁漱溟全集(第三卷)》,山东人民出版社 2005 年版,第 396 页。

② 梁漱溟:"中国——理性之国",载中国文化书院学术委员会:《梁漱溟全集(第四卷)》,山东人民出版社 2005 年版,第 462 页。

三条件者，即可说是集团生活；不合的，便不是。"①

从梁漱溟对集团所界定的三个条件来看，它其实是建立在与中国的伦理关系比较基础之上，是以中国的伦理关系为中心来比较认识集团生活的。比较而言：

集团是一种组织，不仅是一种关系，那伦理就只是一种关系，并不是一种组织。组织有范围、有主脑，而伦理既无范围又无主脑。"一表三千里"的俗语、费孝通的"波纹理论"都是伦理关系既无范围又无主脑的最好例证。

组织范围超于家族，且不依家族为其组织之出发点。这是对伦理关系的反面说明。伦理关系的范围不超于家族，且家族（家庭）就是其关系的出发点。至于超出家族的职业上的师徒关系，政治上的君臣关系、臣民关系，都只不过是家庭中父子关系的拟制而已。而社会中的朋友关系，也只不过是家庭中的兄弟关系的拟制而已。

在组织范围内，每个人会感到拘束，并且时时有切身利害关系。伦理关系就不是这样，在伦理关系中，强调的是父慈子孝、夫唱妇随、兄友弟恭，理想意义上的伦理关系给人的只有温暖没有拘束。而且伦理关系之间也并非时时有切身利害关系，有的只是一种为他人着想的伦理义务关系。当然在传统中国现实中，伦理关系被演化成了三纲五常，出现了"穷在闹市无人知，富在深山有远亲"。在梁漱溟看来，这些都不是真正儒家的思想与实践，它们只不过是对真正儒家伦理关系思想的背离而已。

西洋重视团体与个人生活以什么为证呢？梁漱溟认为，通过考察西洋的历史，就可以得到证明。梁漱溟认为，在古代社会希腊人、罗马人一般就生活在集团生活中。他考察了欧洲中古社会农业社会中的大地产制和庄园制度，证明西方人在中古农业生活里是集团的。他又考察了欧洲中古工商业生活中的基尔特、自主城市，证明西方人在中西工商业生活里也是集团的。因而在欧洲中古时代，西方人的日用常行之间的生活就在团体之中。中世纪的基督教不仅让欧洲人生活在团体生活中，而且开出了超家族的大团体组织，同时也锻炼了欧洲人如何更加会团体生活。到了近代，欧洲启蒙运动、文艺复兴后，个人主义抬头，到了二十世纪二三十年代重视集体、国家利益又抬头。因而通过考察西洋历史，梁漱溟认为西洋"从前已经有团体，到了近代，才在团体中把个人抬头；直最近二十年间，又再把团体抬高。西

---

① 梁漱溟："中国文化要义"，载中国文化书院学术委员会：《梁漱溟全集（第三卷）》，山东人民出版社 2005 年版，第 72-73 页。

洋最缺乏的家庭生活,最易见的团体和个人"①。从西洋中世纪到近代的历史,从近代到最近的历史,可以看出,西洋"始终就在团体与个人这两端,此高彼低一轻一重之间,翻覆不已"②。所以,"团体与个人是西洋人的老问题;全部西洋史几乎都表见在这问题上面"③。

　　由此可见,首先,西洋非常重视团体生活。西洋以集团生活偏胜,"集团偏胜者,其后便形成阶级统治的地缘国家。何谓国家? 国家就是最强有力的集团"④。连同国家在内的西洋不同的团体表现出三种类型的最有力的团体性,即宗教的团体性,阶级的团体性与国家的团体性。其次,西洋非常重视个人生活。于西洋而言,"本来一部近世史,就是一部个人主义活动史,就是人的自我觉醒开其端"⑤。表现在个人生活日常生活中,"恩如父子而异财;亲如夫妇而异财;偶尔通融,仍出以借贷方式。儿子对父母,初无奉养责任;——社会无此观念,法律无此规定"⑥。最后,"团体与个人这两面是相待而立的,犹乎左之与右。左以右见,右以左见。在西洋既富于集团生活,所以个人人格即由此而茁露"⑦。这说明团体与个人之间有着密切的联系。

　　所以,西方社会的重心应在团体与个人。但为什么梁漱溟却说西方是以团体为重呢? 笔者认为,这主要是两个方面的原因,一是与中国家庭(伦理)比较而言,西洋团体更具对比性。一方面梁漱溟说西洋是以团体为重,另一方面,又说西洋近代是个人本位。这并不矛盾,是从看重团体角度而言,还是从看重个人角度而言。由此可以为证。二是从西洋的历史看,无论是重团体,还是重个人,都是以团体为基础,重个人也是重团体中的个人,以团体为个人存在的前提,而非中国家庭中的个人。重团体、重个人,只是说在团体与个人的关系中,究竟是更重团体,还是更重个人,而不是离开团体谈个人。

　　梁漱溟认为,西洋的近代社会构造是"个人本位,阶级对立",但后来有

---

① 梁漱溟:"中国文化要义",载中国文化书院学术委员会:《梁漱溟全集(第三卷)》,山东人民出版社 2005 年版,第 49 页。

② 同上,第 50 页。

③ 梁漱溟:"《全国乡村建设运动概况》序",载中国文化书院学术委员会:《梁漱溟全集(第三卷)》,山东人民出版社 2005 年版,第 786 页。

④ 梁漱溟:"试论中国社会的历史发展属于马克思所谓亚洲社会生产方式",载中国文化书院学术委员会:《梁漱溟全集(第七卷)》,山东人民出版社 2005 年版,第 248 页。

⑤ 梁漱溟:"中国民族自救运动之最后觉悟",载中国文化书院学术委员会:《梁漱溟全集(第五卷)》,山东人民出版社 2005 年版,第 105 页。

⑥ 同上,第 83 页。

⑦ 梁漱溟:"中国文化要义",载中国文化书院学术委员会:《梁漱溟全集(第三卷)》,山东人民出版社 2005 年版,第 80 页。

转向"社会本位,阶级对立"的趋势。

（1）个人本位。梁漱溟认为,西洋近代的个人本位的社会构造,是由于近代西洋人"个人之觉醒"而产生的。而"个人之觉醒"产生的原因有两个,"第一,是西洋中古基督教禁欲主义逼着它起反动,就爆发出来近代之欲望本位的人生;肯定了欲望,就肯定个人。第二,是西洋中古过强的集团生活逼着它起反动,反动起来的当然就是个人了。一面有欲望之抬头,一面个人又受不了那过分干涉;两面合起来,不是就产生人权自由之说了吗？近代以来,所谓'个人本位的社会',即由这样对中古革命而出现于世"①。西洋个人本位的社会构造有其深刻的经济根源。从经济根源上分析,"西洋近代社会之所以为个人本位者,即因其财产为个人私有。恩如父子而异财;亲如夫妇而异财;偶尔通融,仍出以借贷方式。儿子对父母,初无奉养责任;——社会无此观念,法律无此规定。父母年老而寓居其子之家,应付房租饭费。其子或予免费,或减收若干者,非恒例。如同各人有其身体自由一样,'财产自由'是受国家法律社会观念所严格保障的"②。有其深刻的政治根源,"人们要求公民权,要求个人自由,要求人人平等"③。从认识论的角度来看,则是因为"西方人把处理一切事物——包括家庭关系、个人与社会其他成员的关系——的基本准则都纳入个人范畴,都从个人的认识出发"④。

（2）阶级对立。何谓阶级对立的社会？梁漱溟认为,"在一社会中,其生产工具与生产工作有分属于两部分人的形势——一部分人据有生产工具,而生产工作乃委于另一部分人任之;此即所谓阶级对立的社会"⑤。根据这一条标准,可以看出,在中世纪的时候,西洋是农奴与贵族的对立,到了近代,变为无产阶级与资产阶级的对立,所以可以说,西洋始终是处于阶级对立的社会。

西洋始终是阶级对立的社会,同西洋始终是团体生活有着密切的关系。在西洋,无论个人本位,还是社会本位的社会构造,都以团体的存在为前提和基础。只是在团体与个人的关系中,是重视团体还是重视个人而已。梁

---

① 梁漱溟:"中国文化要义",载中国文化书院学术委员会:《梁漱溟全集(第三卷)》,山东人民出版社 2005 年版,第 93 页。

② 同上,第 83 页。

③ 梁漱溟:"择善而从",载中国文化书院学术委员会:《梁漱溟全集(第七卷)》,山东人民出版社 2005 年版,第 627 页。

④ 董小川:"中西文化共性论纲",载《东北师范大学报(哲学社会科学版)》1999 年第 3 期,第 6 页。

⑤ 梁漱溟:"乡村建设理论",载中国文化书院学术委员会:《梁漱溟全集(第二卷)》,山东人民出版社 2005 年版,第 170 页。

漱溟认为,"阶级对立,正是集团间的产物"①。为什么呢?可从纵横两个角度来看。从纵向角度看,西洋"以集团生活遂而辗转反复于个人本位社会本位之间;同时亦就演为阶级对立"②。从横向角度看,"何以说阶级对立是集团间的产物呢?阶级所由兴,不外是被外族征服统治,或由内部自起分化之二途。前者是集团之二合一,后者是集团之一分二。要之阶级形成于权力之下,而权力则生于集团之中,此不易之理也"③。梁漱溟也对阶级对立与剥削之间进行了区分。他以英国与中国为例,英国与古代中国都是存在剥削的社会,但英国是阶级对立的社会,而中国不是阶级对立的社会。原因在哪里?梁漱溟认为原因在于,英国社会形势"集中而不免固定",而中国社会形势"分散而上下流通"。

(二)近代西洋的法律与近代西洋的社会结构

(1)法律与团体。西方的社会构造以团体为基础,西方人生活在集团生活之中,近代西洋法律上的许多特征都缘于此:第一,法律是团体的产物。梁漱溟认为,"法律是团体的产物"④,"重团体则非讲法,非讲纪律不可"⑤。第二,好讼原因之一在于团体。西方人为什么好讼?梁漱溟认为,"这就为他们生活于团体之中,一切靠团体……凡团体必有其法。试回溯中古来看,处处团体莫不各有其法及法庭:国王有法庭,教会还有其法庭,乡村有法庭,都市更有其法庭,乃至各行会亦且自有法庭。在一团体内,人们彼此间有了问题,当然上法庭解决,岂有他途?"⑥第三,法治缘于团体。梁漱溟说:"在大团体中一办公机关,应付众人,处理百事,只有订出律条而拘守之,无论什么人来一律看待。然后乃少费话,免纠纷,公事进行得快,而秩序以立,群情以安。其中虽不免忽视个别情形,而强不齐以为齐,竟不洽情不中理者。却是不如此,大事小事都将办不成。法治之必要即在此。"⑦

(2)法律与个人本位。梁漱溟认为近代西方是个人本位的社会。西方

①　梁漱溟:"中国文化要义",载中国文化书院学术委员会:《梁漱溟全集(第三卷)》,山东人民出版社 2005 年版,第 189 页。

②　同上。

③　同上。

④　梁漱溟:"中国文化的两大特征",载中国文化书院学术委员会:《梁漱溟全集(第六卷)》,山东人民出版社 2005 年版,第 144 页。

⑤　梁漱溟:"乡村工作中一个待研究待实验的问题——如何使中国人有团体组织",载中国文化书院学术委员会:《梁漱溟全集(第五卷)》,山东人民出版社 2005 年版,第 761 页。

⑥　梁漱溟:"中国文化要义",载中国文化书院学术委员会:《梁漱溟全集(第三卷)》,山东人民出版社 2005 年版,第 199-200 页。

⑦　同上,第 68 页。

法律上的许多特征都缘于个人本位。

第一，西方重权利缘于个人本位。近代西方社会以个人为本位，就是在个人生活、团体生活中都以个人为重，以个人为出发点。于是重视"自由权"、"公民权"等各种基于个人本位产生的权利。就会出现"我有我的权，你有你的权，这个权，那个权，处处是权，人人有权，无处不是讲权，无处不是各以自己的权利为本"①的局面。所以，梁漱溟才会说，"在社会组织上是个人本位；到法律上，就形著为权利本位的法律"②。也就是说，权利本位最终缘于个人本位。

从具体的法律制度来看，西洋重视所有权制度，重视物权债权问题，正是由个人本位的社会构造所决定。其逻辑理路是：个人本位社会构造决定个人本位的权利，而所有权制度、物权债权问题，属于财产权的问题，是个人权利中极其重要的部分，是其他权利的物质基础。因而，个人本位社会构造也就最终决定了所有权制度、物权债权问题。公法私法分开，民法刑法分开，亦同此理。公法主要是限制公权利的法，对于公共机关而言，它更多的是义务，而私法主要是保障私权利的法。所以公法与私法分开，是意在保护权利。而这种权利又是由个人本位的社会构造决定的。至于民法刑法分开，只不过是公法私法分开的具体化。

第二，和奸不为罪缘于个人本位。"从西洋来看：①饮食男女，人生之幸福在此；②个人之事于他人无干，于公共无碍者，即有其自由，国家不应过问。根据这两点，无配偶之男女只要彼此同意，则他们所为即属其个人之自由，有何罪名可立？并且若有人妨害他们这种自由，国家还应当为之保障。倘国家而干涉及此，乃无异干涉到人家饮食那样荒谬！"③因而，西方规定和奸不为罪的实质是保障个人的自由权，而这种权利来源于个人本位的社会构造。

（3）法律与阶级对立。梁漱溟认为近代西方是阶级对立的社会。近代西方社会主要是资产阶级与工人阶级对立的社会。梁漱溟主要论述了西方民治制度缘于阶级对立。西方"民治制度绝非单建筑于一种理念之上，还建筑于客观形势之上"。民治制度建立于什么样的客观形势之上呢？就是阶级对立的客观形势。西洋的民治制度正是"以阶级作阶梯而逐步展开"④的。所以，近代西方的法律也是建立在阶级对立的基础之上的。

---

① 梁漱溟："乡村建设大意"，载中国文化书院学术委员会：《梁漱溟全集（第一卷）》，山东人民出版社 2005 年版，第 655 页。

② 梁漱溟："中国文化要义"，载中国文化书院学术委员会：《梁漱溟全集（第三卷）》，山东人民出版社 2005 年版，第 93 页。

③ 同上，第 250 页。

④ 同上，第 255 页。

四、近代西洋法律是理智化的

(一)理智概述

梁漱溟认为,理智是西方的特征,由于他志在研究中国问题,研究西方问题也是为了对比研究中国问题。所以,相对于理性,梁对于理智的研究就少得多。

在《东西文化及其哲学》中,梁漱溟在多处论述到理智。他说:"照我的意思人类文化有三步骤,人类两眼视线所集而致其研究者也有三层次:先着眼研究者在外界物质,其所用的是理智……"①。在此,理智是人类研究外界物质所用的方法。在该书中,梁漱溟以举例的方式对理智的涵义做了说明:

"譬如我对于茶之知识是怎样得来构成的呢? 就是看见,喝过多少次的茶,从所有非茶的东西——白水、菜汤、油、酒……分别开来,而从种种的茶——红茶、绿茶、清茶、浓茶……抽出其共同的意义,见了茶即能认识,这就是对于茶的概念最清晰、明白、确定的时候。如此构成概念之作用可分为简、综(分、合)两种作用。当构成茶的概念时;先将种种不同的茶连贯起来得其究竟共同之点,此为综的作用;同时即将茶与其余的东西分开,并且简别茶的各种颜色知其与茶不相干,此为简的作用;然当简别时,即综合时,实无先后。此种简综的作用即所谓'比量智'。'比量智'即是今所谓'理智',也是我们心理方面去构成知识的一种作用。"②

它是"我们生活中的工具——理智"③。在《中国文化要义》一文中,梁漱溟对理智也有论述。他说:"理性、理智为心思作用之两面:知的一面曰理智。"④理智"为物观上的理,不妨简称'物理'"⑤。"物理,则不离主观好恶即无从认识。"⑥在《乡村建设理论》中梁漱溟说:"所谓理智,即指离开具体事物而起之分别区划计算推理等作用以为言。"⑦在《人心与人生》中,梁漱溟说:

---

① 梁漱溟:"东西文化及其哲学",载中国文化书院学术委员会:《梁漱溟全集(第一卷)》,山东人民出版社 2005 年版,第 503-504 页。

② 同上,第 397-398 页。

③ 同上,第 460 页。

④ 梁漱溟:"中国文化要义",载中国文化书院学术委员会:《梁漱溟全集(第三卷)》,山东人民出版社 2005 年版,第 125 页。

⑤ 同上,第 128 页。

⑥ 同上。

⑦ 梁漱溟:"乡村建设理论",载中国文化书院学术委员会:《梁漱溟全集(第二卷)》,山东人民出版社 2005 年版,第 570 页。

"理智对于本能而说,实为后起之一种反乎本能的倾向。"①在《儒佛异同论》中,梁漱溟指出,"理智之在人,原为对付外物处理生活之一工具;分别、计较、营谋、策划是其所长"②。

梁漱溟认为理智是西方的特色,可以代表西方的文化,甚至可直接说"西方文化是理智的文化"③。这主要表现为,西方从理智分析中产生科学,运用科学来利用自然、征服自然。而且西方的哲学也是偏向于理智的。而与之形成对比的是,"中国人对于理智方面很少创造"④。梁漱溟说,"总而言之,近世西方人的心理方面,理智的活动太强太盛,实为显著之特点。在他所成就的文明上,辟创科学哲学,为人类其他任何民族于知识、思想二事所不能及其万一者。不但知识思想的量数上无人及他,精细深奥上也无人及他。然而他们精神上也因此受了伤,生活上吃了苦,这是十九世纪以来暴露不可掩的事实!"⑤在此,梁漱溟指出了西方优势在于理智,其弊病也在于理智。

(二)近代西洋法律与理智的关系

就目前所掌握的资料来看,关于理智与近代西洋法律的关系,梁漱溟还没有直接的论述,但梁漱溟说:"科学为理智所有事。"⑥这样,从科学与法律的关系中,也可探究理智与法律的关系。而关于科学与法律的关系,梁漱溟是有所论述的。在《东西文化及其哲学》中,梁漱溟说:"中国政治的尚人治,西方政治的尚法治,虽尚有别的来路,也就可以说是从这里流演出来的。申言之还是艺术化与科学化。"⑦即在梁漱溟看来,中国人治是艺术化的,法治是科学化的。他还说:"西方人走上了科学的道,便事事都成了科学的。起首只是自然界的东西,其后种种的人事,上自国家大政,下至社会上琐碎问

---

① 梁漱溟:"人心与人生",载中国文化书院学术委员会:《梁漱溟全集(第三卷)》,山东人民出版社 2005 年版,第 572 页。

② 梁漱溟:"儒佛异同论",载中国文化书院学术委员会:《梁漱溟全集(第七卷)》,山东人民出版社 2005 年版,第 167 页。

③ 梁漱溟:"东西文化及其哲学讲演录",载中国文化书院学术委员会:《梁漱溟全集(第四卷)》,山东人民出版社 2005 年版,第 626 页。

④ 同上,第 333 页。

⑤ 梁漱溟:"乡村建设理论讲演录",载中国文化书院学术委员会:《梁漱溟全集(第二卷)》,山东人民出版社 2005 年版,第 570 页。

⑥ 梁漱溟:"读熊著各书后",载中国文化书院学术委员会:《梁漱溟全集(第七卷)》,山东人民出版社 2005 年版,第 754 页。

⑦ 梁漱溟:"东西文化及其哲学",载中国文化书院学术委员会:《梁漱溟全集(第一卷)》,山东人民出版社 2005 年版,第 356 页。

题,都有许多许多专门的学问,为先事的研究。"①从中可以推出,在近代西方,法律也科学化了。所谓法律科学化,可从多方面去理解,首先,将法律作为一门科学的学问,这在西方实证法学派中就表现得非常凸出。其次,科学对立法、司法、执法都将产生重大的影响。如随着科学发展,出现了许多新的科技发展领域、经济生活领域,对这些领域,就有必要用法律进行规制。而随着科学的发展,司法领域也要进行变革,司法侦察、司法审判等领域中都越来越多利用最新的科学技术设备与手段就是证明。随着科学发展,在执法中应用新技术新设备新成果,是大势所趋。再次,随着科学发展,法律思想观念也要发生变化。原来以国为单位考虑问题,在有些领域,已不得不以"地球村"为单位来考虑问题。原来不视为"物"或利益的东西,随着科学发展,也不得不视为"物"或利益,如电脑游戏中虚拟的游戏币就是如此。最后,法律研究方法也发生改变,尤其是实证研究方法。原来一些很少或不用实证研究方法的领域,由于科学的发展,也有可能运用实证研究的方法了。这些科学与法律的关系,都应是理智与法律的关系的重要部分。由于"科学为理智所有事",因而法律的科学化亦即法律的理智化。

五、可能的误读

如上所述,梁漱溟认为近代西方法律是属于第一路向身的文化。但在《中国文化要义》等论述中,梁漱溟也认为西方法律起源于宗教。传统中国与之相比,是以道德宗教,以礼俗代法律。这两者之间是否有矛盾? 文化路向决定法律内容,这个结论是否还能成立? 这是在研究中需要解决的重大问题。

梁漱溟认为,文化作为一个大的系统,包含了三个小的系统,即物质生活系统、社会生活系统和精神生活系统。而法律是社会生活中的一个内容。而作为文化的大系统,梁漱溟认为,它是一个民族的生活样法,或者说是一种生活方式。而生活是无尽的意欲。所以,意欲方向不同,文化的类型也就不同。意欲向前,是第一路向的文化,它以近代西方为代表;意欲调和持中,是第二路向的文化,它以传统中国为代表;意欲反身向后,是第三路向的文化,它以印度为代表。第一路向意欲向前的文化主要是运用理智,体现一种科学精神。它决定了近代西方的社会结构是个人本位,阶级对立,因而决定了它的法律是近代意义的西方法治。而第二路向意欲调和持中的文化主要是运用理性,代表的是一种道德精神,中庸精神。它决定了传统中国的社会

---

① 梁漱溟:"东西文化及其哲学",载中国文化书院学术委员会:《梁漱溟全集(第一卷)》,山东人民出版社 2005 年版,第 355 页。

结构是伦理本位,职业分途,因而决定了它的法律是礼俗。

　　而在《中国文化要义》中,梁漱溟认为,宗教是中西文化的分水岭。西方走上了基督教的道路,基督教的教义与其发展过程中的事实锻造了西方的团体生活。而这种团体生活是产生西方近代意义法治的社会结构。从这个角度讲,是由西方的宗教决定了西方近代意义的法治。这样就出现了矛盾。按照梁漱溟前面所说的,宗教是属于意欲反身向后,是第三路向的文化。而近代西方是第一路向的文化。一方面,梁漱溟说由于近代意欲向前的人生第一路向决定了个人本位、阶级对立的社会结构,从而决定了西方近代意义上的法治。但另一方面,梁漱溟又说,西方由于有了基督教,从而产生了集团生活,而集团生活是产生近代意义法治的社会结构。而基督教属于宗教,是第三路向的文化。那么,西方近代的法律究竟是由第一路向的文化决定的,还是由第三路向的文化决定的?是否正如他开始将文化三路向作为三种不同的文化类型,而后来却将三种不同文化类型,作为三个不同的文化发展阶段一样?

　　如果仔细阅读《中国文化要义》相关的章节,我们会发现梁漱溟对此已有分析:

　　首先,梁漱溟认为,近代西方的个人本位是对中世纪的团体本位的反动。因为中世纪有宗教与政权这两个团体力量对个人限制太重,所以近代宗教改革、文艺复兴时,才产生了反对团体本位,出现个人本位的现象。

　　其次,基督教产生集团生活或者说团体本位,是中世纪的事情,而非近代西方的事情。近代是对基督教的反对,才产生宗教改革、文艺复兴,是对集团本位、团体本位的反对,才产生个人本位、产生民主。所以,近代西方并不是宗教决定法律,这是中世纪的情况。但近代是对中世纪情况的正相反对,所以不得不介绍中世纪的情况。这与近代西方是第一路向的文化,从而决定近代意义上的法治,这两者之间并不矛盾。

　　最后,梁漱溟说,中国的宗教即周孔教化即道德,决定了中国社会结构是伦理本位、职业分途,而此种社会结构,决定了中国的法律是礼俗。这里梁漱溟说,作为中国宗教的周孔教化、道德,它其实不是宗教,只是起到西方意义上的宗教作用。所以,梁漱溟说,相对于西方而言,中国是以道德代宗教,以礼俗代法律。这里的周孔教化、这里的道德,其实就是第二路向的意欲调和持中的文化,它是一种情感生活,是一种无私的感情,是一种理性。

　　这样,如上面所论述,梁漱溟的文化路向决定法律,与宗教决定法律两者之间并不矛盾,反而是相通的。

第三节　心的文化与传统中国的礼①

传统中国的法律实质上是一种礼法，礼本身是一种法律，礼之外的法律也是为礼服务的，所谓"出礼入刑"，即是如此。但在此处，只研究传统中国的礼，而不研究礼之外的法律。

一、心的文化是第二路向的文化

梁漱溟一生关注的是人生问题与中国问题，中国问题又根源于人生问题，而人生问题的根源又在人心。梁漱溟也认为，中国文化因理性早启而以周孔教化代宗教，由此有伦理本位、职业分途的社会结构，形成伦理情谊、人生向上的从身到心的中华民族文化，出现以礼俗代法律、融国家于社会的局面。那么理性的根源在哪儿？在人心！所以人心问题是梁漱溟学术之本源问题之一。

根据《辞海》，心有以下九种意思：(1)亦称"心脏"。(2)五藏之一。(3)指精神的东西，如唯心主义。(4)中国古代哲学概念。指人的意识。(5)译自梵语 Citta 或 Hrdaya。佛指一切精神现象。(6)心思；心意。如有口无心。(7)中央；内部。如空心。(8)木上的尖刺。(9)星官名。即"心宿"。②

在《东西文化及其哲学》中梁漱溟说："心是什么？前曾说'生命充实那松开的空隙，而自显其用，是为心'。"③在《中国建国之路》中，梁漱溟说："心即主宰，主宰即心，从粗处去看，但是心思作用。"④在《人心与人生》中，梁漱溟说："何谓心？心非一物也；其义则主宰之义也。主谓主动；宰谓宰制。对物而言，则曰宰制；从自体言之，则曰主动；其实一义也。"⑤"盖从广义以言心，心与生命同义……夫所谓心者，不外乎是生命活动的表现耳。"⑥可见，梁漱溟主要在上述第三、第四、第六种意义上使用心的概念。

---

① 尹华广："梁漱溟法律与文化心理学关系的思想研究"，载《长春大学学报》2013年第9期。

② 《辞海》(第六版)缩印本，上海辞书出版社2010年版，第2104页。

③ 梁漱溟："东西文化及其哲学"，载中国文化书院学术委员会：《梁漱溟全集(第一卷)》，山东人民出版社2005年版，第311页。

④ 梁漱溟："中国建国之路"，载中国文化书院学术委员会：《梁漱溟全集(第三卷)》，山东人民出版社2005年版，第366页。

⑤ 梁漱溟："人心与人生"，载中国文化书院学术委员会：《梁漱溟全集(第三卷)》，山东人民出版社2005年版，第550页。

⑥ 同上，第629-630页。

何谓从心出发？或者说,何谓第二路向的文化、第二期文化或文化发展的第二问题,第二态度呢？梁漱溟认为,第二问题、第二态度都可总括地说作是从"心(理性)"出发。"第二问题即人对人的问题;第二态度即转而向内用力的态度。""真正照顾到对方感情意志者,虽泛然相值,而对方在我意识中亦有位置,遇事不单站在自己立场而止,这亦就是所谓承认旁人。必如此,乃有人对人的问题——第二问题——之发生,而不属第一问题之事。"①"故第一期假如可称为身的文化,第二期正可称为心的文化。第一期文化不过给人打下生活基础,第二期才真是人的生活。"②心的文化即第二期文化的特点是"以意欲自为、调和、持中为其根本精神"③。中国传统文化是第二期文化的代表。

二、心的文化决定传统中国礼的发展

礼在传统中国社会亦表现为礼俗。礼俗是礼治—法制秩序及其理性精神的外在形态。④

梁漱溟说:"礼俗实为此社会构造社会秩序之所寄托。礼俗之效,最上者在有所兴起,其次则给人一限度不使逾越。这虽没有一权力机关监督执行于上,却有社会舆情为之制裁于后。人心放肆,小之可见社会制裁渐已失效,大之则征明社会制裁已经没有了。到此地步,还有不乱的?"⑤

所以,礼俗之是否有效与人心的敬肆有直接的关系。人心敬,则礼俗有效,社会秩序良好,成为治世;人心放肆,则礼俗失效,社会秩序混乱,成为乱世。内圣外王之道,并非是空谈的说教,而是一种确然的实践。

三、传统中国的礼缘于传统中国的社会构造

(一)传统中国的社会构造

梁漱溟认为,传统中国社会构造的重心在家庭,其基本内容是"伦理本位,职业分途"。对于何谓"伦理本位,职业分途",在第四章中已有较为详细的论述,此处不再论述。本章只对"传统中国社会构造的重心在家庭"进行论述。

---

① 梁漱溟:"中国文化要义",载中国文化书院学术委员会:《梁漱溟全集(第三卷)》,山东人民出版社 2005 年版,第 260-261 页。

② 同上,第 265 页。

③ 梁漱溟:"东西文化及其哲学",载中国文化书院学术委员会:《梁漱溟全集(第一卷)》,山东人民出版社 2005 年版,第 383 页。

④ 许章润:《说法 活法 立法——关于法律之为一种人世生活方式及其意义》,清华大学出版社 2004 年版,第 78 页。

⑤ 梁漱溟:"中国文化要义",载中国文化书院学术委员会:《梁漱溟全集(第三卷)》,山东人民出版社 2005 年版,第 217 页。

（1）家庭在中国的重要性。家庭在中国的重要性是不言而喻的。梁漱溟认为，"家庭生活实在是中国文化的源泉"①。黄文山认为，在家庭基础上形成的家族制度决定了中国社会经济的命运，乃至中国整个文化的命运！家庭在中国的重要性，主要表现在以下几个方面。第一，从对国家的重要性而言。中国自古流传下来的"国之本在家"、"积家而成国"等语言即可见家对国的重要性。第二，从对社会的重要性而言。梁漱溟认为，西洋是身的文化，中国是心的文化。人心的培养在中国文化中至关重要。在哪里培养？在家庭中培养。培养什么？培养父慈子孝兄友弟恭。由于中国社会只不过是家庭的放大，家庭关系处理好了，社会关系自然也能处理好。由此可见家对社会的重要性。第三，从对中国社会构造的重要性而言。如果说西洋人生活在团体中，则中国人生活在家庭中。中国是在家庭的培养中形成伦理本位，再由伦理本位产生职业分途。所以，家庭是中国社会构造的基础与前提。

（2）家庭与伦理的关系。家庭与伦理的关系包括两个不同的方面。一方面，家庭是伦理的起点，另一方面，伦理是家庭扩大的媒介。

首先，从家庭是伦理的起点方面看。伦理产生于家庭之中，是家庭成员之间的一种情谊，这种情谊以自己尽义务甚至是牺牲自己满足他人为特征。正如梁漱溟所说："从家庭生活在社会上位置的重要，便产生中国的伦理。"②

其次，从伦理是家庭扩大的媒介方面看。在中国，家庭关系之所以能扩大到国家、扩大到社会，并不是家庭本身所能为的，而必须借助于媒介，这个媒介就是伦理。将家庭的伦理关系扩大化，扩大到国家、扩大到社会，各个领域、整个社会都形成了以家庭为基础的伦理关系。

（二）礼与家庭

传统中国的社会构造以家庭为基础，传统中国人生活在伦理关系之中。传统中国礼的内容与特征都缘于此。

第一，礼俗是家庭的产物。因为"中国礼俗之本则情与义也"③，"而在家庭生活里面是重感情的，是好讲人情的"④，"……人类真切美善的感情，发端

---

① 梁漱溟："中国建国之路"，载中国文化书院学术委员会：《梁漱溟全集（第三卷）》，山东人民出版社 2005 年版，第 397 页。

② 梁漱溟："中国社会构造问题"，载中国文化书院学术委员会：《梁漱溟全集（第五卷）》，山东人民出版社 2005 年版，第 854 页。

③ 梁漱溟："乡村建设理论"，载中国文化书院学术委员会：《梁漱溟全集（第二卷）》，山东人民出版社 2005 年版，第 169 页。

④ 梁漱溟："中国社会构造问题"，载中国文化书院学术委员会：《梁漱溟全集（第五卷）》，山东人民出版社 2005 年版，第 853 页。

在家庭,培养在家庭"①,"情谊则由家庭滋长出来"②。所以,我们完全可以说,礼俗是家庭的产物。

第二,传统中国厌讼原因之一在于家庭。中国人为什么厌讼?因为中国"其组织结构根本寄托在礼俗上,而不著见于法律。法律这样东西,它几乎可说没有。其自古所谓法律,不过是刑律,为礼俗之补充辅助,不得已而用之。传统思想,贵德而贱刑。强制力在中国,是不被尊重的。它只是迫于事实不能不有之,乃至不能不用之,然论其本旨,则是备而不用的"③。这说明,中国人生活在家庭中,形成的是伦理关系、伦理社会,社会维持主要靠礼,而不是法,所以才有厌诉之产生。

四、礼俗即理性

(一)理性概述

(1)梁漱溟理性概念的形成与发展。理性的概念是梁漱溟思想体系中极为重要的概念。他对中国传统文化进行研究后,得出的结论是中国文化早熟,而文化早熟的原因是中国理性早启。他也认为,理性是人类的特征。对于这样一个极其重要的概念,梁漱溟有一个形成与发展的过程。

在《东西文化及其哲学》中,梁漱溟使用的理性概念与人们通常所使用的理性概念并没有多大差别,亦即是相当于西方意义上的理智或理性主义。但在《中国民族自救运动之最后觉悟》一文中,他已开始从新的意义上使用理性一词,即从道德上的自觉这个意义上使用理性的概念。如梁漱溟说:"孔子的教训总是指点人回头看自己,在自家本身上用力;唤起人的自省(理性)与自求(意志)。"④在谈到中国道德与西方宗教的区别时,梁漱溟说:"一是诉诸自己理性而主张之;一是以宗教教条替代自己理性而茫无主张。"⑤在《与丹麦两教授的谈话》中,梁漱溟说:"理性即人类心理顶平静清楚的时候,

①　梁漱溟:"中国文化要义",载中国文化书院学术委员会:《梁漱溟全集(第三卷)》,山东人民出版社 2005 年版,第 90 页。

②　梁漱溟:"中国文化的两大特征",载中国文化书院学术委员会:《梁漱溟全集(第六卷)》,山东人民出版社 2005 年版,第 144 页。

③　梁漱溟:"中国文化要义",载中国文化书院学术委员会:《梁漱溟全集(第三卷)》,山东人民出版社 2005 年版,第 199-200 页。

④　梁漱溟:"中国民族自救运动之最后觉悟",载中国文化书院学术委员会:《梁漱溟全集(第五卷)》,山东人民出版社 2005 年版,第 79 页。

⑤　同上,第 80 页。

并且亦是很有情的时候。"①在《乡村建设理论》中梁漱溟比较完整、准确地提出了理性的概念。他说:"所谓理性,是指吾人所有平静通达的心理。"②其后,对此概念又不断完善,在《答乡村建设批判》一文中,梁漱溟说:"中国革命全靠有知识的人之向上前进的心理,我所谓理性正指此。"同在此文中,他又说:"由外而内,由内而外,往复综合于意识之中,而筹划于事先,这便是我所谓理性。"③在《理性与宗教之相违》一文中,梁漱溟说:"何谓理性?""理性始于思想或说话","你愿认出理性何在吗? 你可以观察他人或反省自家,当其心气和平空洞无事,旁人说话最能听得入(听觉清楚更且领会其涵义),彼此说什么话(商讨一问题)顶容易说得通的时候,那便是一个人有理性之时。所谓理性者,要亦不外吾人平静通达的心理而已。""显然与理性相违反者有二。一是愚蔽(迷信或独断 Dogmatic);其中有偏执的感情。又一是强暴(粗暴动武);——其中有冲动的感情。"④

对此概念的完整解释,是在《中国文化要义》与《人心与人生》中。在《中国文化要义》中梁漱溟说:"你愿意认出理性何在吗? 你可以观察他人,或反省自家,当其心气和平,胸中空洞无事,听人说话最能听得入,两人彼此说话最容易说得通的时候,便是一个人有理性之时。所谓理性者,要亦不外吾人平静通达的心理而已。"⑤

"无所私的感情(impersonal feeling)——这便是理性,理性、理智为心思作用之两面:知的一面曰理智,情的一面曰理性,二者本来密切相联不离。"⑥"其不欺好恶而判别自然明切者,是之谓理性。"⑦"理性,宽泛言之,就是人们的心思作用,狭义则指人心所有之情义。道德之自觉自律,舍心思作用则无可能,舍情义之感则不能生动有力。礼俗当其既成,在普通人未必还有多少自觉,又隐然有其威力,在普通人似亦难语于自律。然论其所由形成,则固

① 梁漱溟:"与丹麦两教授的谈话",载中国文化书院学术委员会:《梁漱溟全集(第五卷)》,山东人民出版社 2005 年版,第 576 页。

② 梁漱溟:"乡村建设理论",载中国文化书院学术委员会:《梁漱溟全集(第二卷)》,山东人民出版社 2005 年版,第 181 页。

③ 梁漱溟:"答乡村建设批判",载中国文化书院学术委员会:《梁漱溟全集(第二卷)》,山东人民出版社 2005 年版,第 644 页。

④ 梁漱溟:"理性与宗教之相违",载中国文化书院学术委员会:《梁漱溟全集(第六卷)》,山东人民出版社 2005 年版,第 394 页。

⑤ 梁漱溟:"中国文化要义",载中国文化书院学术委员会:《梁漱溟全集(第三卷)》,山东人民出版社 2005 年版,第 123 页。

⑥ 同上,第 125 页。

⑦ 同上,第 128 页。

自有其为社会众人所共喻共信者在,这便是理性了。"①广义上的理性是:"除由本心情感上承认对方外,人们亦可能从其心思计虑上(利害关系上)而承认对方。"②在《人心与人生》中,梁漱溟专门安排一节(第七章第二节)对理性与理智的关系进行了论述。

梁漱溟也清楚地认识到自己理性定义与西方理性定义、"理性主义"的不同。他认为,西方的"理性主义",实质是偏于理智作用的发挥运用,在近代表现为功利主义、乐利主义、幸福主义、工具主义等。

(2)理性的地位。在梁漱溟心目中,理性有着至高无上的地位。这种至高无上的地位主要表现在三个方面,一是它对中国的作用方面;二是它对人类的作用方面;三是它在理智、本能、习惯等抽象体系中的地位方面。

第一,理性对中国的作用方面。通过对梁漱溟相关论述的研究可以认为,理性对中国作用方面主要表现为:理性是中国文化的根本,理性是中国民族特性的体现及其所产生的原因,理性是古代中国治道成功的前提与基础。

在《乡村建设理论》中,梁漱溟明确指出,理性是中国文化的根本。这个根本是与中国人自古代至现代一直所追求的和谐理念是一致的。他认为:"中国古人正有见于人类生命之和谐。——人自身是和谐的,以人为中心的整个宇宙是和谐的,人与人是和谐的。""此和谐之点,即清明安和之心,即理性。一切生物均限于'有对'之中,唯人类则以'有对'超进于'无对'。清明也,和谐也,皆得之于此。""清明不清明,和谐不和谐,都是生命自身的事。"③中国传统正统文化是儒家文化,而"儒家的路子是开发人类理性的路子。继孟子道理的是陆象山、王阳明,他们俱是特别要人返于理性"④。"在儒家什么都大不过理性,理性就是对。"⑤"中国文化的根本点在人类理性,即是说中国文化的根本点在人类生命深处有其根据。"⑥

理性既是中国民族特性的体现,又是中国民族性产生的原因。梁漱溟认为,中华民族的精神是"伦理情谊,人生向上"。"伦理与人生向上都从理

①　梁漱溟:"中国文化要义",载中国文化书院学术委员会:《梁漱溟全集(第三卷)》,山东人民出版社 2005 年版,第 207 页。

②　同上,第 262 页。

③　同上,第 131-132 页。

④　梁漱溟:"中国文化的特征在哪里?",载中国文化书院学术委员会:《梁漱溟全集(第五卷)》,山东人民出版社 2005 年版,第 701 页。

⑤　同上,第 702 页。

⑥　同上,第 704 页。

性来,而理性的内容亦就是伦理与人生向上的精神。"①他说:"中国人怀抱着天下观念,自古迄今一直未改,真是廓然大公,发乎理性之无对。说民族性,这才是中国的民族性。"②另外,他还说:"走这理性的路,就让中国人散漫。"③亦即梁漱溟认为,中国民族性中的散漫的民族性格也是从理性而来。

理性也是中国古代治道之所以成功的原因。虽然至近代,中国落后了。但中国是世界上唯一一个文明从未中断过的古国,也是一个屡屡被外族入侵,屡次被外族武力征服,却又从文化上将外族同化的一个文明古国。她为什么能做到这样? 这同中国古代的治道成功有很大的关系。而这种治道之所以成功,梁漱溟认为,其根源就在理性。正如梁漱溟所说:"在知识,在经济,在军事政治,既一一皆非中国所擅长,他究竟靠一种什么力量而得成功? 现在可以回答:这就是理性之力。"④"所谓治道何指呢? 放宽说,即指此全部社会构造(特殊政治制度在内),及一切所以维系而运用之者。简单扼要说,则'修身为本'(或向里用力之人生)一句话,亦未尝不可以尽之。而语其根本,则在人类的理性。""此治道即是孔子之道。"⑤即使到了现代,梁漱溟认为,中国的治道还应该是理性。他说:"欧洲人之问题可得以斗争解决之,而中国则天然的必当从理性解决。"⑥"建设中国新文化只有重新发挥中国固有文化精神——理性来改造中国的社会。"⑦但是,梁漱溟也认为,中国文化、民族精神、治道都因理性而成功,也因理性而近代落后,其原因就在于中国文化早熟,而中国文化早熟的原因又在于理性早启。

第二,理性对人类作用的方面。梁漱溟认为,理性不仅对中国有作用,对整个人类都有作用。这种作用表现在:"一切生物均限于'有对'之中,唯

---

① 梁漱溟:"中国文化的特征在哪里?",载中国文化书院学术委员会:《梁漱溟全集(第五卷)》,山东人民出版社 2005 年版,第 707 页。

② 梁漱溟:"中国文化要义",载中国文化书院学术委员会:《梁漱溟全集(第三卷)》,山东人民出版社 2005 年版,第 315 页。

③ 梁漱溟:"《全国乡村建设运动概况》序",载中国文化书院学术委员会:《梁漱溟全集(第五卷)》,山东人民出版社 2005 年版,第 786 页。

④ 梁漱溟:"中国文化要义",载中国文化书院学术委员会:《梁漱溟全集(第三卷)》,山东人民出版社 2005 年版,第 301 页。

⑤ 同上,第 210 页。

⑥ 梁漱溟:"为北京《益世报》出版五千号纪念所写赠词",载中国文化书院学术委员会:《梁漱溟全集(第五卷)》,山东人民出版社 2005 年版,第 202 页。

⑦ 梁漱溟:"中国文化的特征在哪里?"载中国文化书院学术委员会:《梁漱溟全集(第五卷)》,山东人民出版社 2005 年版,第 709 页。

人类则以'有对'超进于'无对','无对'则超于利用与反抗,而恍若其为一体也。此一体之情,发乎理性;不可与高等动物之情爱视同一例。"①"人类之所以为人类,在其具有理性。"②"人类的特征在理性。理性贵于一切。"③

第三,理性在理智、本能等抽象体系中的地位。梁漱溟认为,直觉、理智、理性等组成了一个抽象的体系,在此体系中,"只有理性是主人,理智、本能、习惯皆工具"④。

(3)理性的内容。在《乡村建设理论》中,梁漱溟认为:"教化、礼俗、自力三者内容皆为理性。"什么是教化? 什么是礼俗? 什么是自力呢? 梁漱溟认为:"所谓自力,即理性之力。礼必本乎人情;人情即是理性。故曰:'礼者理也。'非与众人心里很契合,人人承认他,不能演成礼俗。至于教化,则所以启发人的理性:是三者总不外理性一物贯乎其中。"⑤

在《中国文化要义》中,梁漱溟从正反两个方面对理性的内容做出了界定。从正面,他认为,理性可以以清明安和四字来进行简单的概括,从反面,他说,"而显然与理性相违者,则有二:一是愚蔽偏执之情;一是强暴冲动之气。二者恒相因而至;而有一于此,理性即受到妨碍"⑥。即什么是与理性正相反对的,明白了什么是与理性正相反对,那也就会对理性有更深刻的认识。正如人们认识了"坏",就能从反面更深刻地认识到"好"一样。梁漱溟认为,与理性正相反对的就是"愚蔽偏执之情"与"强暴冲动之气"。

在《理性与理智之分别》一文中,梁漱溟对儒家之理性主义进行了总结。他认为,"儒家假如亦有其主义的话,应理就是'理性主义'"⑦。这种理性主义从孔子到孟子再到王阳明,一脉相承。"儒家独具之精神,就在他相信人有理性,而完全信赖人类自己。"⑧

此外,梁漱溟还从礼乐教化、民族精神等方面来说明理性的内容。如他

---

① 梁漱溟:"中国文化要义",载中国文化书院学术委员会:《梁漱溟全集(第三卷)》,山东人民出版社 2005 年版,第 135 页。

② 梁漱溟:"精神陶炼要旨",载中国文化书院学术委员会:《梁漱溟全集(第五卷)》,山东人民出版社 2005 年版,第 504 页。

③ 梁漱溟:"中国文化要义",载中国文化书院学术委员会:《梁漱溟全集(第三卷)》,山东人民出版社 2005 年版,第 126 页。

④ 同上,第 307 页。

⑤ 梁漱溟:"乡村建设理论",载中国文化书院学术委员会:《梁漱溟全集(第二卷)》,山东人民出版社 2005 年版,第 181 页。

⑥ 同上,第 112 页。

⑦ 梁漱溟:"理性与理智之分别",载中国文化书院学术委员会:《梁漱溟全集(第六卷)》,山东人民出版社 2005 年版,第 422 页。

⑧ 同上,第 422-423 页。

说:"礼乐教化的内容即理性,人类得救一定得靠理性。"①"理性的内容就是伦理与人生向上的精神此亦是中华民族的精神。"②

(二)传统中国礼与理性的关系

对于传统中国来说,从宽泛意义上来说,起着西方民法、行政法,乃至宪法作用的是礼,所以传统中国的法律主要是礼法。谈传统中国法律与理性的关系主要是谈礼或礼俗与理性的关系。

在传统中国,礼俗与理性之间的关系,可从直接关系、间接关系两个不同的视角进行探讨。

从直接关系而言梁漱溟认为,理性是贯穿于礼俗之中的,甚至在某种意义上可以说,礼俗就是理性。他在《中国文化要义》中说:

"道德、礼俗、教化,是辗转循环互为影响,三者无一定先后之序,而有贯乎其中者,则理性是已。理性,宽泛言之,就是人们的心思作用,狭义则指人心所有之情义。道德之自觉自律,舍心思作用则无可能,舍情义之感则不能生动有力。礼俗当其既成,在普通人未必还有多少自觉,又隐然有其威力,在普通人似亦难语于自律。然论其所由形成,则固自有其为社会众人所共喻共信者在,这便是理性了。"③

对于礼俗与理性的直接关系,也有学者总结为:"礼俗"就是以"理性"为价值标准和行为规范的社会风气、习惯,是带有普遍性和倾向性的"人心风俗"。因为"礼者理也",礼须藉"理"以为基础,礼必本乎人情,而人心又通此情,心又同此"理",故能演化成"俗"。当然,"礼俗只能通过教化来启发培植,而不能靠外力强制设立"④。

从间接关系而言梁漱溟认为,传统中国的法律即礼俗是由伦理本位、职业分途的社会构造决定的,而社会构造是由道德即周孔教化决定,而周孔教化又是由什么决定的呢? 是由理性。梁漱溟说:"儒家之所以出此,正因其有见于理性……"⑤"归根结蒂,一切一切,中国总不外理性早启文化早熟一个问题而已。"⑥

---

① 梁漱溟:"中国文化的特征在哪里?",载中国文化书院学术委员会:《梁漱溟全集(第五卷)》,山东人民出版社 2005 年版,第 703 页。

② 同上,第 707 页。

③ 梁漱溟:"中国文化要义",载中国文化书院学术委员会:《梁漱溟全集(第三卷)》,山东人民出版社 2005 年版,第 207 页。

④ 郑建功:"梁漱溟对中国问题特殊性的探究",载《浙江学刊》2007 年第 4 期,第 195 页。

⑤ 梁漱溟:"中国文化要义",载中国文化书院学术委员会:《梁漱溟全集(第三卷)》,山东人民出版社 2005 年版,第 136-137 页。

⑥ 同上,第 288 页。

第四节　礼:人类未来社会所必由

梁漱溟认为,近代西洋社会、传统中国社会都要走上礼的路,但双方走上礼的路径并不相同。近代西洋是由法律走上礼,而传统中国是由最初之礼走上最后之礼。

一、西方社会由法律走上礼

"此礼的路为人类未来社会所必由;——在近代法律制度后更进一阶段的文化便是礼。"①梁漱溟的这句话,可以说主要是针对近代西洋社会而言的。为什么梁漱溟会得出这样的结论呢? 主要有以下方面的原因。

第一,法律"以对物者待人"②,不得不废。法律是第一路向的文化即身的文化的产物,而身的文化是人对物的文化,将本是人与人之间的关系也以以人对物来对待、处理。作为文化一部分的法律也是如此,这非常不合理。所以梁漱溟说:"现在一般国家所行之法律制裁的方法,实以对物者待人,只求外面结果而不求他心与我心之相顺,粗恶笨硬,于未来社会全不适用;非以教育的方法及人种改良的方法替代之不可。此教育要在性情的陶养;那么,莫胜于中国的礼乐。所谓国家,将成为一教育的团体;而凡今之所谓政治,在那时大半倒用不着;法律制度悉变为礼。我前云:'在近代法律制度后,更进一阶段的文化便是礼';意即指此。"③

第二,由法律走上礼是由身的文化走上心的文化决定的。由前述分析可知,法律是第一路向的文化即身的文化的产物;而礼是第二路向的文化即心的文化的产物。梁漱溟认为,人类发展的规律是由第一路向的文化发展到第二路向的文化,即由身的文化发展到心的文化。而作为身的文化一部分与身的文化产物的法律也必然要随着身的文化走上心的文化一部分与心的文化产物的礼。

梁漱溟认为,西洋现在正处于由身的文化发展到心的文化的过渡期,其法律也正处于过渡到礼的阶段之中。其突出表现是近代西洋由个人本位、

---

①　梁漱溟:"我们政治上的第一个不通的路——欧洲近代民主政治的路",载中国文化书院学术委员会:《梁漱溟全集(第五卷)》,山东人民出版社 2005 年版,第 165 页。

②　同上,第 170-171 页。

③　同上。

权利本位转向社会本位、义务本位。梁漱溟说,"西洋言法律者,现在已转变到社会本位义务本位思想;以为人只有其一种'社会职能'和为国家应服之务,而无所谓自由权与公民权的'权利'。因此,法律的内容最初是义务,其后是权利,最后乃复返于义务。此其意向盖已颇接近于我们"。①

二、中国社会由最初之礼走上最后之礼

梁漱溟认为,中国走上礼的道路与西方不同,中国是"径从最初之礼以进于最后之礼"②。

传统中国社会秩序维持主要靠最初之礼。梁漱溟认为,传统中国社会是伦理本位的社会,形成的是一种伦理秩序,这种伦理秩序,

"它是一种礼俗,它是一种脱离宗教与封建,而自然形成于社会的礼俗。……即此礼俗,便是后二千年中国文化的骨干,它规定了中国社会的组织结构,大体上一直没有变。举世诧异不解的中国社会史问题,正出在它身上。所谓历久鲜变的社会,长期停滞的文化,皆不外此。"③

那么礼俗为什么能"大体上一直没有变"? 梁漱溟认为,"礼俗本来随时在变的,其能行之如此久远者,盖自有其根据于人心,非任何一种势力所能维持。正如孟子所说'圣人先得我心之所同然'……"④。这就是中国最初之礼。中国最初之礼,并非完美完善之礼,因为它还是要依靠作为身的文化产物的法律,在中国主要是刑罚,作为其实施的最后保障,所谓"出礼入刑"即是指此。

未来中国社会秩序维持要靠最后之礼。所谓最后之礼,首先,是指由正常心的文化决定之礼。梁漱溟指出,传统中国虽然走的是第二路向的文化即心的文化,但中国人是在第一路向问题尚未完全解决的情况下走上第二路向文化的路,因而中国是"理性早启"、"文化早熟",表现在文化上就是既幼稚却又早衰。这样一种文化状态下决定的礼,也就不能是正常状态下的礼,只能是最初之礼,即包含了身的文化特征的礼,也就是前述需"出礼入刑"之礼。最后之礼,应是一种正常心的文化决定的正常之礼,即只含有道德内容,而不含有法律内容之礼,此即梁漱溟所称的最后之礼。

中国由最初之礼走上最后之礼的道路是由中国国情决定的。梁漱溟认

---

① 梁漱溟:"我们政治上的第一个不通的路——欧洲近代民主政治的路",载中国文化书院学术委员会:《梁漱溟全集(第五卷)》,山东人民出版社 2005 年版,第 165 页。

② 同上。

③ 梁漱溟:"中国文化要义",载中国文化书院学术委员会:《梁漱溟全集(第三卷)》,山东人民出版社 2005 年版,第 119 页。

④ 同上。

为,传统中国是在第一路向文化问题即身的文化问题尚未解决情况下直接进入第二路向即心的文化路向,导致中国文化幼稚、早衰,导致中国遭遇第一路向文化的近代西洋遭受全面失败。中国文化的出路并不在由第二路向返回第一路向,而在于如何坚持第二路向前提下,补好第一路向的课,最后完善第二路向。作为心的文化一部分与被心的文化决定的礼,也只能跟随文化走,只能由最初之礼走上最后之礼。

中国由最初之礼走上最后之礼,必须要注意三个方面的问题。第一,无论是最初之礼还是最后之礼,其根在礼,而礼的根又在理性、在伦理道德,在心的文化。这无论是最初之礼还是最后之礼,都必须坚持的。第二,中国由最初之礼走上最后之礼,必须克服最初之礼的缺陷。如,中国最初之礼要靠作为刑的法律做保障,以后则要废除。正如梁漱溟所言,"刑赏是根本摧残人格的,是导诱恶劣心理的,在以前或不得不用,在以后则不得不废","以后既不用统驭式的法律而靠着尚情无我的心理了"①。第三,中国由最初之礼走上最后之礼,必须吸收身的文化的优点,即借鉴吸收近代西洋文化优点。如借鉴吸收近代西洋团体生活、民治、法治等方面的优点。这是中国补第一路向文化即身的文化之课所必须。

① 梁漱溟:"东西文化及其哲学",载中国文化书院学术委员会:《梁漱溟全集(第一卷)》,山东人民出版社 2005 年版,第 522 页。

第六章　梁漱溟新儒家法律思想的特点与局限

第一节　梁漱溟新儒家法律思想的特点

梁漱溟作为新儒家的开山鼻祖,其新儒家法律思想必然深深带有新儒家的烙印,所以探讨梁漱溟新儒家法律思想的特点,首先就得从新儒家视角进行分析。其次,梁漱溟新儒家法律思想的内容是其文化思想的重要组成部分,是其文化思想的产物。而对法律与文化关系进行探讨,是西方一些法学流派、法学家也曾进行过的工作,并且取得了辉煌的成就。在与这些西方法学家相关思想比较下去认识梁漱溟的新儒家法律思想特点,将会克服"不识庐山真面目,只缘身在此山中"的缺陷。所以本书主要从新儒家视角、从与西方法学家相关思想比较视角两个方面研究梁漱溟新儒家法律思想的特点。这些特点可归纳为文化决定论、中体西用论、保守性、理想性四个方面。以下详细论述梁漱新儒家法律思想的这四个特点。

一、文化决定论

文化决定论的特征主要体现在以下方面:

第一,梁漱溟是一个文化决定论或者说"文化至上主义"者[1],在梁漱溟看来,文化是任何事物的最后决定因素,因而其新儒家法律思想当然也无例外地要被文化所决定。

首先,梁漱溟的非法律思想是由文化思想所决定的。以乡村建设为例,一方面,在乡村建设中虽然也谈到了经济问题、政治问题、社会组织等问题,但其起点是文化问题,解决问题的根本途径也是文化问题。为什么要进行乡村建设运动?因为近代以来中国最大的问题是文化失调的问题,而传统

---

[1]　郑大华:"梁漱溟对中国文化的认识与探索",载《北京师范大学学报》1988 年第 6 期。

中国文化的根在农村,要解决文化失调的问题,当然要从乡村建设做起。另一方面,经济问题、政治问题、社会组织等问题在梁漱溟看来,归根结底,那就是文化问题。

其次,梁漱溟法律思想是由其文化思想所决定的。他认为文化包括物质、精神与社会三个方面,法律主要属于社会方面。因而法律直接属于社会文化的一部分,归根结底属于物质文化、精神文化与社会文化所组成的文化类型或者说文化精神的一部分。当他谈传统中国法律思想时,其实谈的是传统中国文化的一部分,当他谈西方法律思想时,其实他谈的是西方文化的一部分。理所当然,当他谈新儒家法律思想时,其实他谈的是新儒家文化的一部分。法律最终是由文化决定的,法律是文化的一部分。这是梁漱溟法律思想的共同特点。

第二,法律被文化所决定,在梁漱溟那儿,也是有其内在逻辑与历史发展过程的。

作为保守主义的梁漱溟,仍然认为近代以后的中国还是应该像传统中国一样,社会秩序的维持主要靠礼俗,法律仍然只是礼俗的补充,而不能像西方一样,法律取代礼俗成为维持社会秩序的主要手段。更深一层,这是由人生态度与文化方向所决定的。在梁漱溟的理论中,近代西方是意欲向前的第一路向的文化,决定了其社会秩序的维持是西方式的法律,这也可以说是身的文化决定了西方式的法律;而传统中国乃至近代以后的中国,都是意欲调和持中的第二路向的文化,这决定中国社会秩序的维持是礼(俗)而非法律,这也可以说是心的文化决定了传统中国的礼俗。既然近代以后传统中国文化路向不变,那作为被决定的维持社会秩序的礼俗当然不能变。但近代中国社会结构崩溃、文化失败,什么原因?怎么解决?在梁漱溟看来,这是传统中国文化早启、理性早熟种下的弊病,需要调理,变成文化正常、正常理性。而作为被其决定的礼俗,则要与之相适应,变成新礼俗。

第三,与韦伯的相关理论进行比较,我们将会对梁漱溟的文化决定论认识得更为清楚。

从某种意义上说,梁漱溟与韦伯都属于文化决定论者。不同的是,梁漱溟认为文化是唯一的决定因素,除此之外,别无其他因素。而韦伯与之不同,韦伯认为文化是决定因素,但只是决定因素中的一个而已。不同的事物,其背后的决定因素各不相同。因而他更多谈的是"选择性亲近"关系。①

---

① 〔德〕马克斯·韦伯:《新教伦理与资本主义精神》,阎克文译,上海人民出版社 2012 年版。

梁漱溟与韦伯一样,在开展自己的研究前,都是根据一些历史现象,抽象出一个"理想型"概念,然后再根据这个概念去检验事实。这有点像我们现在经常所说的"根据事实提出假设,然后根据假设验证事实"。而且梁漱溟与韦伯在此过程中,都有一个异质性的比较。不同的是,梁漱溟是站在中国文化的立场来看西方文化,而韦伯是站在西方文化的立场来看中国文化。同样运用"理想型"方法,立场不同其结论完全不同。这在某种意义上也是文化决定论的一个非常重要方面。"韦伯对中国法律传统的评估,既非立足于中国的法律史,也非立足于中国文化的内在理路,而是在论证西方宗教伦理——新教伦理(即文化气质)与资本主义生产方式产生的内在关系的整体框架下,把中国文化、法律当作异质于西方的'另一类'理想类型而立论的。"①同理,梁漱溟对近代西方法律的评估,既非立足于西方的法律史,又非立足于西方文化的内在理路,而是在论证传统中国文化与社会的内在关系的整体框架下,把西方文化、法律当作异质于传统中国的"另一类"理想类型而立论的。这在《中国文化要义》一文中表现得相当明显。但对中国的法律传统的评估则不然了,它是传统中国文化与社会内在关系整体框架下的产物。是梁漱溟本身要重点论述的一个内容。

第四,具体而言,梁漱溟新儒家法律思想被文化所决定,主要体现在以下方面。

在梁漱溟看来,法律是由文化决定的。梁漱溟新儒家法律思想,主要体现在"人治的多数政治"思想、"建设新礼俗"思想和"礼的路是人类社会必由"思想之中。"人治的多数政治"思想或"多数政治的人治"思想是由传统中国的人治与近代西洋的民治相结合的新文化所决定的。"新礼俗"思想主要是由中国传统文化的"伦理情谊、人生向上"的民族精神与西方"团体组织"社会结构结合的新文化所决定的。而"礼的路是人类社会所必由"思想,是西方由第一期文化走向第二期文化,中国由第二期文化早熟走上正常所决定的。所有这些都体现了一个共同特点——文化决定论。

二、中体西用论

(一)"中体西用"思想的发展历程

"中体西用","是一个有深刻时代烙印的命题"②。它最早可溯源至鸦片

---

① 陈景良:"反思法律史研究中的'类型学'方法——中国法律史研究的另一种思路",载《法商研究》2004 年第 5 期,第 138 页。

② 陈旭麓:"论'中体西用'",载《历史研究》1982 年第 5 期,第 39 页。

（三）梁漱溟思想的"中体西用"性

将"中体西用"理解为以中学为本、为主，以西学为末、为辅，则现代新儒家思想属于"中体西用"的思想是没有任何疑义的。因为现代新儒家正是以传统中国儒学思想为本、为主，以西方思想为末、为辅来构建自己新的思想体系的。①

现代新儒学思想具有"中体西用"性，则作为现代新儒学开山祖的梁漱溟的新儒学思想也必然具有"中体西用"性。对此，贺麟有评价：梁漱溟"一面重新提出儒家的态度，而一面主张全盘接受西方的科学和民主，亦未完全逃出'中学为体，西学为用'的圈套"。② 这主要表现在梁漱溟在《东西文化及其哲学》中的论述。在书中，梁漱溟说："第一，要排斥印度的态度，丝毫不能容留；第二，对于西方文化是全盘接受，而根本改过，就是对其态度要改一改；第三，批评的把中国原来态度重新拿出来。"③"梁漱溟所谓把'中国原来的态度重新拿出来'，即是把儒家的人生哲学拿来作为'体'；所谓对西方态度根本改过，仍只是把近代西方的民主科学拿来作为'用'，这实际上并未完全逃出'中体西用'的框架和思路。"④方克立认为，"五四"后以梁漱溟为代表的东方文化派是二十世纪中体西用派的著名代表，"梁漱溟的'三路向'的文化观就是一种新的中体西用论。"⑤曹跃明在其《梁漱溟思想研究》一书中认为，梁漱溟的思想运用的是"中体西用"的思维模式。⑥

---

① 之所以会对现代新儒学思想是否为"中体西用"思想有不同看法，主要是对"中体西用"的涵义有不同看法。正是在此种意义上，殷海光和何晓明等人把现代新儒家排除在中体西用派之外。详见胡菊香、欧阳询："试论现代新儒家的中体西用思想"，载《怀化学院学报》2007 年第 12 期。郭齐勇、龚建平则认为，中国文化当然是以中国本身的文化为本位，但在这个前提下则可以发展出"西体中用"、"中体西用"。但就梁漱溟本人的思想而言，他似乎是立足于两者之间的"以中国文化为本位"的"中西互为体用"说。详见郭齐勇、龚建平：《梁漱溟哲学思想》，北京大学出版社 2011 年版，第 158 页。也有学者认为，套用体用范畴来说，生活态度是体而文化面向是用。有怎样的体就有怎样的用，有怎样的生活态度就有怎样的文化面向。所以，在不改变生活态度的前提下，企图兼容西方文化的优点——科学与民主——是不可能的。在"中体西用"的前提下搞中西文化调和是注定要失败的，因为"中体西用"实际上是在"中体"的基础上实现"中用"与"西用"的调和。详见崔雅琴："梁漱溟文化哲学的现代性立场"，华东师范大学中国哲学专业 2004 年硕士毕业论文。

② 贺麟：《五十年来的中国哲学》，商务印书馆 2002 年版，第 11 页。

③ 梁漱溟："东西文化及其哲学"，载中国文化书院学术委员会：《梁漱溟全集（第一卷）》，山东人民出版社 2005 年版，第 528 页。

④ 贾可卿："梁漱溟乡村建设实践的文化分析"，载《北京大学学报（哲学社会科学版）》2003 年第 1 期，第 120 页。

⑤ 方克立："评'中体西用'和'西体中用'"，载《哲学研究》1987 年第 9 期，第 33 页。

⑥ 曹跃明：《梁漱溟思想研究》，天津人民出版社 1995 年版。

（四）梁漱溟新儒家法律思想的中体西用性

梁漱溟思想运用的是"中体西用"的模式，或者说梁漱溟思想具有"中体西用"性，则作为其思想重要组成部分的法律思想也必然具有"中体西用性"，或者说其法律思想也必然运用了"中体西用"的思维模式。具体表现为：梁漱溟在探索新儒家法律思想时，以传统中国的法律思想为体，以近代西洋的法律思想为用，实现二者的融合，体现了中体西用的特色。

首先，以传统中国的法律思想为"体"。传统中国的法律与文化是一种什么关系？传统中国法律是由第二路向"心的文化"、"伦理本位、职业分途"的社会构造、理性所决定的以义务为本位的礼俗；当然这种礼俗对第二路向"心的文化"、"伦理本位、职业分途"的社会构造、理性又起着巩固与推进的作用。在探索新儒家法律思想时，梁漱溟认为，新儒家法律应是新礼俗。而这种新礼俗是建立在传统中国旧礼俗基础之上的，它应"是心性或精神的外化，是心性或精神发为事功的结果，是内圣'开出'的外王"[①]。这显然与西方建立在"计较心"基础之上的法有本质区别。中国未来的文化应仍然是第二路向"心的文化"、"伦理本位、职业分途"的社会构造、理性的文化，但通过返本开新，这种文化重新焕发了活力，具有了新的生命力，保留了固有精神，而又剔除了其缺陷。

其次，以近代西洋的法律思想为"用"。近代西洋的法律与文化是一种什么关系？近代西洋法律是由第一路向"身的文化"、"个人本位、阶级对立"的社会构造、理智所决定的以权利为本位的法律；当然这种法律对第一路向"身的文化"、"个人本位、阶级对立"的社会构造、理智又起着巩固与推进的作用。说以近代西洋的法律思想为"用"，是指在坚持礼俗、第二路向"心的文化"、"伦理本位、职业分途"的社会构造、理性为体的基础上，吸收近代西洋法与文化中的民治、民主、团体、科学等方面的长处。

最后，实现二者的融合。在梁漱溟看来，通过中体西用，亦即通过以传统中国法律思想中的固有精神为体，以近代西洋法律思想中的长处为用，就能实现中西长处的融合，就能建立新儒家法律的社会秩序。

三、保守性

作为近代三大思潮中文化保守主义代表人物的梁漱溟，其新儒家法律思想的保守性是非常明显的。他保守的内容是儒家的学说与传统儒家的生

---

① 喻中："新儒家的法治观念：贺麟对法治的想象与期待"，载《学术月刊》2010年第8期，第63页。

活、政治、心灵等秩序。保守的方式体现在中体西用、返本开新上。具体而言：

（1）乡村组织不取法律上个人本位权利观念，而从固有伦理互以对方为重的精神发挥。梁漱溟说："在乡村组织中，不取近代法律上的个人本位权利观念，而从固有伦理互以对方为重的精神去发挥，各自认识其应尽之义，并认识社会连带关系，人生互依之义。这样，不使人各去争执自己的利益，而引人在社会出路中求得自己的出路。"①这就是梁漱溟对待传统法律的态度，不仅不否认传统法律，而且在乡村建设中，就以传统法律即礼去组织社会，维护社会秩序。

（2）"人治的多数政治"，是能代表梁漱溟如何在法律问题上以中体西用的方式实现返本开新的经典体现。这体现了梁漱溟对传统法律思想从根本上是保守的，坚持传统的礼治、人治；但在具体方式上又是开放的，吸收西方的多数政治，即法治的优点。这是梁漱溟与顽固派的保守主义最大不同之处。

（3）在《中国民族自救运动之最后觉悟》中，梁漱溟提出了"礼的路为人类未来所必由"，对于未来共产主义的设想，梁漱溟说："今虽未之见，却可能有之，那就是未来的共产社会。那时将是有社会而无国家，有礼俗而无法制。"②他也说："社会发展的前途，是要从阶级统治的国家，转到阶级消灭而国家消亡的。国家消亡是什么呢？那即是代表强力统治的法律、法庭、警察、军队的消亡而已。"③"未来的文化必将以礼乐代刑罚（或刑赏），是可以断言的。"④

亦即以社会结构发展为视角，从阶级国家到无阶级的社会，这是共产主义和梁漱溟所认为的必然趋势，因而阶级国家所适用的法律、法庭、军队、警察消亡也就理所当然。那在无阶级的社会里，用什么来维持社会秩序呢？梁认为当然是礼乐，是儒家礼乐的复兴。因为儒家礼乐本来就是来自于社会，用来维护社会秩序的，而不是国家秩序的。但由于中国文化早熟，在世界文化还没有从阶级国家发展到无阶级的社会时，就用了礼乐，因而不能不靠法（刑法）来对其进行确认与保障，而当真正没有了国家，只有了社会后，

---

① 梁漱溟："答乡村建设批判"，载中国文化书院学术委员会：《梁漱溟全集（第二卷）》，山东人民出版社 2005 年版，第 654 页。

② 梁漱溟："人心与人生"，载中国文化书院学术委员会：《梁漱溟全集（第三卷）》，山东人民出版社 2005 年版，第 686 页。

③ 梁漱溟："我对人类心理认识前后转变与不同"，载中国文化书院学术委员会：《梁漱溟全集（第七卷）》，山东人民出版社 2005 年版，第 136 页。

④ 同上，第 137 页。

只是礼乐而没有法律就会成为维持社会秩序的唯一手段。这显然是一种保守主义的态度。是从儒学礼乐复兴的角度来看待问题。

除了从保守主义与自由主义、激进主义的思潮进行比较的视角进行研究外,还可以另外从不同视角进行研究。

梁漱溟的新儒家法律思想的保守性,还可通过与西方保守主义法学流派或保守主义法学思想家的相关思想的比较进行研究。在此方面,比较典型的是德国历史法学派萨维尼的思想。

萨维尼认为,"法律和语言一样,没有绝对中断的时候;它也像民族的其他一般习性一样,受着同样的运动和发展规律的支配;这种发展就像其最初阶段一样,按照其内部必然性的法则发展。法律随着民族的发展而发展,随着民族力量的加强而加强,最后也同一个民族失去它的民族性一样而消亡……"[1]法律不是立法者武断意志的产物,而是"由内部的默默起作用的力量形成的"[2]。"从某一视角来看,法律并无什么可得自我圆融自洽的存在,相反,其本质乃为人类生活本身。"[3]总之,萨维尼认为,法律的本质是民族的生活本身,是民族精神的体现,法律是发现的而非制定的。梁漱溟的思想与其何其的相似。梁漱溟认为,法律是文化的一部分,而文化是一个民族的生活样法。梁漱溟也认为,法律不是制定的,而是对已成事实的确认。这个已成事实是什么?是礼俗、是社会结构,说到底也是民族精神。

另外,英美法系霍姆斯大法官说:"法律的生命从来不是逻辑,而是经验。"[4]孟德斯鸠说:"如果一个国家的法律竟能适合于另外一个国家的话,那只是非常凑巧的事。"[5]这些论述也可对照显现出梁漱溟新儒家法律思想的保守性。

当然,文化决定论、中体西用论已经很明显地体现了梁漱溟新儒家法律思想的保守性。与此相关联的论述,学界较多。如谢晖认为,梁漱溟是文化决定论的法治保守主义者,梁漱溟"认为中国文化的特质是礼教型的,它不可能胎生出法治来,同时,相沿成习的文化传统也是极难改变的,因此,当渐

---

① Friedrich Carl Von Savigny ,The Vocation of Our Age for Legislation and Jurisprudence, Littlewood & Co. Old Bailey,1831:29.

② 同上,第 30 页。

③ [德]弗里德里希·卡尔·冯·萨维尼:《论立法与法学的当代使命》,许章润译,中国法制出版社 2001 年版,第 24 页。

④ Oliver Wendell Holmes, Jr. , The Common Law, Harvard University Press,1963:7.

⑤ [法]孟德斯鸠:《论法的精神》(上册),张雁深译,商务印书馆 1959 年版,第 7 页。

进变革"。① 郑大华认为,梁漱溟是一个典型的文化保守主义者,其文化保守主义主要体现在:"(1)虽然也承认中国文化还有不如西方文化的地方,但在总体上则认为中国精神文化比西方物质文化优越;(2)虽然也批判传统文化,但这种批判是以维护为其前提的;(3)虽然也不反对引进西学,但这种引进必须以中国文化为本位、为主体,实现'中体西用'式的折衷调和。"②

总之,梁漱溟的新儒家法律思想是由新儒家文化决定的。由于其新儒家文化思想具有保守性,因而其新儒家法律思想也必然带有保守性。

四、理想性

所谓理想性,是指梁漱溟关于新儒家法律思想的主张与设想都极具理想化。梁漱溟的新儒家法律思想是其整体上的新儒家文化思想的一部分,是由其整体上的新儒家文化思想所决定的。梁漱溟整体上的新儒家思想的理想性体现为:它并不主要是对汉代以来"罢黜百家,独尊儒术"的政治儒学、社会儒学、实践儒学的继承与创新,而主要是对周公孔孟原始儒学的继承与创新。周公孔孟原始儒学本来就具有很大的理想性,在孔孟所处的"礼崩乐坏"的时代没有真正实现过,就是在奉行儒术的汉以后的传统中国也没有真正原汁原味地实现过。周公孔孟的原始儒学为什么在传统中国不能原汁原味地真正实现? 就是因为其太具理想性。一是统治者主观上不愿意去全部实现它。因为原始儒学固然有对统治者维护的一面,但更多的是对统治者的约束与限制,如周公强调以德配天,孔子强调为政以德,孟子认为可以放逐暴君。二是经济社会发展的条件限制也不可能全部实现它。当然也有其他方面的原因。于是形成了以下事实:周公孔孟的原始儒学在很大程度上保持在了传统中国的表达层面,而在实践层面却是董仲舒等一些披着儒学外衣的学者官僚们的非原始儒学思想在流行。也正因为如此,梁漱溟认为传统中国一直在践行的儒学并不是真正意义上的儒学,真正意义上的儒学只存在周公孔孟那儿,后世没有人真正实现过它。梁漱溟所创立的现代新儒学就是恢复周公孔孟的原始儒学,然后以此为基础来创立现代新儒家思想。由于前提与基础的理想性,决定了梁漱溟现代新儒家思想的理想性。同时,梁漱溟作为一个思想家,虽然也有很多实践自己思想的行动,但毕竟其行动还是以其思想为前提的。由于其思想具有理想性,因而其行动也只能是为实现理想而奋斗,其行动的实效就不明显。正因如此,在《中国文化要义》的"自序"中他说:"我终是一个思想的人而非行动的人,我当尽力

---

① 谢晖:"法治保守主义思潮评析——与苏力先生对话",载《法学研究》1997 年第 6 期,第 51 页。
② 郑大华:《梁漱溟与胡适——文化保守主义与西化思潮的比较》,中华书局 1994 年版,第 3 页。

于思想而以行动让诸旁人。"①

具体而言,梁漱溟新儒家法律思想的理想性主要表现在以下方面:

首先,关于"人治的多数政治"思想或"多数政治的人治"思想。人治强调"为政在人"(《论语·为政》),实际上是为政在君,为政在统治者。而民治强调的是为政在民、为政在法。人治往往是事发后再由君主、统治者便宜处理,不同的君主、统治者对同样的事情,处理的结果可能完全不同。而民治是事前就制定法律,对事情的处理严格按照法律来办。事情没发生以前,对其权利义务就规定得清清楚楚明明白白,不同统治者根据同样的法律处理同样的事情,结果不会有太大的出入。

人治与民治最大的区别并不在于社会治理中有无人或法的因素。因为人治社会中也会有法律,民治法治社会中也离不开人的主观能动性的发挥。人治与民治法治的最大区别应该在于,"当法律与当权者的个人意志发生冲突时,是法律高于个人意志,还是个人意志凌驾于法律之上,或者说,是'人依法'还是'法依人'"。②"人依法"当然就是法治,"法依人"则是人治。同一社会既是人治又是法治,这在理论上不成立,在人类实践中也未曾出现过。

梁漱溟"人治的多数政治"思想或"多数政治的人治"思想,归根结底还是强调人治,所以实质上他是以"人治"为主、"民治"为辅的一种政治设想。试图将必然矛盾的人治与民治两个思想混合在一起,其理想性不言而喻。

其次,关于新礼俗的思想。新礼俗是想将中国的伦理情谊与西方团体组织的结合作为其文化根基,而伦理情谊必然要重视家庭,团体组织必然要轻视家庭,这两者是矛盾的。从乡村入手、从理性中求新礼俗所追求的新的社会组织构造,在高度工业化、信息化的今天看来,具有高度理想化。

最后,礼的路为人类社会所必由。任何理论都有其终极的理想追求。如果说传统中国儒家理论终极的理想追求是"大同社会",法家理论的理想追求是"以刑去刑,消灭犯罪",共产主义理论终极理想追求的是"实现共产主义的社会制度",那么作为现代新儒家的梁漱溟在其新儒家法律思想中终极理想追求的目标就是"礼的路为人类社会所必由"。

总之,上述四个方面,都说明梁漱溟新儒家法律思想所追求的只是一种理想的图景。

但是需要引起我们注意的是,在某种意义上可以说,梁漱溟的现代新儒家法律思想正因为其理想性,而具有终极意义的价值。梁漱溟实质上是从

① 梁漱溟:"中国文化要义",载中国文化书院学术委员会:《梁漱溟全集(第三卷)》,山东人民出版社 2005 年版,第 4 页。

② 郭道晖:《民主·法制·法律意识》,人民出版社 1980 年版,第 27 页。

心性儒学的视角出发来解决社会问题，而非是从政治儒学或社会儒学视角出发解决社会问题。这是梁漱溟儒学思想的一个重要特点。研究梁漱溟新儒家法律思想时，尤其需要把握这一点。也正是如此，梁漱溟的新儒家法律思想具有很大的理想性，但正是这种理想性吸引人们不断去探索、追寻。这正像公平、正义等价值在现实生活中很难实现，但人们千百年来要不断地去追求。在这种意义上，梁的思想也如柏拉图的《理想国》一样，具有空想性，但又有终极意义的价值。

第二节　梁漱溟新儒家法律思想的局限

"不识庐山真面目，只缘身在此山中"，单纯从保守主义的内部视角来看梁漱溟新儒家法律思想，是比较困难的。但如果换一个视角，从激进主义、自由主义的外部视角来看作为保守主义的梁漱溟的新儒家法律思想的局限，就一目了然。

一、从激进主义视角看梁漱溟新儒家法律思想的局限性

激进主义与保守主义的区别主要表现为：激进主义重视事物发展的普遍性，而保守主义重视事物发展的特殊性；激进主义重视事物发展的质变，而保守主义重视事物发展的量变；激进主义重视事物发展的跳跃性，保守主义重视事物发展的连续性；激进主义重视矛盾的斗争性，保守主义重视矛盾的同一性。过于重视保守的一面，而忽视激进的一面，这就是梁漱溟新儒家法律思想的局限。具体表现为：

第一，过于注重特殊性，忽视普遍性。

任何事物都具有特殊性与普遍性两个方面，是特殊性与普遍性的统一。但梁漱溟在论述新儒家法律思想时，与其其他理论一样，过于注重中国的特殊性，而忽略了近代西洋法律思想、传统中国法律思想、新儒家法律思想之间的普遍性。因而，他认为中国不能学习苏联，出现了《我们政治上的第二个不通的路——俄国共产党发明的路》中错误的结论。其乡村建设的失败，这也是重要原因。

第二，过于注重量变，忽视质变。

梁漱溟认为，近代中国要救亡图强。在法律方面，无论是国家治理的方式、社会秩序的维护，还是人类的未来前途，都应该建立在量变的基础之上，

而忽视质变。对国家治理方式,强调"人治的多数政治",即必须以传统的人
治为前提与基础,然后再加入西方民治法治的因素,人治是主民治法治是
辅。对社会秩序的维护,强调的还是传统的礼俗,只不过将其发展为新礼
俗,从来没有考虑将近代以来出现的法律作为维护社会秩序的主要手段。
在人类发展的未来前途方面,认为"礼的路为人类未来社会所必由",这仍然
是传统中国"礼"量变的结果。

第三,过于注重连续性,忽视非连续性。

这主要体现在梁漱溟构建新儒家思想包括新儒家法律思想"返本开新"
的特性的"返本"中。"返本"在梁漱溟这儿,就是以传统儒家思想作为近代
中国救亡图存的路径。不仅如此,梁还要以传统儒家思想作为人类最近的
将来发展的路径,也认为"礼的路为人类未来社会所必由"。从法律角度而
言,梁漱溟认为近代以后中国的法律发展,也必须传承传统中国的礼治之
路,继续以"礼"作为维护社会秩序的根本手段。而对于以权利为本位的法
律,则认为不适合中国的国情,传统中国没有出现过这种维护社会秩序的手
段,即使近代以后的中国学习西方过程中引进来了,也只能纳入到"人治"、
"礼"的体系中来,而不能让"法治"代替"人治",让"法"代替"礼"。这正是重
视中国法律发展过程中的连续性,而忽视其非连续性的表现。

二、从自由主义视角看梁漱溟新儒家法律思想的局限性

自由主义强调权利、自由、民主、个人本位,而作为保守主义的梁漱溟则
强调伦理义务、伦理秩序、伦理本位。从两者的区别中,显现出梁漱溟新儒
家法律思想的局限性。

第一,过于强调伦理义务,严重忽视法律权利。

梁漱溟说:"取法而遗情,重律而忽礼,则中国问题永无解决之日,中国社
会仍无匡复之期矣!"[①]在这里对待传统中国法律,梁漱溟的保守态度已非常
明显了。从根本上讲,以后中国只能用传统中国的礼,而不能用西方的法。

在梁漱溟的新儒家法律思想中,梁漱溟以伦理义务作为建设新礼俗的
前提与基础。这当然同他以农业、农民为根基重建传统中国文化紧密联系
在一起。但近代以来的中国社会发生了根本性的变化,已经不再是传统意
义上的农业社会,中国已经向工商社会在转变,虽然在当时还不是特别明
显,但这种转变的趋势却是不容怀疑的。在这样的情况下,过于强调农业社
会下的伦理义务,严重忽视工商社会下的法律权利,就是一个明显的缺陷。

---

① 梁漱溟:"中国之地方自治问题",载中国文化书院学术委员会:《梁漱溟全集(第五卷)》,山东
人民出版社 2005 年版,第 328 页。

第二,过于强调秩序,严重忽视自由。

一方面,没有团体组织,梁漱溟认为这是传统中国的真欠缺。但另一方面,他又认为"我们确认中国今后之团体生活,仍须接续中国过去情义礼俗之精神。如不此之图,而欲移植西洋权利法律之治具于此邦,则中国社会人与人之间之关系问题,团体组织新习惯之养成问题,必永无解决之希望!"①也就是说梁漱溟认为,在坚持传统伦理本位社会结构的同时,引进西方的团体生活。与之相适应,在坚持传统中国礼俗作为维护社会秩序的手段同时,也引进西方的法律。也因此,他提出的"人治的多数政治",是与其伦理本位与团体生活相结合的社会结构相对应的。但一定要注意,在其中伦理本位、礼俗是第一位的,团体生活、法律(多数政治)是第二位的。

梁漱溟新儒家法律思想中的"人治的多数政治"思想、建设新礼俗、礼的路为人类未来社会所必由思想等都是以建立一套传统儒家文化秩序为目标的,在其中自由的思想是忽略的。如果说在"人治的多数政治"思想中还有那么一点自由思想的话,它也是次要的,它强调更多的是人治,而非自由。

第三,过于强调伦理本位,严重忽视个人本位。

梁漱溟说:"在乡村组织中,不取近代法律上的个人本位权利观念。"②在《我们政治上第一个不通的路——欧洲近代民主政治的路》中,梁漱溟明确指出,近代以来的中国要想挽救自己民族危亡的命运,绝不能走近代西方的权利至上的民主法治之路。其中的重要原因还在于,西方的权利至上的民主法治之路"是要权操自多数人的,所以又称多数政治。要由多数人造成秩序(宪法及一切其他制度法律等),要由多数人来维持他,但中国的政治革新,却是出于少数知识分子所做的摹仿运动,在大多数人全然无此要求的。"③也就是说西方的以权利为本位的宪法及其他法律制度等,是西方社会中多数人的真切需要,而在近代中国社会,它只是少数知识分子作为一种救亡图强的工具而已。所以它是对西方宪法及其他法律制度功能的一种误读。

梁漱溟认为伦理本位是中华民族精神的重要内容之一,所以梁漱溟的新儒家思想当然包括新儒家法律思想建立的前提之一,就是保持与复兴传统的伦理本位思想。因而不要说个人本位,就是个人的多元主义思想与做

---

① 梁漱溟:"中国之地方自治问题",载中国文化书院学术委员会:《梁漱溟全集(第五卷)》,山东人民出版社2005年版,第325页。

② 梁漱溟:"答乡村建设批判",载中国文化书院学术委员会:《梁漱溟全集(第二卷)》,山东人民出版社2005年版,第654页。

③ 梁漱溟:"我们政治上第一个不通的路——欧洲近代民主政治的路",载中国文化书院学术委员会:《梁漱溟全集(第五卷)》,山东人民出版社2005年版,第140页。

法,这也是梁漱溟不能接受的。

三、梁漱溟新儒家法律思想的其他局限性

第一,"融合"实际上是简单"拼合"。

虽然梁漱溟提倡中体西用,希望中西能融合,但实质上只能是一种"拼合",即像水果拼盘一样,将中西的优点、长处简单拼凑在一起,不可能有真正融合。因为无论近代西方,还是传统中国的法律思想都有其固有发展逻辑,其优缺点是一体的,是同一事物的两个不同方面,只想取其优点,而忽略其内在的固有缺点,简单拼合中西,显然是不能成功的。也因此,其乡村建设虽然对认识中国传统、现代问题很有启示,对解决现实问题也有启示,但从一开始就注定其不会成功。在此方面,必须学习马克思主义的辩证唯物主义,既取其长,又注意其短,从正反两面来发展新儒家的法律才是正确出路。

第二,学术性不够。

梁漱溟新儒家法律思想的学术性不够,包含了两方面的内容。

一方面,梁漱溟包括新儒家法律思想在内的现代新儒家思想是建立在学术基础之上的,其本质上就是一种学术探讨。也就是说,梁漱溟现代新儒学思想,是建立在传统中国的儒学学术、理论基础之上的。具体而言,是周公、孔子、孟子、王阳明等思想基础之上,而不是建立在传统中国的儒学实践基础之上的,如汉代以来"罢黜百家,独尊儒术"的政治儒学。从根本上说,梁漱溟现代新儒家理论,最终只是一种学术的探讨,虽然也有乡村建设理论等实践,但其学术价值大于实践价值。而且如果再仔细探究,我们会发现,在学术中,其对"学"的成分、"道"的成分的重视远远大于"术"的成分。这方面的具体内容,在梁漱溟新儒家法律思想的当代启示中笔者再进行深入研究。

另一方面,其探讨现代新儒家的方式、方法以现代学术的标准来看,其学术性又不够。具体表现为,梁漱溟一直说自己是问题中人,而非学术中人。与之相适应,梁的学说往往是问题意识强,思想性强,但学术性不够。正如李泽厚所说:"梁的论点、论证和概念、范畴不但都极不清楚,经不起认真的分析推敲……"[①]梁漱溟的新儒家的法律思想也存在同样的问题。如,"对西方文化要'全盘承受而根本改过'。同时,'批评的把中国原来态度重

---

① 李泽厚:《中国现代思想史论》,生活·读书·新知三联书店 2008 年版,第 308 页。

新拿出来'。这个结论使得中心论题变得模糊了"。① 另如,一方面,梁漱溟说人对物的第一路向文化、人对人的第二路向文化、人对己的第三路向文化是人类同一发展阶段三种不同类型的文化,但另一方面,他又说这三种不同类型的文化是人类发展的三个不同阶段。一方面,梁漱溟说三种不同类型文化起源于意欲向前、意欲调和持中、意欲反身向后,另一方面他又说人类文化都以宗教为开端,以宗教为中心。这些逻辑上的矛盾,使其包括新儒家法律思想在内的思想缺乏严谨的学术性。②

---

① 〔美〕艾恺:《最后的儒家——梁漱溟与中国现代化的两难》,王宗昱、冀建中译,江苏人民出版社 1996 年版,第 122 页。

② 至此的核心内容出自尹华广:"梁漱溟新儒家法律思想研究",载《政治法学研究》2016 年第2 期。

第七章　梁漱溟新儒家法律思想的当代启示

虽然梁漱溟新儒家的法律思想有局限性,但这并不能掩盖其对中国法治发展的价值。

德国比较法学家格罗斯菲尔德指出:"每一次继受都必定是一次重新创造。"①昂格尔说:"改变了的个人关系形式能反过来推进重要的体制改革。"②所以梁漱溟新儒家的法律思想虽然着力从心性立论,坚持新内圣开出新外王,因而具有保守性。但不可否认,其也是一种重要的创造,是一种与自由主义、激进主义不同思路的重要创造。它为我们正在走的有中国特色社会主义道路提供了补充性的思考,对未来中国法治发展有重要启发意义。

近代以来面对西方入侵,现代新儒学与马克思主义在以下方面是一致的:两者希望救亡图强、实现现代化的目标是一致的,两者救亡图强、实现现代化的历史环境是一致的。不同的是,两者对同一环境的认识不一致,两者对目标追求的方法与手段不一致。"但也有相辅相成、互相砥砺、互相启发、互为修正、互相提供思想灵感的另一面。"③更为重要的是,现代新儒家对传统中国文化进行守护,进行创造性转化,对实现马克思主义中国化,对走有中国特色社会主义道路,对实现中国的现代化有着重要的价值与启示。重视本国传统文化对实现本国的现代化的价值与意义,国外的经验教训也可借鉴,如"日本能充分吸收西方文化,还是因为他们能较好地继承和发扬了他们的民族文化传统。相反,印度由于不能较好地继承和发扬他们的民族文化传统,因而也就很难真正实现现代化"。④

对民族传统深厚的文化没有全面深入的吸收,就不可能真正发展好马克思主义,更不可能做到马克思主义中国化。同样的道理,对民族传统深厚

---

① Bernhard Grossfeld , The Strength and Weakness of Comparative Law , Clarendon Press , 1990:70.

② R. Unger, The Critical Legal Studies Movement, Harvard University Press, 1983:35.

③ 俞祖华、赵慧峰:"'和谐'语境之下的回眸——对近代思想史上的激进与保守之关系的再认识",载《学术研究》2011年第1期,第119页。

④ 汤一介:"总序",载封祖盛:《当代新儒家》,生活·读书·新知三联书店1989年版,第3页。

的法律文化没有全面深入的吸收,就不可能将马克思主义法学基本原理与中国国情结合起来进行研究,发展出符合中国国情的马克思主义法学,走出一条有中国特色的社会主义法治发展之路。

中国化离不开中国的传统文化,在法治发展方面,离不开对传统法律文化的扬弃,在此方面,梁漱溟的新儒家法律思想有重要启发价值与意义。与此同时,梁漱溟创立新儒家法律思想的方式、方法等对当代中国法治发展也有很大的启发意义。

第一节 当代中国法治发展要重视
"术"与"道"的结合

一、我国法律发展过程中存在的问题

现在中国法治建设,在行动层面如立法、执法、司法、守法,在物体层次如法律、法规、法律体系等都已经非常重视,无论是以前法制建设旧的十六字方针,即"有法可依、有法必依、执法必严、违法必究",还是现在法治建设新的十六字方针即"科学立法、严格执法、公正司法、全面守法",及社会主义法律体系的形成等,更多地关注的是行动层次、物体层次,对于理论层次,重视程度相对严重滞后。① 行动层次、物体层次两个方面如果可以用"术"来进行概括的话,那理论层次就应该是"道"的层次。而正由于当前重视"术",相对轻视"道",所以在社会中出现了一系列的现实问题,如需要用法律以外的组织、因素来维护形式上法律的实施等不正常的现象。以基层治理为例,

"国家在表面上似乎推动了基层权力运作的规范化、程序化和民主化,但缺乏'治道'的'治术',不仅让'术'沦为形式主义无法有效治理乡村社会,而且进一步导致地方政府以引进更多的地方社会势力的方式进行更加非正式、非规范的治理,来维持一个脆弱的、病态的秩序平衡。"②

---

① 理论层次、行动层次和物体层次的划分,是由索洛金(P. Sorokin)提出来的,他认为文化现象可分为理论层次(如佛教理论)、行动层次(如实行佛教教义的僧侣)和物体层次(如佛像、庙宇、经典)。详见韦改通:"现代儒家的挫折与复兴——中心思想的批判",载封祖盛:《当代新儒家》,生活·读书·新知三联书店 1989 年版,第 84 页。笔者这里是对他进行概念的借用。

② 陈锋:《乡村治理的术与道:北镇的田野叙事与阐释》,社会科学文献出版社 2016 年版,第225 页。

其最典型的表现还有,如"借助黑恶势力拆迁执法"、"人民内部矛盾用人民币解决"等。我们往往想"从术"的角度解决问题,而忘记了"术"最终是由"道"来解决的。学习西方法律是这样,扬弃传统中国法律文化也是这样。这是我们近代以来没有解决的问题,也是当下法治发展中最为重要的问题之一。

二、梁漱溟新儒家法律思想对"术"与"道"的重视

儒家强调内圣外王,实质上是想通过解决"道"的问题,而自然达到解决"术"的问题。这是传统中国文化的特色,也是治国的特色。梁漱溟的新儒家法律思想在"术"与"道"的结合上,可以说很有借鉴意义与启示。从建设新礼俗思想来看,新礼俗既是新的礼俗的建立,更是伦理本位、人生向上的中华民族精神与西方团体本位社会结构结合的产物,是中国理性精神的发挥。梁漱溟所要复兴的礼,有行动层次、物体层次的礼,更有理论层次的礼,如当他说:"礼为人类未来社会所必由"时,主要是从理论层次的礼而言的。从这个角度来说,如果前者是"术"的话,那么后者也是"道"。这也是"术"与"道"的结合。从整体上来讲,如果制定法律本身是"术",那么法律背后的文化就是"道",梁漱溟既重视"术",也重视"道",但相对而言,他更重视"道"。

尤为重要的是,梁对中西的认识都是从体的角度进行认识的。也可以说是从"道"的角度来认识。这是梁对西方的探索、对中国的探索与常人不同之处。在梁漱溟看来,西方的民主、科学,那都只是"术",只有第一路向的文化,即意欲向前的文化,人对物的文化、身的文化,那才是西方文化的"道"。同样的道理,中国的礼俗、人治、德治等,那也只是"术",只有第二路向的文化,即意欲调和持中的文化,人对人的文化、心的文化,那才是中国文化之"道"。对于中西文化的取舍,根本要从"道"上入手,而非从"术"上入手。

传统中国的社会结构与法律是相吻合的,近代以后,作为文化重要组成部分的社会结构崩溃。由于文化精神决定法律生命,因而法律自然也就无用。从"道"的角度而言,要想法律有用,重点并不是在法律上下功夫,而应该是在文化上、在社会结构上下功夫。在梁漱溟看来,乡村建设是重建中国社会结构的运动,是一场文化自救的运动。也正是从"道"的角度,梁漱溟说,"乡村运动便是我的宪政运动"[①]。

---

① 梁漱溟:"谈中国宪政问题",载中国文化书院学术委员会:《梁漱溟全集(第六卷)》,山东人民出版社 2005 年版,第 514 页。

梁漱溟对西方民主法律的学习,也是从"道"的角度来学习,而非只是从"术"的角度来学习。他认为,西方民主法治的根本在于其团体的社会结构。所以,学习西方的法律,根本上要从其团体的组织结构学起,而非只从单纯的法律制度学起。

总之,梁漱溟的文化精神决定法律生命,实际上就是文化路向、人生态度对法律内容的决定。梁漱溟的新儒家法律思想主要体现在"人治的多数政治"、"新礼俗"、"礼为人类未来社会所必由"等方面,这些方面是由什么所决定的,是由第二路向的人对人的文化即"心"文化所决定的。而"心"的文化,根本在于"理性",正如梁漱溟所说,传统中国文化最大的问题在于"理性早启,文化早熟"。梁漱溟所做的一切,从"道"上来讲,只不过是要将早启的"理性"恢复正常而已。从根本上讲,梁漱溟新儒家法律思想是由其第二路向的文化路向、人生态度的文化精神所决定的。如果将法律制定称为"术"的话,那文化路向就是"道"。

三、当代中国法治发展要重视"术"与"道"的结合

外王在于内圣,这对于我们今天建设有中国特色社会主义法治中,加强有中国特色社会主义法治理想、信仰、信念等方面工作是很有启示和促进作用的,而且从"道"的角度而言,其有非常强的现实意义。

牟宗三在评价《东西文化及其哲学》时说过:

"在新文化运动中反孔鼎盛的时候……他独能生命化了孔子,使吾人可以与孔子的真实生命及智慧相照面,而孔子的生命与智慧亦重新活转而披露于人间。同时,我们也可以说他开启了宋明儒学复兴之门,使吾人能接上宋明儒者之生命与智慧。吾人须知宋明儒学与明亡而俱亡,已三百年于兹。因梁先生之生命而重新活动了。"①

这段话说明梁漱溟对传统文化的态度是生命化,是活学活用,这对马克思主义者也是有借鉴意义的。这也能说明梁的学术是从根本上从体即"道"上下功夫,而非只从"用"即"术"上下功夫的。

如果将文化作为"道",将法律作为"术"。进行法治建设时,不能只注重法律本身这个"术",还应该重视法律背后的文化这个"道"。从这个视角,梁漱溟新儒家法律思想对当今中国法治建设重视"道"的价值与意义就非常明显。

---

① 牟宗三:《生命的学问》,台湾三民书局1970年版,第112页。

第二节　当代中国法治发展要重视"学"与"术"的结合①

一、引言：梁漱溟新儒家法律思想中的"学"与"术"及其重要性

从梁漱溟新儒家法律思想来看，我们今后的政治是"人治的多数政治"、中国社会秩序的重构在于建设新礼俗、"礼的路为人类未来社会所必由"等。从整体上、根本上讲，它们都是一种学术的探讨，而且是"学"大于"术"。

其实，关于中国"学"与"术"的关系，梁漱溟曾经有过专门的论述：

"这句句都带应用意味的道理，只是术，算不得是学。凡是中国的学问大半是术非学，或说学术不分……与西方把学术独立于术之外而有学有术的，全然是两个样子。虽直接说中国全然没有学问这样东西亦无不可，因为唯有有方法的乃可为学，虽然不限定必是科学方法而后可为学问的方法，但是说到方法，就是科学之流风而非艺术的味趣……（中国）学固然是不会有，术也同样不得发达。因为术都是从学产生出来的。……中国一切的学术都是这样单讲法子的，其结果恰可借用古语是'不学无术'。既无学术可以准据，所以遇到问题只好取决自己那一时现于心上的见解罢了。从寻常小事到很大的事，都是如此。"②

也许正是这个原因，梁漱溟在新儒家法律思想中虽然既重视"学"又重视"术"，但更多重视的还是"学"。自戊戌变法、清末修律以来，中国法治发展走上了一条学习西方的道路。在学习过程中，我们引进了西方大量的立法条文，也学习了西方大量的立法技术、司法技术等，但法律是法律，事实是事实，法律如何有实效的问题，一直是中国法治发展的难题。重视"术"、轻视"学"，这是梁漱溟认为传统中国存在的弊病，也是近代中国法治学习西方过程中存在的弊病。因此，"学"与"术"视角下的梁漱溟新儒家法律思想于近代以来中国法治发展，有重要的价值与启示。

下面笔者着重探讨梁漱溟新儒家法律思想中体现出来的"学"与"术"思想特征对我国当代法治发展的启示，及在其启示下笔者自己的构想。

---

① 尹华广："论中国学术推进型法治构建模式"，载《重庆大学学报（社会科学版）》2012 年第 4 期。

② 梁漱溟："东西文化及其哲学"，载中国文化书院学术委员会：《梁漱溟全集（第一卷）》，山东人民出版社 2005 年版，第 356 页。

从世界法治发展的历程来看,法治发展的模式主要有两种:一种是早期西方发达国家的自然演进型法治发展模式,另一种是广大发展中国家正在进行的构建型法治发展模式。学界通说认为,我国的法治发展模式是一种构建型而不是自然演进型的发展模式。关于我国法治构建的模式,大多数学者偏重于从推动法治发展的政治因素来命名与研究。从学术角度命名与研究的还不多见,本书从梁漱溟的新儒家法律思想研究方式上得到启示,试图从学术角度进行探索,提出我国法治构建模式的新设想。

二、我国法治发展模式述评

我国法治发展应该采用构建型的发展模式,对此,学界基本上已无争议。但对于法治构建的具体模式,学者有不同的看法。总起来说,大致有以下两种不同观点:第一,单一型法治构建模式,即只包含一种方式或一种推进力量的法治构建模式,如郭学德提出的"政府推进型"法治构建模式[①];第二,综合型法治构建模式,即包含了两种或两种以上方式或推进力量的法治构建模式,如舒国滢认为,我国应实行"政府推进型与社会推进型相结合,以政府推进法制为主导"的法治构建模式[②],袁曙宏先生、韩春晖认为,我国应实行"政府推进与公民参与有机结合"的法治构建模式[③],杨亚佳认为,我国应实行"党领导下的政府(政党)与公民互动式"法治构建模式[④],杨朝晖认为,我国应实行"重视注重本土化与国际化的协调"的法治构建模式[⑤]。最有意思的是谢晖提出了"包括经验与建构"的法治构建模式[⑥],他认为,"即便我们同时借鉴了大陆建构理性主义法治模式和英美经验主义法治模式,对中国而言,其仍然是一种建构,因为两种法治模式均非中国自身的经验,相对于中国人治主义传统,它的革命性和对传统文化内容的合理否定性,当然是一种建构"[⑦]。

上述法治构建模式除了体现"构建"的共性外,至少还具有以下两个特点:

第一,以构建的方式来命名。如郭学德提出的"政府推进型"法治构建模式,其构建方式是:"政府"是法治化运动的主要动力,法治目标主要是在

---

① 郭学德:"试论中国的'政府推进型'法治道路及其实践中存在的问题",载《郑州大学学报(哲学社会科学版)》2001 年第 1 期,第 20-21 页。

② 舒国滢:"中国法治建构的历史语境及其面临的问题",载《社会科学战线》1996 年第 6 期,第 71 页。

③ 袁曙宏、韩春晖:"社会转型时期的法治发展规律研究",载《法学研究》2006 年第 4 期,第 33 页。

④ 杨亚佳:"中国法治发展模式的若干问题",载《领导之友》2010 年第 1 期,第 27 页。

⑤ 杨朝晖:"法治建构应注重本土化与国际化的协调",载《湖北社会科学》2004 年第 8 期,第 107 页。

⑥ 谢晖:"法治的道路选择:经验还是建构?",载《山东社会科学》2001 年第 1 期,第 79 页。

⑦ 同上。

政府的目标指导下设计形成的,是"人为"建构的,法治化进程及其目标任务主要是借助和利用政府所掌握的本土政治资源完成的。① 这充分体现了其是以法治构建方式来命名的。"政府推进型与社会推进型相结合,以政府推进法制为主导型"、"政府推进与公民参与有机结合型"、"党领导下的政府(政党)与公民互动式"、"重视注重本土化与国际化的协调"法治构建模式与"包括经验与建构"的法治构建模式都体现了以构建方式来命名的特点。

第二,都强调现实政治力量在我国法治构建中的重大作用。"政府推进型"、"政府推进型与社会推进型相结合,以政府推进法制为主导型"、"政府推进与公民参与有机结合型"、"党领导下的政府(政党)与公民互动式"都强调了政府或中国共产党作为执政党在我国法治构建中的主导性作用。"重视注重本土化与国际化的协调"法治构建模式与"包括经验与建构"的法治构建模式中的"注重本土化"、"建构"部分也暗含了重视现实政治力量的因素。

根据以上分析,我国的法治构建模式,一般而言,是以构建方式来命名,要强调现实政治力量的因素。正是在充分考虑与借鉴上述两个因素的基础上,笔者提出了一种全新的我国法治构建模式——"学术推进型"法治构建模式。

三、我国"学术推进型"法治构建模式的涵义与特征

自清末沈家本修律至新中国"依法治国,建设社会主义法治国家"基本方略的确立,至"法治中国"建设的提出,我国法治发展模式,一直以来是一种构建型法治模式。在某种意义上说,这种构建型法治模式实质上是政治力量借助(关于法或法治的)学术来构建法治或推进法治发展的一种模式。如果说,以前大多数学者偏重于从推动法治发展的政治的因素来命名与研究我国法治构建模式,在此,笔者想着重从推动法治发展的学术因素来命名与研究我国法治构建模式。

(一)"学术推进型"法治构建模式

什么是"学术推进型"法治构建模式呢?套用郭学德对"政府推进型"法治构建模式的界定,我们可以认为,所谓"学术推进型"法治构建模式,是指在强调现实政治力量保障的前提下,法治发展以学术作为启动和推进的动力,法治目标主要由学术设计形成,法治化进程及其目标任务主要通过学术力量而完成的一种法治构建模式。在此概念中,有两个十分重要的且带有前提与基础性的方面必须做出界定,一是对"学术"这个概念的界定,二是对

① 郭学德:"试论中国的'政府推进型'法治道路及其实践中存在的问题",载《郑州大学学报(哲学社会科学版)》2001年第1期,第20-21页。

学术与政治关系的界定。

这里的"学术"不同于我们一般所理解的学术。一般我们对学术大都持这样一种观点，即认为："学术"是一个独立的概念，"学"与"术"不可分，"学术"的意义就在于"学"，如有学者认为所谓学术，是作为学者所从事的工作和建树，是知识的探索、学问的追求、智慧的洞观，以及体现在这些研究中的思想方法论的有机统一。① 但笔者在"学术推进型"法治构建模式中使用的"学术"概念是与上述"学术"概念不同的，它是对学术的另一种理解：即认为应将"学术"这个概念分开进行理解，"学术"这个概念，既包括了"学"又包括了"术"的内容，是两者的统一。梁启超曾对"学"、"术"分离的历史做过考查，他说："吾国向以学术二字相连为一名辞，惟《汉书·霍光传赞》，称光'不学无术'，学与术对举始此。"② 严复在他所译《原富》一书的按语中写道："盖学与术异。学者考自然之理，立必然之例。术者据既知之理，术可成之功。学主知，术主行。"③ 现代也有学者认为，"学"是指学理，讲究渊源、承继、发展、创新，自成严密的理论体系；"术"是指方术，探究方法、技术、应用，具有实践性。概括地说，学术就是理论与实践、学理与方法的统一。④

（二）对学术与政治关系的界定

在学术与政治的关系问题上，有以下三种不同的观点。第一种观点认为，学术与政治应当分离，应保持学术的完全独立，真正做到为学术而学术。如马克斯·韦伯指出："对实际政治问题所持的意见，同对政治结构和党派地位的科学分析完全是两码事。"⑤ 也有外国学者指出，"人们常常从《理想国》中引申出的一个实际的教训是：如果哲学家试图当国王，那么其结果是，要么哲学被败坏，要么政治被败坏，还有一种可能是，两者都被败坏。因此，唯一明智的选择是分离两者，让哲学家以其所有的激情去培育他们的花园，但将他们隔离在那里以免造成伤害"。⑥ 在国内，王国维提出过"无中西无新旧无有用无用"⑦的纯学术的主张。第二种观点认为，学术不应当与政治分离，学术应为政治服务，"经世济用"，"学而优则仕"，"君子之为学，以明道

---

① 许苏民："也谈学术、学术经典、学问与思想——对梁启超、严复、王国维观点的质疑兼评'现代学术经典之争'"，载《开放时代》1999年第4期，第109页。

② 梁启超：《清代学术概论》，中国人民大学出版社2004年版，第271-272页。

③ 王栻：《严复集（第四册）·按语》，中华书局1986年版，第885页。

④ 郑东："学术概念的特质与学术发展的动能"，载《河北学刊》2005年版第2期，第28页。

⑤ ［德］马克斯·韦伯：《学术与政治》，冯克利译，生活·读书·新知三联书店2005年版，第37页。

⑥ ［美］马克·里拉：《当知识分子遇到政治》，邓晓菁等译，新星出版社2005年版，第225页。

⑦ 王国维在《〈国学丛刊〉序》中提出来的，参见王国维：《王国维文集》（第四卷），中国文史出版社1997年版。

也,以救世也"①,重致用、轻求真的中国传统学术的特色表现得淋漓尽致。

第三种观点,认为学术与政治虽然是两个不同的领域,有着不同的规定性,但两者之间有着密切的联系。如徐复观认为:"只有把学术对真理的立场与政治对真理的立场分开,才是保证学术的纯粹性,与政治的民主性的两不相妨,两相成就的大道……任何学理上的东西,在政治上形成政策,付之实施的时候,必须或多或少的打点折扣,即使是在学术上无争的真理。因此,了解任何政治的设施,和对政策所作的理论说明,决不可认为是学术思想的标准,这是政治负责人事实上所必不可少的对学术的谦虚;也是从事学术上工作的人事实上所必不可少的对政治的界域,和站在学术上的独立自尊的信念。"②

笔者正是从上述"学术与政治"关系的第三种观点来探讨我国"学术推进型"法治构建模式的,因为这也应该大体是符合我国当前学术与政治关系的现状的。

综上可以看出,这里的"学术推进型"法治构建模式有如下特征:

第一,它并不是一种独创的全新的法治构建模式,而是对我国已有法治构建模式学术观点的一种考察视角的转换,即转换到"学术"视角的新考察,当然里面包含了"学术与政治"关系的因素,同时也有些改良,而不是原封不动。

第二,"学术推进型"法治构建模式里的"学术"是一种"学"、"术"相对分离的学术,它既包括学问,又包括技术,而不是一般意义上的单指学问的学术。

第三,"学术推进型"法治构建模式里"学术与政治"是一种彼此独立但又存在密切联系的关系。

四、我国"学术推进型"法治构建模式的具体设想

"现代法制的建设能否成功,不仅取决于政治的力量,也有赖于学术的质量。"③由此可以说明,法治建设中既需要政治,又需要学术。正是以学术分离为视角,在学术与政治彼此独立但又存在密切联系的关系的基础上,根据当今中国的实际,笔者试探讨我国学术推进型法治构建模式的具体设想。

探讨我国学术推进型法治构建模式的具体设想,首先需要解决以下两个问题:

---

① 顾炎武:《日知录·与人书二十五》,陈垣校注,安徽大学出版社 2007 年版。

② 徐复观:《学术与政治之间》(新版),台北学生书局 1985 年版,第 169 页。

③ [美]P. 诺内特、P. 塞尔兹尼克:《转变中的法律与社会:迈向回应型法·总序》,张志铭译,中国政法大学出版社 2004 年版,第 I 页。

第一，如前所述，我国学术推进型法治构建模式是建立在"学"、"术"分离的关系之上的，但这种"学"与"术"具体是一种什么关系？在我国学术推进型法治构建模式中，它们又各起一种什么样的作用？

对此，梁启超先生、日本的矶谷幸次郎先生的观点很值得我们研究与借鉴。主要表现在以下三个方面：

首先，在"学"与"术"的关系上，他们认为"学"与"术"是一种体用关系，"学"为体，"术"为用。梁启超先生说："则学也者，观察事物而发明其理者也；术也者，取所发明之真理而致诸用者也。例如以石投水则沉，投以木则浮。观察此事实，以证明水之有浮力，此物理学也；应用此真理以驾驶船舶，则航海术也。""学者术之体，术者学之用。二者如辅车相依而不可离。"①矶谷幸次郎先生认为："盖学者探事物之本性，而究原理、原则；术者依学力所究之原理、原则，而施之于实际者也。学以推究一定之原理，而依之以组成其原则；术不过应用之而已。""故学与术，性质有异，而相待不可离者也。"①更进一步，矶谷幸次郎先生将这种"学"与"术"的关系应用到了法学领域，提出了与"法学"相对应的"法术"的概念，他说："考究权利义务之本质，为法学；知其本质，而保护权利，遂其义务者，为法术。"②

其次，"学"者之职与"术"者之职不同。梁启超先生认为，"学"者之职与"术"者之职有明确的区分，"夫学者之职，本在发明原理原则以待人用耳；是用之与否，与夫某项原则宜适用于某时某事，此则存乎操术之人"。③矶谷幸次郎先生认为："发现法则，为学者之任；应用之者，则实务家之任也。""以古今东西之法律为材料，而发现法律上之原理原则，为法学。适用其原理，施之实际者，法术家之职也。""司法官律师等，凡从事适用法律之业务者，皆属法术者也。"④

最后，指出将"学"与"术"相混、相离的后果。梁启超说："学混于术，则往往为一时私见所蔽，不能忠实以考求原理原则；术混于学，则往往因一事偶然之成败，而胶柱以用诸他事。离术言学，故有如考据帖括之学，白首矻矻，而丝毫不能为世用也；离学言术，故有如今之言新政者，徒袭取他人之名称，朝颁一章程，暮设一局所，曾不知其所应用者为何原则，徒治丝而棼之也。"⑤矶谷幸次郎认为："法学如行船之磁针，法术家不知法律之本性，不解原则之如何，漫然

---

① 梁启超：《清代学术概论》，中国人民大学出版社 2004 年版，第 271—272 页。

② ［日］矶谷幸次郎："法学通论"，王国维译，载何勤华：《法学通论与法之本质》，中国政法大学出版社 2006 年版，第 51 页。

③ 梁启超：《清代学术概论》，中国人民大学出版社 2004 年版，第 271—272 页。

④ ［日］矶谷幸次郎："法学通论"，王国维译，载何勤华：《法学通论与法之本质》，中国政法大学出版社 2006 年版，第 51 页。

⑤ 梁启超：《清代学术概论》，中国人民大学出版社 2004 年版，第 271—272 页。

从事于法律,则将有破舟之险矣,此实务家之所以必须研究法律也。"①

借用上述两位先生的观点,笔者以为,在我国学术推进型法治构建模式中,"学"是为中国法治发展创立思想、原理作用,亦即起追寻适合中国法治发展的真理的作用,我们可以用"法学"一词来指代;而"术"是立法、司法、执法、法学教育等对这些原理与真理的落实与实现,我们可以用"法术"一词来指代。"法学"与"法术"应是一种体用关系。在此,既要注意"法学"不能与"法术"相混淆,又要注意"法学"不能与"法术"相分离,如果"法学"混淆于"法术",则只见树木不见森林,不能忠实地考察、追寻与表达法学原理与原则;如果"法术"混淆于"法学",则会因为法律解决某一问题偶然之成败,而迁移到其他法律问题的解决上去,造成将偶然当成必然的认识论上的错误。离开"法术"谈"法学","法学"就变为一种空谈;离开"法学"谈"法术",则"法术"就会变成无头的苍蝇,不知自己为何而飞,要飞向何方。法学家与法术家应该职责分明,法学家的职责在于创立法学原理供法律家来应用,至于法术家应用研究与否,如果应用,应用于何时、何地,都取决于法术家。

第二,我们前面提到学术与政治的关系是我国学术型法治构建模式的重要方面,学术与政治是彼此独立但又存在密切联系的关系,那其具体表现是什么呢? 我们说,在我国学术型法治构建模式中,"学"与"术"是分离的,那政治与"学"的关系是什么? 与"术"的关系又是什么?

新儒家代表人物贺麟在《学术与政治》一文中对学术与政治的关系问题作了深刻的剖析,对我们回答上述问题有深刻的启发。一方面他认为学术与政治是两个不同的领域,"学术有学术自身的使命与尊严","学术有学术的独立自由,政治有政治的独立自由,两者彼此应当互不侵犯"。② 另一方面,他又指出,学术与政治有着密切的联系,是一种"体"与"用"的关系,"学术是'体',政治是'用'。学术不能够推动政治,学术就无'用',政治不能够植基于学术,政治就无'体'","学术是政治的根本、政治的源泉"。③ 很明显,贺麟先生在这里所使用的"学术"概念,是"学"与"术"不分的概念,所以不存在"学"与"政治"、"术"与"政治"的关系问题,但在我国学术型法治构建模式中,"学"与"术"是分离的,必然存在"学"与政治、"术"与政治的关系问题,它们是一种什么关系呢? 借鉴贺麟先生的论述,笔者认为,在我国学术型法治构建模式中,"学"与"术"都应该与政治相对分离,但两者与政治的关系又不

---

① ［日］矶谷幸次郎:"法学通论",王国维译,载何勤华:《法学通论与法之本质》,中国政法大学出版社 2006 年版,第 51 页。

② 贺麟:《文化与人生》,商务印书馆 1988 年版,第 248-252 页。

③ 同上。

完全一样。笔者对其的界定是:"学"是政治之体,而"术"又是政治之用。因为这里的"学"就相当于贺麟先生所说的"学术",而"术"是对"学"的具体落实,其不可能为政治之体,相反,它为政治之用,倒是很符合中国的国情的。但又需要特别说明的是,在此,虽然"学"是政治之体,但必须以坚持基本政治原则即四项基本原则为前提。

界定清楚"学"与"术"的关系、学术与政治的关系后,便可探讨我国学术型法治构建模式的具体设想。这种模式的具体设想有两种不同的学说可以借鉴,一种是"指路说",一种是"绘图说"。蒋立山在谈到法理学使命时说,所谓"指路说",是"法理学把自己视为中国法治的设计者,法理学对中国的法治前途的理论设计负有某种责任,它有义务、有责任对中国法治的目标与前景问题做价值判定,为中国的前景指点出路"。所谓"绘图说",是"法理学的作用在于从相对超然的位置上观察和思考中国法律的历史、现状与并预测其未来,说明中国法治实际已经呈现出来的样子和将来可能会呈现的样子。这种角色不需要自己的主观价值参与,不需要为中国法治指点迷津"。①

把这两种学说运用到我国学术推进型法治构建模式中,所谓"指路说",就是指学术应担负起中国法治设计的责任,对中国法治的前景、价值定位、发展阶段、发展方式等各方面做出明确的规定和指导。而所谓"绘图说",就是指学术为中国法治描绘各种蓝图,对中国法治的前景、价值定位、发展阶段、发展方式等各方面提供各种可能的设计,但不为中国的法治做出明确的规定,指明明确的方向。

笔者认为,我国学术型法治建构模式采用上述两种学说中的任何一种都有失偏颇,在学术型法治建构模式中应兼采"绘图"与"指路"两种方法,最重要的是如何摆对"绘图"与"指路"的位置,处理好"绘图"与"指路"的关系。根据"学"、"术"分离的原则,"学"应主要承担"绘图"的责任,而"术"主要承担"指路"的责任。

基于"学"与"术"分离的观点、学术与政治的关系,借鉴"绘图"与"指路"两种方法,笔者提出我国学术型法治构建模式的具体设想是:"坚持基本政治原则——通过专业的政治运作程序确定某一种法学思想、观点或几种法学思想、观点的结合或改造后的法学思想、观点为主流意识形态的法治建设思想、观点——通过具体的措施(法术)将主流意识形态的法治建设思想、观点具体落到实处",可以简称为"政—学—政—术"这样一个模式。下面详细地来解释这个模式的四个不同部分:

---

① 蒋立山:"法理学研究什么——从当前中国实践看法理学的使命",载《法律科学(西北政法学院学报)》2003 年第 4 期,第 27 页。

(1)政:坚持基本的政治原则。所谓坚持基本的政治原则,指的就是坚持四项基本原则,坚持邓小平理论、"三个代表"重要思想、科学发展观、习近平新时代中国特色社会主义思想。这是基本的政治原则,这是不能动摇的政治前提。特别是我们进入新时代后,习近平新时代中国特色社会主义思想应作为我们时代的思想指南。

(2)学:即法学,指提出各种法治建设的法学思想、观点。这是"绘图"阶段,是指学者在坚持四项基本原则的前提下,对我国法治建设的问题,可以从自己的学术兴趣、知识背景、政治偏好、宗教信仰……各个方面提出自己的观点。这也是中国共产党的"百花齐放、百家争鸣"的"双百"方针的体现。在此阶段,要坚决贯彻研究无禁区。所谓研究无禁区,首先是指在坚持四项基本原则、邓小平理论、"三个代表"重要思想、科学发展观、习近平新时代中国特色社会主义思想的前提下,研究法治建设涉及的所有问题,都可以研究、讨论和争鸣。其次是不用政治民主代替学术自由。政治民主是少数服从多数。学术自由要保护不同的学派,要保护少数人的理论创新。①

(3)政:通过专业的政治运作程序确定某一种法学思想、观点或几种思想、观点的结合或改造后的思想、观点为主流意识形态的法治建设思想、观点。上一阶段的众多的法治建设的思想、观点,从不同视角看来,都有其合理性,都是智慧的结晶,但究竟哪一种或哪几种法治建设的思想、观点能成为主流意识形态的法治建设的思想、观点呢?这就需要职业政治家们运用政治智慧,从政治的角度通过专业的政治运作程序来进行确定。当然,也存在没有现成的思想、观点符合当前法治建设要求的情况,那就需要对现有的法治建设思想、观点进行改造,按照专业的政治运作程序改造后的思想、观点也可以成为主流意识形态的法治建设思想、观点。

(4)术:即法术,通过具体的措施将主流意识形态的法治建设思想、观点具体落到实处。这包括两个方面的内容,一是"指路"的内容,指将已经确立的主流意识形态的法治建设思想、观点作为法治建设行动指南,二是行动的内容,指通过各种具体的措施即法术将主流意识形态法治建设思想、观点落到实处。

这个模式的提出,其作用是非常明显的,它有利于改变我国法学研究"往往是跟在国家法制改革之后,诠释党和国家的政策和法制改革的重大决策,而对党和国家重大决策的事先深入研究、科学论证、完善建议较少"②的局面。同时,这种模式也为从事法学、法术的工作者提供了明确的职责划分。

最后要说明的是,本书中的学术以法学、法术为主,但并不限于此。

---

① 林文肯:"维护政治纪律 推动学术研究",载《红旗文稿》2003 年第 19 期。
② 贺麟:《文化与人生》,商务印书馆 1988 年版,第 119 页。

第三节　当代中国法治发展要重视法律与事实之间的"选择性亲近关系"

一、引　言

梁漱溟新儒家法律思想的一个重要内容是建设新礼俗。为什么建设新礼俗会成为梁漱溟新儒家法律思想的重要内容？这是因为，梁漱溟认为法律是对新礼俗的确认。也就是说，新礼俗是梁漱溟新儒家法律思想的实质。梁漱溟认为，乡村建设运动也是一场建设新礼俗的运动。

梁漱溟上述新儒家法律思想强调了先有事实，再有法律的明确观点。所以，梁漱溟新儒家法律思想从此种意义而言，也可以说是一种"造事实"的运动，也明显可以看出法律与事实之间所具有的韦伯所说的"选择性亲近关系"。①

自清末修律以来，中国的法律发展一直处于学习英美、苏联等西方国家的过程之中，至现在此过程尚未完全结束。学习的结果是中国有了较为完整的法律制度、较为完善的法律体系②。但民众法律意识仍然淡薄，有法不依、执法不严、违法不究的现象仍然大量存在。法律是法律，事实是事实，仍是司空见惯的现象。表达与实践③之间存在巨大的差距，这是不争的事实。对于改变这种现象与事实，梁漱溟法律与事实之间的"选择性亲近关系"思想极富启发意义。梁漱溟此种法律思想对当今中国法治发展具有重要的现实意义。以下笔者将按照以下思路开展研究：先较为系统梳理梁漱溟法律与事实之间"选择性亲近关系"想想的内容，然后再具体研究其对当代中国法治发展的启示。

二、梁漱溟法律与事实之间"选择性亲近关系"思想

（一）"事实"是什么

梁漱溟"造事实"思想中的"事实"指什么？根据梁漱溟的相关论述，可以认为，它包括了乡村建设、习惯、社会结构（重点是团体组织）、新礼俗等。

---

① ［德］马克斯·韦伯：《新教伦理与资本主义精神》，阎克文译，上海人民出版社 2012 年版。

② 吴邦国在 2011 年第十一届全国人民代表大会第四次会议上宣布中国特色社会主义法律体系已经形成。

③ ［美］黄宗智：《民事审判与民间调解：清代的表达与实践》，中国社会科学出版社 1998 年版。

这些内容有包含、交叉的关系。

1. 事实是指"乡村建设"

梁漱溟认为,传统中国社会秩序的维持主要靠习惯教导及作为其保障的法律制度,而近代以来,代表旧秩序的法律制度、习惯教导等都已丧失,而代表新的秩序的因素尚未建立起来。为建立新秩序,寻求代表新秩序的因素,梁漱溟先也是走全盘西化的道路,在他的法律思想与实践中,也走过一段"必用西法"的阶段。当然,按照《东西文化及其哲学》的观点,梁漱溟虽然认为"必用西法",但对其根本态度,却应是第二路向的,即传统中国意欲调和持中的方式。这当然是矛盾的,梁漱溟后来也意识到这是不可能实现的。但在当时,他还没有认识到这一点。在看到"必用西法"不可能实现后,梁走向了与之相反的一条道路,即"必不能用西法"之路。具体而言,他走上了乡村建设的道路。乡村建设这条道路特点之一是"自下而上"①。他希望通过复兴儒学,通过老根发新芽的方式,中体西用的方式,找到中国的新秩序,找到维持新秩序的新因素。关于乡村建设的内容在研究梁漱溟新儒家法律内容时已有较为详细的论述,这里就不多谈。

2. 事实是指"新礼俗"

关于新礼俗的内容,在"第五章中国社会秩序的重构在于建设新礼俗"中已经有非常详细的论述。这里只着重论述在梁漱溟那儿,新礼俗是"事实"的问题。在《乡村建设理论》一文中,梁漱溟说:

"我们讲新的建设,就是建设新礼俗。那末,所谓新礼俗是什么? 就是中国固有精神与西洋文化的长处,二者为具体事实的沟通调和(完全沟通调和成一事实,事实出现我们叫他新礼俗),不只是理论上的沟通,而要紧的是从根本上调和沟通成一个事实。"②

从这里明显可以看出,梁漱溟认为新礼俗是一个理论,但更为重要的它是一个事实。梁漱溟认为,中国社会秩序的建立关键不在社会秩序本身,而在社会事实的建立。社会事实怎样建立? 梁漱溟认为应采取中体西用式的新儒学的方式来建立,新礼俗就是这样一种事实。

3. 事实是指新政治习惯

梁漱溟认为,"物类生活靠本能,人类生活靠习惯"。③ 中国与西方所依

---

① 刘旺华:"自下而上'造社会':梁漱溟的中国现代化道路探索",载《江汉论坛》2011年第1期。

② 梁漱溟:"乡村建设理论",载中国文化书院学术委员会《梁漱溟全集(第二卷)》,山东人民出版社2005年版,第278页。

③ 梁漱溟:"中国建国之路",载中国文化书院学术委员会《梁漱溟全集(第三卷)》,山东人民出版社2005年版,第370页。

靠的习惯并不相同。传统中国社会靠的是风俗习惯,风俗习惯演化成礼俗,就成为传统中国社会维持的根本。而西方社会靠的是纪律习惯,是法律,这又根源于西方的团体生活习惯。

梁漱溟认为,近代以来中国的失败,最为根本的原因就是文化的失败。而文化的失败,从社会视角来看,主要就是旧习惯已经不再适应新的社会形势发展的要求,我们必须建立新的习惯,其中最为重要的是新政治习惯。这个新政治习惯是什么呢?梁漱溟认为,"我们所谓新政治习惯,无非就是团体生活的习惯"。①

4.事实是指新的社会结构

按照梁漱溟的观点,要移植西方的法律制度,就必须建立西方法律赖以生存的社会事实。梁漱溟认为,中国不能建立西方的事实,只能建立以中国为体西方为用的事实,因而也就只能建立以中国为体,西方为用的社会秩序。在这儿,事实是第一位的,社会秩序、法律是第二位的。那么,要建立的事实是什么呢?梁漱溟认为,"所谓建设,不是建设旁的,是建设一个新的社会组织构造"②。

从社会结构的视角,梁漱溟认为近代中国失败是因为中国人太散漫,生活在职业分途的社会结构中,没有力量抵抗西方的侵略。而近代西方之所以强大,是因为西方人生活在团体组织之中,能形成团体力量。所以中国要想强大起来,就必须学习西方的团体社会结构。中国这种团体社会结构的形成路径与西方又是不一样的,它是非强迫、自然演成的。梁漱溟说:

"人类历史到现在所有的国家团体都是强迫构成的,都是于无意识中不知不觉的组织成功。中国未来的团体生活恰好是要有意的自觉的出乎自然要求,而不是强迫的,中国将来如能组织国家则将非强迫所可成功,而是自觉的意识的自然的渐渐演成,开一历史之新例。"③

(二)"事实"与法律的关系

1.事实是法律的前提,法律是对事实的确认

在梁漱溟的观念中,法律是以事实为之先的,有了新事实,才会有新法律,否则,如果先有新法律,而无新事实,则即使有新法律,也会无效。事实

---

① 梁漱溟:"我的一段心事",载中国文化书院学术委员会:《梁漱溟全集(第五卷)》,山东人民出版社 2005 年版,第 534 页。

② 梁漱溟:"乡村建设理论",载中国文化书院学术委员会:《梁漱溟全集(第二卷)》,山东人民出版社 2005 年版,第 276 页。

③ 梁漱溟:"中国之地方自治问题",载中国文化书院学术委员会:《梁漱溟全集(第五卷)》,山东人民出版社 2005 年版,第 343 页。

是法律的前提。事实不变,法律改变,不仅不能解决问题,反倒会形成破坏。
梁漱溟说:

"近代西洋民主政制里面,权力分立,一面相依为用,一面又相对抗衡,
互为限制,原是沿着英国历史不知不觉演成的事实;然后孟德斯鸠乃从而为
之说;然后若美国若欧洲大陆国乃有意识地著为法律制度。一句话明白地
说,其所为如此安排配置者,正因为有其先乎法制而存在的事实。"①

先有事实,再有法律,不仅是基于对中国传统社会礼俗的认识,而且对
于西洋的三权分立制度,梁漱溟也认为是先有事实而后有法律规定。中西
都是先有事实,再有法律的事实,让梁漱溟更加确定先有事实,再有法律就
是一条不易的真理。

在乡村建设运动中,谈到习惯与法律条文的关系时,梁漱溟说:"我们是先
让他养成习惯,然后再把习惯写在条文上;不是把条文写在法规上就算完事。
换句话说,我们是先有习惯,后有条文;而他们则是没有习惯,只有条文。"②

这是梁漱溟在乡村建设中一直坚持的一个观点,即法律是对已成事实,
特别是习惯的确认。这样一种方式,当然能很好地解决法律的实效性问题。
从法学理论的视角,其实就是自然演进型法治发展方式。但梁这种自然演
进型与一般情形又不同,他不着力于法律本身,却是着力于与法律相关的事
实。而他批判的是一种构建型法治发展方式。构建型法治发展方式具有革
命性,往往是没有相关事实的情况下,先制定法律,希望通过法律带动事实
的产生。从近代中国法律发展的实践来看,我们主要走的是后一条道路。
但这条道路产生的消极后果是法律没有实效。法律是法律,事实是事实;有
法不依、执法不严、违法不究,是我们至现在都没有很好解决的问题。从这
个角度而言,梁漱溟"法律是对事实的确认"这个观点是很值得重视,特别是
他乡村建设中的相关实践更值得重视。

具体到宪法而言,先制定宪法,再本着宪法去培养习惯,实际上是胡适
等自由主义的观点,也是建构型法治理论的观点。梁漱溟驳斥这种观点的
方法是以事实证思想。他认为,人类历史上,还没有先制定宪法再去培养习
惯的先例,无论是英美等西方资本主义国家,还是苏俄社会主义国家,都是
有阶级统治的事实,有阶级统治的政治社会结构,才有宪法的,亦即是先有
社会事实才有宪法的。所以中国没有他们一样阶级统治的事实,没有他们

① 梁漱溟:"政治上的民主和中国人",载中国文化书院学术委员会:《梁漱溟全集(第六卷)》,
山东人民出版社 2005 年版,第 278 页。

② 梁漱溟:"乡村建设大意",载中国文化书院学术委员会:《梁漱溟全集(第一卷)》,山东人民
出版社 2005 年版,第 719 页。

一样的政治社会结构,是不能有宪法的。在梁漱溟看来,作为资本主义的英美与作为社会主义的苏俄没有太大的实质区别,其区别只在阶级统治的双方不一样,资本主义是资产阶级压迫无产阶级,而社会主义是无产阶级压迫资产阶级而已。

同时,梁漱溟认为宪法为政治结构的表现形式,而政治结构是社会结构的一个层面或者说一个方面。归根结底,宪法与其他法律一样,都是社会结构的表现形式。法律、宪法要想有实效,其重点不在宪法、法律本身,而在于决定其的社会结构。社会结构形成了,制定与之相应的宪法、法律就会有效,社会结构没有形成,制定出的宪法、法律就不会有任何的实效。按照梁漱溟的论述,完全可以这样说,宪法、法律是社会结构的表现形式,社会结构是宪法、法律的决定因素。

梁漱溟说:"没有同一事实,可为此种法律制度之所资藉,而徒欲草订宪法,于白纸黑字上作工夫,以求其成功,只是笑话而已。过去是笑话,今后如其不改,还是笑话!"[①]这就是说,没有西方先乎法律的事实,却想要制定与西方相同类型的法律,在梁漱溟的思想体系中,这是舍本逐末,空中楼阁,根本不可能成功,只会是一个笑话而已。

但从中国的法治实践来看,完全的自然演进型法治也不行,中国没有时间等。所以,构建型与演进型相结合,在不同领域、不同时间段各有重点地结合进行发展,于中国而言,也许是一条比较好的道路。法律与事实互为推动,相携并进,才是法律与事实之间正确的关系。梁漱溟前期只强调以法律推动事实,后期强调法律是对事实的确认,都是片面的。只有将两者结合起来,才是全面的,我国的法律实践也证明了这一点。

2. 中西事实不同,因而法律必然不同

(1)中西的法律以不同的事实为前提

梁漱溟认为,中国传统法律建立在伦理事实上的是礼,而不是法,或者说礼是中国特色之法。在传统中国社会中,礼俗对于社会而言,就像本能和惯性对于个人生命而言一样重要。而西方传统法律是建立在个人本位、阶级对立基础之上的,因而是法。事实不同,决定了中西法律不同。

对于中西法律能否真正有效实施,也是有一定事实前提的。对于西方式的法律制度,其事实前提就是民众要大胆主张自己的权利,要"争"。这正如传统中国的习俗能有效实施,也是有一定前提的,就是民众要有一分尽伦理义务之心,要"让"。西式法律背后的重心在权利,中式习俗背后的重心在

---

① 梁漱溟:"政治上的民主和中国人",载中国文化书院学术委员会:《梁漱溟全集(第六卷)》,山东人民出版社 2005 年版,第 279 页。

义务(或者说道德)。如果社会上所有的人不争自己的权利,西式法律即无法实施;如果社会上所有的人不尽自己的伦理义务,则中式的礼俗无法实施。

但无论是西式法律还是中式礼俗的实施,并非是可以强加的。它们是与一定的社会结构联系在一起的,是社会结构的真切需要。只有这样,它们才会真正起作用。

如西式法律,它产生于团体与个人关系之中。一方面,个人为了成为团体一员,有效地维持团体生活,管理好团体,就要人人有选举权,有成为这个团体成员资格的权利,这就是公民权。这个公民权,在西方历史上是一步步发展而来的,对于公民个人来说,是非常珍贵的。如在古罗马,只有罗马市民有公民权,而对于广大奴隶、外国人是没有市民权的,他们是享受不到罗马民法保护的。在这种情况下,很多人想尽办法去获得一个市民权。对于获得的市民权,他们当然非常珍惜,当有人对其破坏时,当然要尽力维护。另一方面,为了防止团体及其代表(如国家及政府)对个人权利的限制与剥夺,公民个人就要维护自己的自由权。维护自由权的方式有多种,既有对团体及其代表权力的限制,在西方也形成了一些不能让渡给团体的最基本的权利,如人生而自由,私有财产神圣不可侵犯等。无论公民权还是自由权,与民众生活息息相关,它关系到民众的生存、发展,民众当然关心。

而与之较,中式的礼俗产生于中国人伦理社会中。中国传统社会主要是父子关系、夫妻关系、兄弟关系,所有关系都是由这三种关系演化而来,如君臣关系、臣民关系,就可演化为父子关系,所谓君父臣子、父母官子民等即是例证。在这些关系中,每个人都有自己的伦理义务,如父慈子孝,每个人尽到了伦理义务,就会获得社会的赞同,就会在社会中如鱼得水般的生活,而如果没有尽到伦理义务,就会被社会排斥,严重时,甚至会被作为异类被社会强制力(刑法、刑罚)所剪除。在这样的情况下,传统中国社会的每个人当然会重视礼俗了。

而近代中国,为了救亡图存的需要,我们引进了西式的法律,但我们的社会结构并没有形成西式的团体本位或个人本位,阶级斗争;西式法律当然不会生效。那当时中国的社会结构是怎样的呢?传统的伦理本位、职业分途的社会结构已经遭到破坏,西式的团体本位或个人本位、阶级对立的社会结构也没有形成,就是梁漱溟所讲的社会结构崩溃。在这样一种情形下,中国的礼俗无效、西方的法律无效,就是理所当然的了。

在最初,梁漱溟还只是认识到,中国人要想运用西式的法律,就要有西式的众人都积极主张权利、都"争"的精神,还没有认识到社会结构的决定作用。在《乡村建设理论》、《中国文化要义》中,他已经认识到了社会结构对法律或礼俗的决定性作用。

按照社会结构对法律或礼俗的决定作用的认识,要想法律或礼俗有实效,其功夫就不在法律或礼俗身上,而在社会结构身上。梁漱溟正是基于这样一种认识,他所要进行的乡村建设运动,就是为中国重新建立一种新的社会结构的运动。

从逻辑上讲,他的设想似乎是很有道理的。近代中国是由于不团结,国家无力量,军事失利而败于西方。所以中国最应向西方学习的是集团生活,让国家整体形成力量。但同时,梁认为中国传统的"伦理本位、人生向上"这是传统中国的优势,也是西方国家所欠缺,以后也要向中国学习的。所以,这个不能丢。而且,从更深层次讲,梁漱溟认为近代西方是第一路向的文化,传统中国是第二路向的文化,第二路向文化比第一路向文化高级,第一路向必然要走向第二路向。所以中国的优点更不能丢。正是在这样一种思维下,梁漱溟想以传统中国的"伦理本位、人生向上"与西方的"集团生活"两者实现真正的融合,为中国形成一个新的社会结构。这是理论上的。

梁漱溟一直认为,法律是对已成事实的确认。所以,要想有真正有效的法律,就必须有真正有效的社会结构。梁漱溟的乡村建设运动,就既是一个构建新社会结构的实践,也是一个为中国形成一个真正有效法律的实践。但梁漱溟没有认识到,他的理论和实践有以下一些重大局限:

第一,梁漱溟自己想到的是中西方优点的融合,但实质上是一种拼合。世界上的事物,总是优点与缺点并存的。正如老子所说"有无相生,难易相成,长短相形,高下相盈,音声相和,前后相随"。[①] 对同一事物抽离出缺点后,其优点还能否独立存在,这是很值得怀疑的。如最典型的是梁自己设计的"人治的多数政治",想将人治与法治、民主融合在一起,这可能吗?最终还是要么一个人说了算,落于人治。要么,领导无权,落于无政府主义,或者被夺权。

第二,与当时的历史潮流不吻合。自清末以来,面对西方的强势入侵,中国是一种激进主义为主的历史潮流。辛亥革命、五四运动……,梁漱溟的乡村建设理论与实践,则是一种保守主义的思想,当然,我们不否认其保守中有激进的成分,但主体是保守。抗日战争爆发后乡村建设运动的事实,也证明了在当时国情下,想以保守主义进行社会结构建造,是不现实的。

(2)近代中国的法律必须培养中国自己的事实

根据前面的分析可以看出,梁漱溟认为法律制度要想有实效,必须先有

---

① 陈鼓应:《老子注译及评介》,中华书局 1984 年版,第 64 页。

相关事实,再有法律对事实的确认。所以法律制度是否有效的关键因素之一,就在于是否先有相应的事实,而不在于该法律是否形成法律条文。英美法系的习惯法就是不成文法,但很有实效。从这种观点出发,梁漱溟认为辛亥革命后中国学习西方的法律制度之所以没有实效,是因为我们只学习了西方的法律条文,而没有学习西方法律条文之前提——相应的事实。他认为,西洋的法律制度是建立在西洋事实的基础之上,中国的法律制度无西洋的事实,却学西洋的制度,此为无根之物。其结果必然为有制度无秩序。面对此情形,中国的选择不外乎以下几种:一是先学西方的制度,然后建立西方的事实;二是建立中国自己的事实,建立与此相适应的中国自己的制度。他认为前一条路行不通,后一条路才是近代中国的正确选择。

第一,近代中国培养不了西方的事实,所以不可能有西方的法律。

梁漱溟说:"一言以蔽之,西洋法律制度所为如此安排配置者,正为其事实如此,有在法律制度之前者。然在我们则何如? 一点的事实无有可凭,而曰:'我今欲如是云云';但凭条文期收大效,讵非梦呓!"[①]按照梁漱溟的观点,要移植西方的法律制度,就必须建立西方法律赖以生存的社会事实。但当时的实际情况是,大家都热衷于制定法律条文,而不注意条文背后的事实。那么中国能否建立与西方法律相适应的事实呢? 梁漱溟认为不行,因为"中国最大的事实是伦理;一切一切都纳入伦理关系中。对于个人主义说,其意义恰为非个人主义;对于权利观念说,恰为义务观念;对于向外用力说,恰为向里用力。由于伦理,而在中国人与人之间乃无由萌生相对抗衡的权利平等观念。由于伦理关系的推演,而在中国政府与人民之间乃无由形成相对抗衡的形势。从而就不能有拥护权利平等的法律,维持势力均衡的制度"[②]。

中西正因为其事实不同,法律也不同。西方法律主要具有组织社会、建立秩序的功能,主要是成文法。当然也有刑法,具有刑罚功能。而传统中国则与之不同,传统中国组织社会、建立社会秩序的功能,不在法律,而在礼俗,在习惯法,在不成文法。法律主要是刑法、刑罚,是对礼俗的保障,是对违反礼俗的最终处罚。所谓"出礼入刑"即是。

所以梁漱溟说:"西洋社会秩序的维持靠法律,中国过去社会秩序的维持多靠礼俗。不但过去如此,将来仍要如此。中国将来的新社会组织构造

---

① 梁漱溟:"我们政治上的第一个不通的路——欧洲近代民主政治的路",载中国文化书院学术委员会:《梁漱溟全集(第五卷)》,山东人民出版社 2005 年版,第 159-160 页。

② 梁漱溟:"政治上的民主和中国人",载中国文化书院学术委员会:《梁漱溟全集(第六卷)》,山东人民出版社 2005 年版,第 279 页。

仍要靠礼俗形著而成，完全不是靠上面颁行法律。"①也就是说，梁漱溟认为中国不能建立西方的事实，只能建立中国的新事实，具体而言，只能建立以中国为体西方为用的新的社会构造或者说新礼俗。

第二，近代中国法律如何培养中国自己的事实。

梁漱溟认为近代中国的问题在于文化的失败，社会结构的崩溃。梁漱溟站在保守主义的立场，认为近代中国的出路在于"老根发新芽"，在于"返本开新"。文化上如此，法律上亦是如此。传统中国是以礼俗代法律，近代中国亦不会以法律代礼俗，而是要继续走礼俗之路。只不过由于社会结构的崩溃，由于旧习惯的破坏，中国社会需要建立新的事实，如建立新的社会结构、新的习惯等。

如何建立新的事实呢？一方面要坚持"老根"、要返"本"。这里的"老根"、"本"从文化角度说即"人类理性"、"伦理本位、人生向上"的中华民族精神即中国传统的道德智慧、内圣外王的心性之学。而从事实角度说，则是新习惯、新礼俗。梁漱溟认为传统中国是礼法，礼为本，法为用，出礼入刑。无礼，则法不可单独存在。所以，礼俗才是传统中国社会维持社会秩序的根本事实，法律主要是刑法，是作为礼俗的补充和不得已而要运用武力保障礼俗的最后力量。与此同理，梁漱溟认为，乡村建设的根本在于去除坏的习俗，形成好的新礼俗。好的新礼俗存在是新法律的根本，否则，法律就会变成无本之源。

另一方面要发"新芽"，要开"新"。这里的"新芽"、"新"就是西方的团体生活、科学技术、民主、法治等。在梁漱溟看来，中国人缺乏公共观念，缺乏纪律习惯，缺乏组织能力，缺乏法治精神，从社会结构的原因来看，就是因为中国人缺乏集团生活。那么如何发展团体生活，团体生活与法律的关系怎样呢？梁漱溟说：我们是等事实上地方团体生活，公民组织能力已经逐渐发展养成，大家已经养成习惯，事实上已经做到；然后国家乃从而正式承认之，照已有的习惯著为法规。②

（3）对梁漱溟观点的可能质疑

我们知道，在传统中国社会，是一个人治社会，是一个礼俗社会，如果从狭义的角度讲，法律就是刑法。此时维护社会秩序的是礼与法的结合。法律有其存在的空间。在近代西方的法治社会，社会秩序主要是靠法律来维

---

① 梁漱溟："乡村建设理论"，载中国文化书院学术委员会：《梁漱溟全集（第二卷）》，山东人民出版社 2005 年版，第 276 页。

② 梁漱溟："乡村建设大意"，载中国文化书院学术委员会：《梁漱溟全集（第一卷）》，山东人民出版社 2005 年版，第 719 页。

持,价值理念靠法律来保障,这是典型的法治社会。法律的生存空间就更大。那法律的有效是否必须以一定的事实为根据呢? 在不同的社会事实条件下,我们能否制定出适应不同事实的法律? 如现在中国社会转型期,我们可能既需要传统的道德、权威,又需要现代的法律、自由等,亦即既有实质意义上的法律,又有形式意义上的法律。

从这个角度讲,梁漱溟认为法律必须先有事实出现才能有效才能制定,是错误的,至少是不全面的。如新中国成立后的构建型法治,就是一种典型的以法律推动事实出现的法治类型。梁漱溟之所以有这种认识,与梁漱溟是以事实证理论密切相关的。清末以来,梁漱溟有一个中国“必用西法”的功利主义法律思想阶段,但经过亲身经历,他发现西方的法律根本不可能在中国生效,所以他就根本转向,认为中国“必不能用西法”。从而转向复兴传统儒学的道路,而传统儒学中,维持社会秩序的是礼俗,礼俗的生成与有效是以社会事实即习惯、习俗的养成为标志的。这体现了先有事实,再有法律的典型特点。由此,梁漱溟推断中国社会必须先有社会事实再有法律。但是,如果从梁漱溟认为未来中国的法律是新礼俗的角度而言,梁的这个观点并没有错。

3. 意识、事实与法律三者相一致

(1)基本原理

梁漱溟说:“社会秩序(一切法制礼俗),都是随着社会事实(经济及其他)产生,而使这些社会事实走得通的一个法子。所以二者通常总相符底。人们的意识要求,通常又总符合于斯二者。”①这就是梁漱溟意识、事实与法律三者相一致思想。

梁漱溟认为,法律必须与社会事实相吻合。这里的社会事实,是经济、社会结构、习惯等。只要社会事实存在,就可制定与之相关的法律,这样的法律就会有实效。反之,如果无相关社会事实存在,只是按照主观意识、理想来制定相关法律,则没有任何实效。在梁漱溟的意识、社会事实、法律秩序的分析范畴中,社会事实是决定性的因素,这与马克思主义所讲的物质决定意识、经济基础决定上层建筑是一致的。正因为社会事实是决定因素,社会事实不变,而想建立与旧的社会事实不一致的新秩序,是不可能的。清王朝维护的旧秩序被推翻,推翻的只是与旧事实相应的政治秩序,而非与旧事实相应的文化秩序,传统中国的文化秩序在实质层面仍然是礼俗。但这种旧的事实虽然没有根本改变,但并非没有改变。其改变的是在

---

① 梁漱溟:“中国党派问题的前途”,载中国文化书院学术委员会:《梁漱溟全集(第六卷)》,山东人民出版社 2005 年版,第 594 页。

西方面前文化的失败,社会结构的崩溃。梁漱溟认为,当时中国最重要的任务,不是建立新秩序,而是如何改良旧事实。只要旧事实改良好了,以改良的旧事实为基础的新秩序也就自然会建成了。所以,意识、法律秩序都要围绕社会事实而动。详细地说,在意识上,要救亡图强,这个没错,但应从如何改良旧事实角度来谈救亡图强;在法律秩序上,法律秩序是跟着社会事实而动的,是对社会事实的确认,所以,建立新法律秩序的重点,不在法律秩序本身,而在改良后的社会事实;社会事实是近代中国的重点。既然面对西方,中国在社会事实上存在问题,必须找出问题,解决问题。这就是梁漱溟的乡村建设运动分为两个部分,第一部分是认识问题,第二部分是解决问题的原因。从意识、社会事实、法律秩序的角度来说,乡村建设运动,在意识上是梁救亡图强的运动,在社会事实上讲,是以中体西用的方式,意图老根发新芽,返本开新重建中国儒家式的文化、社会结构、习惯的运动,亦即对传统中国旧的社会事实进行改良的运动;在法律秩序上讲,法律秩序是建立在社会事实基础之上,改良旧事实形成新事实,就是改良旧秩序形成新的法律秩序。

(2)中国的情形

梁漱溟认为,一般而言,"事实、秩序、法律"正常情况下有三种情形:①事实、法律、意识三者相互协调;②事实变化,引发意识变化,再引发法律变化;③在同一社会内部,事实变化,但维持原来法律的力量很强,引发事实变化的意识与维持原来法律的意识两不相让,最终是爆发革命,引发法律秩序变革。

而近代中国的情形与前面讲的"事实、法律、意识"三者关系情形不一样。中国社会法律秩序的革命,不是由社会内部自发的,而是由国际潮流引发的。社会内部自发的法律秩序革命,一般是先有事实的变化,从而引发意识的变化,最终引起法律秩序的变化。而近代中国的情形是:中国的社会事实仍然是数千年来未曾中断过的社会历史、文化,而社会意识(不是阶级意识)则是救亡图强,学习西方,追赶西方的潮流。二者之间极不适应。旧的法律秩序因为新的意识而被排去(指辛亥革命),而新的法律秩序又缺乏新事实根据(指学习西方的法律制度而需要的团体本位、权利本位、市场经济等)。因而,事实、意识、法律三者之间极不协调,这是一般情形的特例。

关于中国的这种情形,可以以中国的历史为证。鸦片战争后,中国败给了西方,当时所谓的先进中国人曾国藩、李鸿章等认为,主要是中国的轮船、枪炮等不如西方,于是发动洋务运动,引进世界先进的轮船、枪炮,并创办了很多的工厂,此后,中国的轮船、枪炮虽不敢说是世界最先进的,但基本可以说是亚洲最先进的。但就在这样一种情形下,在甲午战争一役,中国却败给了日本。总结教训,当时所谓的先进中国人发现,原来中国的政治法律制度不如西方,于是戊戌变法及以后的清政府大量引进了西方包括日本在内的先进法律制度。但事实是什么呢? 事实是只引进了法律的形式,法律凭以有效的社会事实,在中国没有具备,如团体组织、权利本位等。这样,意识、法律、事实三者之间极不协调,法律是法律,事实是事实一直是近代以来中国没有很好地解决的问题。所以在这里,其实有两个事实,一个是引发意识的事实,即"刺激—回应"模式下的中国落后挨打的事实,这个事实应该说近代中国是有的;另一个事实是与法律秩序相适应的事实,如与西方法律相适应的团体本位、权利本位等事实,这确实是近代中国没有的。

另外,在梁漱溟看来,近代中国的情形是,老秩序被推翻、新秩序建立不起来,中国处于"'秩序饥荒'时代"。其原因在于,中国革命的意识是外来的,是学习外国,救亡图存的需要;而社会事实呢? 仍然同千年来旧的事实是一致的。因外来意识推翻了旧秩序,与旧秩序对应的旧事实没有改变,因没有建立新事实,从而也就无法建立与新事实对应的新秩序。中国就陷于意识、社会事实、社会秩序三者极不协调的矛盾之中。

总之,中国近代以来的问题,就是只按照意识、理想来制定法律,而没有按照已存的社会事实或培养成功新的事实后制定法律。这是近代以来中国法律无用的根源。所以梁漱溟认为近代以来中国法律不是有效无效的问题,而是有用无用的问题。梁认为,无效可以制定新的与事实相符合的法律,则会有效;而无用,则问题根源不在法律,而在事实,因为不存在法律有用的事实,则不可能适用法律。这也是梁漱溟为什么要进行乡村建设运动,要先"造事实"的原因。他认为,只有有了"事实",亦即相应的社会结构、习惯等形成后,再用法律将其确立下来,法律才会有实效。

(3)三大不同派别的比较

从意识、社会事实、法律秩序这个分析范式来看,保守主义、自由主义、激进主义三大派别主张与实践有相同之处,也有不同之处。从相同之处来看,在意识上都要求救亡图强,使中国走上现代化的强国。不同之处在于,对社会事实的认识不同。保守派认为,近代中国传统中国的社会事实仍然没有根本改变。伦理本位、人生向上的中华民族精神,仍然是中国最大的事实。这个事实要改良,不必根本否弃。它的实践表现为梁漱溟的乡村建设运动。而自由派认为,传统中国的旧事实,是中国落后挨打的根本原因,必须全面否弃传统中国旧事实，建立以西方为标准的新事实；激进主义也认为，传统中国的旧事实从根本上要否弃，但它并不否认在整体否弃的基础上可以借鉴其中的优秀成分来建立新事实。对法律秩序的要求也不同。保守派要求改良旧秩序，建设新礼俗。自由派要求建立西方意义上的限制公权保障公民权利的宪法法律。而激进派则要求实现无产阶级专政，建立社会主义法制。

(三)"造事实"的必要性

梁漱溟认为，近代中国意识上有学习西方制度的想法，然后直接制定相关法律。如果这样能够成功，则无须"造事实"。但事实上，由于这些法律没有与之相适应的"事实"，这些法律就没有实效。

近代以来，无论是精英的知识分子，还是普通民众，中国人表面上都欢迎、接纳西方式的"民主"、"法治"等，但在内心深处，却拒绝决定西方式"民主"、"法治"背后的"事实"，如西方式的团体本位、阶级斗争，权利本位、争的文化等，内心深处仍然是传统文化背后的"事实"，如伦理本位的文化意识，礼俗、习惯等，这样肯定不能期望西方式的"民主"、"法治"成功。就像余英时所说，传统儒家在近代在政治制度层面被推翻了，但在文化层面，在普通民众生活层面，却像一个游魂一样存在。[①] 这就是制度与事实的矛盾。在梁漱溟看来，传统中国制度与事实是一个统一自洽的逻辑系统，近代西方制度与事实也是一个统一自洽的逻辑系统，而近代中国引自西方的制度与传统儒家文化事实之间发生了不能融合的逻辑混乱，存在很大的矛盾。解决的方法，可以是既用西方的法律制度，又用西方的文化事实。但梁漱溟经过实践与理论的考察，认为这条路走不通。既然走不通，那只能另想办法。什么样的办法？在梁漱溟看来，文化事实决定制度，传统文化事实在实践中还有生命力，在理论上还可以复兴。其中原因在于，中国传统文化是第二路向的文化，是比西方更为高明的文化，只不过是理性早启，文化早熟而已。中国需要解决的问题，是解决理性早启，文化早熟的问题，而非根本抛弃传统文化的问题。既然这样那么就应该探索复兴的方式。什么样的方式，这就是乡村建设的理论与实践。

所以法律要想真正有实效，应当先从事实上着手，如先建成新的社会结构，形成新的习惯，然后再制定法律来确立新的社会结构、新的习惯等，法律就会自然有效。

另外，梁漱溟还从法律的无效与法律的不合适视角对"造事实"的必

---

① 余英时：《现代儒学论》，上海人民出版社 2010 年版。

要性进行了探讨。梁漱溟说:"须知中国今日所苦在任何法律制度之无效,而非那法制的不合适。不合适可以制新的。若无效则更制新的还是无效。制之何益?"①在此,梁漱溟区分了法律的无效与法律的不合适的问题,通常我们认为这是同一个问题,梁漱溟认为这是两个不同的问题。所谓法律无效,是指中国的社会事实如社会结构、社会习惯等都不能有法律的生存之地。而所谓法律不合适,是指中国的社会事实如社会结构、社会习惯等有法律的生存之地,但必须是某种特定法律类型,而非别的法律类型。他认为,近代中国的问题是法律无效的问题,而非法律不合适的问题。

为什么近代中国制定的法律无效,如前述,就是中国没有与法律相对应的社会事实。为什么没有社会事实还要制定法律?是因为近代中国救亡图强需要法律,这是甲午战争后当时中国的一个共识。当时所谓的先进中国人认为,只有学习西方的法律,才能追赶上西方,才能实现救亡图强,而他们没有意识到法律是有生存的社会事实即社会土壤的。在没有社会事实即社会土壤的情况下,制定任何法律都是无效的。所以,意识要求与社会事实相背离。这种情况下制定的法律是无效的,是没有意义的。也有人提出,降低社会事实的要求,按照现有的社会事实来制定法律,可以吗?梁漱溟认为,不可能。特别是于宪法而言,这样制定出来的宪法,就不是真正的宪法,而只是一些黑字、一堆废纸而已。

三、对我国法治建设的启示②

根据梁漱溟上述法律与事实之间的选择性亲近关系思想,我们得到的启示是:我们的法治建设必须重视与法律相关的事实。如何重视与法律相关的事实?其方法多种多样。建立法治建设指标体系是其中的好方法之一。

法治建设指标属于广义的社会指标体系,是社会指标体系的组成部分。但是,法治指标体系又是相对独立的,它不仅要监测公共秩序和安全,而且也要监测立法、司法、执法、普法、守法、法律服务、法律监督等法治领域各方面的状况。因此,法治建设指标体系是社会指标体系的特殊领域或专门领域。

---

① 梁漱溟:"中国此刻尚不到有宪法成功的时候",载中国文化书院学术委员会:《梁漱溟全集(第五卷)》,山东人民出版社 2005 年版,第 468 页。

② 李建兴、尹华广:"'法治社会'建设指标体系的构想——以浙江省为例",载《中共南宁市委党校学报》2008 年第 1 期,内容有改动。

　　一般来说,法治建设指标主要是描述某一种法律现象的量的数据,用以判断某一社会的法律状况或法治状况的指数,能判别出所研究的客体现状及其发展趋势,以及评价某项专门法律实施的后果。法治指标体系主要有两种形式:政府法治指标体系——由国家立法机关、司法机关、行政机关等机构建立的法治指标体系;学者法治指标体系——认为法治指标体系有两个特点,一是将官方发布的材料和一定的研究目的结合起来,二是把单纯的法律指标和一定的社会指标结合起来。本研究是把这两种指标体系的特点结合起来,一方面能够满足政府机构法治建设的需要,同时也吸收学者在法治理论和法治指标上的研究成果。根据我国法治理论以及法治建设的实际情况,我们制定了法治建设指标体系。其内容如表1所示。

表 1　法治建设指标体系

法治建设指标体系		指标说明和判读	资料来源
立法指标	选民登记率	主要反映公民选举权和被选举权的享有程度	人大
	选民实际参加率		
	普通选民被合法推选为县(市)人民代表候选人的比率		
	执政党提案通过票数统计	主要反映执政党代表在人大中的作用。票数、比率超高,其在人大的作用越大	人大
	执政党代表在人大提案人中比率和附议人数统计		
	执政党代表提案最终立案的比率		
	人代会议通过的法律案数	主要反映人代会议在立法过程中的决定作用,是人治走向法治的标志	人大
	人代会议否决的法律案数		
	人代会议搁置的法律案数		
	人代会议通过法律案的得票统计		
	人大提案中有关法制建设的比率		
	规范性文件合法性评价	对规范性文件合宪法、合法抽样检查	人大
	人大立法数量年增长率	主要反映立法数量和质量以及市民在立法中的权利	人大
	人大立法中由行政部门提出立法草案的比率		
	立法听证会一般市民参与的比率		
	立法听证平均次数		
	法律条文的可操作性		专家评估
	信访率和办结率(人大)	反映公民的各种问题	人大信访部门

续表

法治建设指标体系		指标说明和判读	资料来源
司法指标	信访率和办结率（司法）	反映公民关于司法的各类问题	司法部门、信访部门
	各类案件中上诉案件的数量和在一审中比率	反映涉案当事人的权利和法院的办案质量	法院和检察院
	上诉案件中胜诉、维持原判的比率		
	诉讼案件办结率		
	民事案件审结和再审比率		
	非本地管辖单位在本地提起诉讼和胜诉的比率	反映司法的公正性	
	检察院纠正审判违法案件的数量及比率	反映检察机关司法情况	
	检察院抗诉数量及比率		
	检察院抗诉后改判或维持原判的数量		
	公安机关刑事案件破案数	反映公安机关行使刑事侦查职能的情况	公安部门
执法指标	行政执法责任制覆盖率	反映政府行政执法的责任性	政府及有关部门
	办案责任制执行率		
	劳动合同争议仲裁率	反映公民对政府的各种问题	政府信访部门
	信访率和办结率（政府）	反映公民对政府的各种问题	
	冤案错案率	反映政府行政执法过程中的纠错情况及工作效率	政府信访部门及政府有关部门
	冤案错案责任追究比率		
	行政复议率		
	行政投诉率		
	行政诉讼发生率		
	行政投诉和诉讼办结率		
普法指标	普通公民普法教育比率	反映市民普法教育的一般情况	司法部门
	党政干部法律培训比率		
	青少年普法教育比率		
	外来人员普法教育比率		
	经济合同履行率	测量市民日常行为中法律意识	法院
	交通安全处罚率		公安部门
	法制出版物销售量		宣传部
	新闻中有关法制报道的比率		
	普通群众参加重大案情庭审的平均人数		法院
	法人和个人依法纳税比率		税务局
	由人民调解转为提起诉讼的比率		民政局、法院
	一般民事纠纷直接提起诉讼的比率		

续表

法治建设指标体系		指标说明和判读	资料来源
法律监督指标	政府领导民主评议通过率	主要反映政府领导知法守法和执法情况	政府部门
	政府领导述职评议通过率		各级人大
	人大代表质询率	人大代表对立法、司法和执法的质询	各级人大
	行政诉讼发生率	主要反映有关部门执法过程中的违法、违规情况	法院和政府部门
	行政投诉率		
	法律程序执行情况评价	由立法机关抽样调查	各级人大
	新闻批评率	新闻对有关违法问题的批评	宣传部
公共安全指标	刑事案件立案率	主要反映刑事领域中的法制问题	公安部门、检察院
	重大刑事案件发生率		
	贪污腐败立案率		
	重大交通、火灾事故发生率	反映交通、生产及其他危急中的法制问题	公安局、消防队
	重大生产事故发生率		经委
	其他公共危急发生率		政府相关部门
公民社会参与指标	选民对人民代表的了解和评议	主要说明市民享有公民基本权利的程度	问卷调查
	公民向政府和人代会、政协提出建议的件数		政府、人大、政协
	政府网站被点击率		政府网站
	居、村民参加居、村委会选举比率		民政局
	实行直接选举的居、村委会比率		
	公民参加各社会团体的比率		
	村规民约、居民公约覆盖率	主要反映村民、居民对民约的认同度和各种民约的覆盖情况	问卷调查
	村规民约、居民公约认同率		
	人民调解次数及其调解率	反映人民调解制度作用和效率	民政部门

法治建设指标体系			指标说明和判读	资料来源
法律资源指标	人大代表的自然构成	性别比	主要说明人大代表社会构成的合理性	人大
		年龄比		
	人大代表的社会构成	民族比	主要说明人大代表自然构成的合理性	
		职业比		
		党派比		
		文化程度比		
		收入比		
		专业背景		
	法官数量及其社会构成	文化程度	主要说明法官数量及其社会构成的合理性	法院
		民族		
		党派		
		专业背景		
	检察官数量及其社会构成	文化程度	主要说明检察官数量及其社会构成的合理性	检察院
		民族		
		党派		
		专业背景		
	行政执法人员数量和构成	文化程度	说明行政执法人员数量和构成的合理性	具有行政执法职能的部门
		年龄		
		党派		
	每万人口警察数量		和同类国家或地区相比,警察和律师配备的合理性	公安部门
	每万人口刑事警察数量			
	每十万人口律师数量			司法部门
法律服务指标	法律援助比率		反映法律服务的一般状况	司法部门
	法律援助对象分析			
	法律咨询比率			
	法律咨询对象分析			
	法律从业人员资格考核率		测量法律从业人员基本资格	
	持证执业考核率			
	法律从业人员违规违法率		反映法律从业人员的违规或违法情况	

续表

	法治建设指标体系		指标说明和判读	资料来源
基础指标	社会保障	对社会资源分配和利益群体的评价	主要说明法治建设的基本原因或相关因素	问卷调查和统计局
		对个人权益保障评价		
		工青妇组织维权申诉次数		工青妇组织
		损害消费者权益申诉次数		消协
		人民团体信访或投诉办结率		工青妇、消协
		业主委员会覆盖率		民政部门、社保部门
		劳动合同纠纷受理件数及增长率		
		职工被动失业或下岗人数和比率		
	生活水平	行政诉讼件数和增长率		政府及有关部门
		城镇居民人均可支配收入		统计局
		恩格尔系数		
		市民对生活水平满意度评价		
	贫富差距	基尼系数		
		收入五等分倍数		
	社会保障	社会救助比率		民政部门、社保部门
		社会帮困比率		
		医疗保险覆盖率		
		养老保险覆盖率		
		政府用于社会救助经费占国内生产总值的比率		
其他指标	信访内容分析:建议与投诉比		反映市民法律意识和社会参与	人大、政府、司法部门和各类社会团体
	各类维权组织(包括消协、业委会)中执政党成员所占比率		说明执政党在各类维权组织中的作用	民政部门、社会团体
	市民对法治建设的满意率		市民对法治建设的评价	问卷调查

　　法治建设指标体系主要由以下几个方面组成:立法指标、司法指标、执法指标、普法指标、法律监督指标、公共安全指标、社会参与指标、法律资源指标、法律服务指标、基础指标、其他指标。其中立法指标、司法指标、执法指标用来监测法治建设的基本运行状况;公共安全指标是用来监测社会秩序状况;法律监督指标是用来监督法治建设的实施状况;法律服务指标是用来监测法律工作者的素质及其服务质量;普法指标和社会参与指标是用来监测干部和群众知法、守法以及在日常生活中参与法治建设的状况;法律资

源指标是用来测量法治建设财力、物力、人力的投入状况；基础指标是用来
测量社会发展的基本水平以及群众合法权利的保障状况。

　　在法治建设指标体系中，立法指标主要是公民的基本权利，执政党在立
法中的地位和作用，人大在立法中的作用。司法指标主要是法院和检察机
关的公正司法，法院和检察机关的相互制约，以及司法效率等。执法指标主
要是行政执法的公正和程序、执法效率以及为民服务情况。普法指标主要
是近年来各类人员普法教育情况，市民在日常生活中实际遵守法律的情况。
法律监督指标主要是人大、新闻和公民享有法律监督的权利和实际状况。
公共安全指标主要是有关社会治安、生产、生活安全的指标。社会参与指标
主要是反映在法治建设过程中市民的参与程度，以及他们依法享有的权利
保障和实现。法律资源指标主要是立法、司法、执法人员的结构和素质。法
律援助指标包括法律援助、咨询对象人数及其构成、法律从业人员的素质
等。基础指标主要是与法治建设的相关因素指标包括利益保障、生活水平、
贫富差距、社会保障等。

参考文献

一、外文参考文献

(一)原著

1. Bernhard Grossfeld, The Strength and Weakness of Comparative Law, Clarendon Press, 1990.

2. Encyclopedia Britannica(15th edition), 1997(10): 71.

3. Friedrich Carl Von Savigny, The Vocation of Our Age for Legislation and Jurisprudence, Littlewood & Co. Old Bailey, 1831.

4. H. Kelsen, Essays in Legal and Moral Philosophy, Springer, 1973.

5. H. L. A. Hart, Law, Liberty and Morality, Oxford University Press, 1963.

6. J. Rawls, Legal Obligation and the Duty of Fair Play. //S. Hook, Law and Philosophy, New York University Press, 1964.

7. L. L. Fuller, The Morality of Law(revised edition), Yale University Press, 1969.

8. Oliver Wendell Holmes, Jr. , The Common Law, Harvard University Press, 1963.

9. R. Unger, The Critical Legal Studies Movement, Harvard University Press, 1983.

10. S. Hook, Law and Philosophy, New York University Press, 1964.

(二)译著

1. [美]埃尔曼:《比较法律文化》,贺卫方、高鸿钧译,生活·读书·新知三联书店1990年版。

2. [美]艾恺:《最后的儒家——梁漱溟与中国现代化的两难》,王宗昱、冀建中译,江苏人民出版社1996年版。

3. [美]爱德华·S. 考文:《美国宪法的"高级法"背景》,强世功译,生活·读书·新知三联书店1996年版。

4. [英]奥斯丁:《法理学的范围》,刘星译,中国法制出版社 2002 年版。

5. [古希腊]柏拉图:《理想国》,郭斌和、张竹明译,商务印书馆 1986 年版。

6. [美]伯尔曼:《法律与宗教》,梁治平译,商务印书馆 2015 年版。

7. [美]D. 布迪、C. 莫里斯:《中华帝国的法律》,朱勇译,江苏人民出版社 2004 年版。

8. [美]恩斯特·冯·格拉塞斯费尔德:《激进建构主义》,李其龙译,北京师范大学出版社 2017 年版。

9. [德]弗里德里希·卡尔·冯·萨维尼:《论立法与法学的当代使命》,许章润译,中国法制出版社 2001 年版。

10. [美]富勒:《法律的道德性》,郑戈译,商务印书馆 2005 年版。

11. [德]何意志:《法治的东方经验——中国法律文化导论》,李中华译,北京大学出版社 2010 年版。

12. [日]矶谷幸次郎:"法学通论",王国维译,载何勤华:《法学通论与法之本质》,中国政法大学出版社 2006 年版。

13. [美]金勇义:《中国与西方的法律观念》,陈国平、韦向阳、李存捧译,辽宁人民出版社 1989 年版。

14. [美]鲁思·本尼迪克特:《菊与刀》,何晴译,浙江文艺出版社 2016 年版。

15. [美]罗森:《法律与文化:一位法律人类学家的邀请》,彭艳崇译,法律出版社 2011 年版。

16. [美]罗斯科·庞德:《法律与道德》,陈林林译,商务印书馆 2015 年版。

17. [美]马克·里拉:《当知识分子遇到政治》,邓晓菁等译,新星出版社 2005 年版。

18. [德]马克斯·韦伯:《法律社会学》,康乐、简惠美译,广西师范大学出版社 2011 年版。

19. [德]马克斯·韦伯:《新教伦理与资本主义精神》,阎克文译,上海人民出版社 2012 年版。

20. [德]马克斯·韦伯:《学术与政治》,冯克利译,生活·读书·新知三联书店 2005 年版。

21. [英]梅因:《古代法》,郭亮译,法律出版社 2016 年版。

22. [法]孟德斯鸠:《论法的精神》(上下册),张雁深译,商务印书馆 1959 年版。

23.[法]孟德斯鸠:《孟德斯鸠法意》,严复译,商务印书馆 1981 年版。

24.[英]米尔恩:《人的权利与人的多样性——人权哲学》,夏勇、张志铭译,中国大百科全书出版社 1995 年版。

25.[美]P.诺内特、P.塞尔兹尼克:《转变中的法律与社会:迈向回应型法》,张志铭译,中国政法大学出版社 2004 年版。

26.[日]穗积陈重:《法律进化论(法源论)》,黄尊三等译,中国政法大学出版社 2003 年版。

27.[古希腊]亚里士多德:《政治学》,吴寿彭译,商务印书馆 1983 年版。

28.[日]滋贺秀三:《中国家族法原理》,张建国、李力译,法律出版社 2003 年版。

二、中文参考文献

(一)专著

1.白吉庵:《物来顺应——梁漱溟传及访谈录》,山西人民出版社 1997 年版。

2.卞敏:《中华民族精神研究》,光明日报出版社 2008 年版。

3.伯宽、谷雨:《阅读梁漱溟》,中国文史出版社 2012 年版。

4.曹聚仁:《中国学术思想史随笔》,生活·读书·新知三联书店 2012 年版。

5.曹跃明:《梁漱溟思想研究》,天津人民出版社 1995 年版。

6.曾宪义、马小红:《礼与法:中国传统法律文化总论》,中国人民大学出版社 2012 年版。

7.陈鼓应:《老子注译及评介》,中华书局 1984 年版。

8.陈顾远:《中国文化与中国法系——陈顾远法律史论集》,范忠信、尤陈俊、翟文喆编校,中国政法大学出版社 2006 年版。

9.陈来:《现代中国哲学的追寻》,生活·读书·新知三联书店 2010 年版。

10.陈明:《儒者之维》,北京大学出版社 2004 年版。

11.陈戌国:《四书五经》,岳麓书社 2015 年版。

12.成中英、麻桑:《新新儒学启思录——成中英先生的本体世界》,商务印书馆 2008 年版。

13.程燎原、王人博:《权利论》,广西师范大学出版社 2014 年版。

14.程燎原:《从法制到法治》,法律出版社 1999 年版。

15.程燎原:《中国法治政体问题初探》,重庆大学出版社 2012 年版。

16. 邓正来：《中国法学向何处去——建构"中国法律理想图景"时代的论纲》，商务印书馆 2011 年版。

17. 范忠信：《中国法律传统的基本精神》，山东人民出版社 2001 年版。

18. 方克立：《现代新儒学与中国现代化》，长春出版社 2008 年版。

19. 费孝通：《乡土中国生育制度》，北京大学出版社 1998 年版。

20. 封祖盛：《当代新儒家》，生活·读书·新知三联书店 1989 年版。

21. 冯友兰：《中国哲学简史》，新世界出版社 2004 年版。

22. 顾炎武：《日知录·与人书二十五》，陈垣校注，安徽大学出版社 2007 年版。

23. 郭道晖：《民主·法制·法律意识》，人民出版社 1980 年版。

24. 郭齐勇、龚建平：《梁漱溟哲学思想》，北京大学出版社 2011 年版。

25. 贺麟：《文化与人生》，商务印书馆 1988 年版。

26. 贺麟：《五十年来的中国哲学》，商务印书馆 2002 年版。

27. 胡适：《中国哲学史》，华东师范大学出版社 2013 年版。

28. 胡伟希：《论世变之亟：严复集》，辽宁人民出版社 1994 年版。

29. 黄宗智：《清代的法律、社会与文化：民法的表达与实践》，中国社会科学出版社 1998 年版。

30. 季卫东：《大变局下的中国法治》，北京大学出版社 2013 年版。

31. 江山：《中国法理念》，山东人民出版社 2000 年版。

32. 教育部人文社会科学重点研究基地、中国政法大学法律史学研究院：《中国法律文化论集》，中国政法大学出版社 2007 年版。

33. 景海峰、黎业明：《梁漱溟评传》，百花洲文艺出版社 2010 年版。

34. 李强：《自由主义》，东方出版社 2015 年版。

35. 李翔海：《现代新儒学论要》，南开大学出版社 2010 年版。

36. 李渊庭、阎秉华：《梁漱溟先生年谱》，广西师范大学出版社 2003 年版。

37. 李泽厚：《中国现代思想史论》，生活·读书·新知三联书店 2008 年版。

38. 梁培宽：《梁漱溟先生纪念文集》，中国工人出版社 1993 年版。

39. 梁培恕：《中国最后一个大儒——记父亲梁漱溟》，江苏文艺出版社 2011 年版。

40. 梁启超：《清代学术概论》，中国人民大学出版社 2004 年版。

41. 梁漱溟、艾恺：《这个世界会好吗——梁漱溟晚年口述》，天津教育出版社 2011 年版。

42. 梁漱溟：《梁漱溟先生讲孔孟》，李渊庭、阎秉华整理，商务印书馆 2011 年版。

43. 梁漱溟：《我们如何拯救过去——梁漱溟谈中国文化》，江苏文艺出版社 2013 年版。

44. 梁漱溟：《忆往谈旧录》，金城出版社 2006 年版。

45. 梁漱溟：《中国文化的命运》，中信出版社 2013 年版。

46. 梁卫星：《改造中国的实践：梁漱溟传》，中国友谊出版公司 2012 年版。

47. 梁治平：《法辨——中国法的过去、现在与未来》，中国政法大学出版社 2002 年版。

48. 林存光：《儒家式政治文明及其现代转向》，中国政法大学出版社 2006 年版。

49. 林端：《儒家伦理与法律文化：社会学观点的探索》，中国政法大学出版社 2002 年版。

50. 凌斌：《法治的中国道路》，北京大学出版社 2013 年版。

51. 刘进田、李少伟：《法律文化导论》，中国政法大学出版社 2005 年版。

52. 刘军宁：《保守主义》，东方出版社 2014 年版。

53. 刘克敌：《梁漱溟的最后 39 年》，中国文史出版社 2005 年版。

54. 刘述先：《理一分殊与全球地域化》，北京大学出版社 2015 年版。

55. 刘小枫：《个体信仰与文化理论》，四川人民出版社 1997 年版。

56. 刘作翔：《法律文化理论》，商务印书馆 2004 年版。

57. 陆铿、梁钦东：《中国的脊梁：梁漱溟先生纪念文集》，百姓文化事业有限公司 1990 年版。

58. 马汉宝：《法律思想与社会变迁》，清华大学出版社 2008 年版。

59. 马勇：《思想奇人梁漱溟》，北京大学出版社 2008 年版。

60. 马作武：《中国传统法律文化研究》，广东人民出版社 2004 年版。

61. 牟宗三：《生命的学问》，广西师范大学出版社 2005 年版。

62. 彭国翔：《儒家传统：宗教与人文主义之间》，北京大学出版社 2007 年版。

63. 钱穆：《中国思想通俗讲话》，九州出版社 2011 年版。

64. 钱穆：《中国文化精神》，九州出版社 2011 年版。

65. 瞿同祖：《瞿同祖法学论著集》，中国政法大学出版社 1998 年版。

66. 任强：《知识、信仰与超越——儒家礼法思想解读》（增订版），北京大学出版社 2009 年版。

67. 史广全:《礼法融合与中国传统法律文化的历史演进》,法律出版社 2006 年版。

68. 苏力:《法治及其本土资源》,北京大学出版社 2015 年版。

69. 唐君毅:《中国文化之精神价值》,江苏教育出版社 2006 年版。

70. 宛小平:《印象梁漱溟》,安徽文艺出版社 2010 年版。

71. 汪东林:《"反面教员"梁漱溟》,当代中国出版社 2011 年版。

72. 汪东林:《梁漱溟问答录》,湖北人民出版社 2004 年版。

73. 汪东林:《梁漱溟与毛泽东》,吉林人民出版社 1989 年版。

74. 王伯琦:《近代法律思潮与中国固有文化》,清华大学出版社 2005 年版。

75. 王国维:《王国维文集》,中国文史出版社 1997 年版。

76. 王景新、鲁可荣、刘重来:《民国乡村建设思想研究》,中国社会科学出版社 2013 年版。

77. 王人博、程燎原:《法治论》,广西师范大学出版社 2014 年版。

78. 王栻:《严复集(第四册)》,中华书局 1986 年版。

79. 王阳明:《王阳明全集》,线装书局 2012 年版。

80. 武树臣:《中国法律思想史》,法律出版社 2004 年版。

81. 武树臣等:《中国传统法律文化》,北京大学出版社 1994 年版。

82. 夏锦文:《冲突与转型:近现代中国的法律变革》,中国人民大学出版社 2012 年版。

83. 熊十力:《新唯识论》,上海书店出版社 2008 年版。

84. 徐复观:《学术与政治之间》(新版),台湾学生书局 1985 年版。

85. 徐复观:《中国学术精神》,华东师范大学出版社 2004 年版。

86. 徐忠明、任强:《中国法律精神》,广东人民出版社 2007 年版。

87. 许章润:《说法 活法 立法——关于法律之为一种人世生活方式及其意义》,清华大学出版社 2004 年版。

88. 严存生:《西方法律思想史》,法律出版社 2004 年版。

89. 杨鸿烈:《中国法律思想史》,中国政法大学出版社 2004 年版。

90. 尹伊君:《社会变迁的法律解释》,商务印书馆 2004 年版。

91. 余英时:《现代儒学论》,上海人民出版社 2010 年版。

92. 余英时:《中国思想传统及其现代变迁》,广西师范大学出版社 2004 年版。

93. 俞荣根、龙大轩、吕志兴:《中国传统法学述论——基于国学视角》,北京大学出版社 2005 年版。

94. 俞荣根:《礼法传统与现代法治》,孔学堂书局 2014 年版。

95. 俞荣根:《礼法传统与中华法系》,中国民主法制出版社 2016 年版。

96. 俞荣根:《儒家法思想通论》,广西人民出版社 1998 年版。

97. 宇培峰:《新儒家新儒学及其政治法律思想研究》,中国政法大学出版社 2006 年版。

98. 袁保新:《从海德格尔、老子、孟子到当代新儒学》,武汉大学出版社 2011 年版。

99. 张岱年:《国学要义》,北京大学出版社 2012 年版。

100. 张恒山:《义务先定论》,山东人民出版社 1999 年版。

101. 张晋藩:《中国法律的传统与近代转型》,法律出版社 2005 年版。

102. 张君劢:《新儒家思想史》,中国政法大学出版社 2006 年版。

103. 张文显:《二十世纪西方法哲学思潮研究》,法律出版社 2006 年版。

104. 张文显:《法理学》,高等教育出版社、北京大学出版社 2007 年版。

105. 张文显:《法哲学范畴研究》,中国政法大学出版社 2001 年版。

106. 张文显:《马克思主义法理学》,高等教育出版社 2003 年版。

107. 张中秋:《比较视野中的法律文化》,法律出版社 2003 年版。

108. 郑大华:《梁漱溟传》,人民出版社 2001 年版。

109. 郑大华:《梁漱溟学术思想评传》,北京图书馆出版社 1999 年版。

110. 郑大华:《梁漱溟与胡适——文化保守主义与西化思潮的比较》,中华书局 1994 年版。

111. 中国文化书院学术委员会:《梁漱溟全集(第一至八卷)》,山东人民出版社 2005 年版。

(二)期刊论文

1.56. 石培玲:"梁漱溟的公德观与'乡村自治'构想的伦理困境",载《道德与文明》2007 年第 6 期。

2. 曹骏扬:"在传统与现代的两难中寻求新路——由中西文化比较试析梁漱溟的法文化观",载《社会科学》2005 年第 5 期。

3. 陈景良:"反思法律史研究中的'类型学'方法——中国法律史研究的另一种思路",载《法商研究》2004 年第 5 期。

4. 陈景良:"论梁漱溟的法文化观",载《河南省政法管理干部学院学报》1999 年第 2 期。

5. 陈来:"'以对方为重'——梁漱溟的儒家伦理观",载《浙江学刊》2005 年第 1 期。

6. 丁向荣:"'中体西用'思想评析",载《宁夏大学学报(哲学社会科学版)》1998 年第 2 期。

7. 董小川："中西文化共性论纲"，载《东北师范大学学报（哲学社会科学版）》1999 年第 3 期。

8. 方克立："论中国哲学中的体用范畴"，载《中国社会科学》1984 年第 5 期。

9. 方克立："评'中体西用'和'西体中用'"，载《哲学研究》1987 第 9 期。

10. 干春松："'是非'与'利害'之间——从梁漱溟的村治理论看儒家与现代制度的关系"，载《中国人民大学学报》2007 年第 1 期。

11. 葛洪义："法治建设的中国道路——自地方法制视角的观察"，载《中国法学》2010 年第 2 期。

12. 顾红亮："儒家礼俗的现代生命力"，载《人文杂志》2007 年第 5 期。

13. 桂胜："'势'论通说"，载《武汉大学学报（哲学社会科学版）》1996 年第 4 期。

14. 郭学德："试论中国的'政府推进型'法治道路及其实践中存在的问题"，载《郑州大学学报（哲学社会科学版）》2001 年第 1 期。

15. 郭岳梅："梁漱溟的宪政理路与实践"，载《文史博览（理论）》2010 年第 8 期。

16. 胡菊香、欧阳询：《试论现代新儒家的中体西用思想》，载《怀化学院学报》2007 年第 12 期。

17. 季芳桐："梁漱溟对孔子伦理思想的体认"，载《南京理工大学学报（社会科学版）》2002 年第 1 期。

18. 贾可卿："梁漱溟乡村建设实践的文化分析"，载《北京大学学报（哲学社会科学版）》2003 年第 1 期。

19. 江必新、王红霞："法治社会建设论纲"，载《中国社会科学》2014 年第 1 期。

20. 蒋立山："法理学研究什么——从当前中国实践看法理学的使命"，载《法律科学（西北政法学院学报）》2003 年第 4 期。

21. 鞠忠美："在创新中传承：传统文化的现代出路——梁漱溟乡村文化建设的启示"，载《山东社会科学》2017 年第 1 期。

22. 李红辉："梁漱溟农民教育与文化复兴关系刍论"，载《中共中央党校学报》2011 年第 3 期。

23. 李善峰："传统儒学现代化的一次努力——以梁漱溟的理论和实践为个案的研究"，载《孔子研究》2004 年第 5 期。

24. 李善峰："儒学的现代转型与传统社会结构的重建——以梁漱溟的乡村建设实验为核心的讨论"，载《山东社会科学》2016 年第 10 期。

25. 栗劲、王占通："略论奴隶社会的礼与法"，载《中国社会科学》1985 年第 5 期。

26. 廉如鉴、张岭泉："'自我主义'抑或'互以对方为重'——'差序格局'和'伦理本位'的一个尖锐分歧"，载《开放时代》2009 年第 11 期。

27. 林文肯："维护政治纪律 推动学术研究"，载《红旗文稿》2003 年第 19 期。

28. 马作武："传统法律文化中的礼与法"，载《现代法学》1997 年第 4 期。

29. 彭建渝："试论王廷相的理势观"，载《中国青年政治学院学报》1997 年第 2 期。

30. 钱理群："梁漱溟乡村建设思想及其当代价值"，载《中国农业大学学报(社会科学版)》2016 年第 4 期。

31. 邵方："儒家思想与礼制——兼议中国古代传统法律思想的礼法结合"，载《中国法学》2004 年第 6 期。

32. 施建兴："'势'和'理'：梁漱溟对中国宪政之道的范式反思"，载《湖北社会科学》2011 年第 11 期。

33. 舒国滢："中国法治建构的历史语境及其面临的问题"，载《社会科学战线》1996 年第 6 期。

34. 孙季萍："梁漱溟的传统法文化观"，载《南京社会科学》2001 年第 9 期。

35. 孙长虹："梁漱溟的'以道德代宗教'思想研究"，载《北京理工大学学报(社会科学版)》2015 年第 3 期。

36. 王光、迟晓蕾："近代中国政治建设的困境与出路：以梁漱溟乡村建设理论为核心"，载《福建论坛(人文社会科学版)》2015 年第 1 期。

37. 魏继昆："试论民国时期梁漱溟宪政态度之转变"，载《历史教学》2003 年第 1 期。

38. 吴飞："梁漱溟的'新礼俗'——读梁漱溟的《乡村建设理论》"，载《社会学研究》2005 年第 5 期。

39. 吴锋："观势以明理——关于中国哲学史上对规律问题的探讨研究"，载《南京社会科学》1999 年第 12 期。

40. 吴忠伟："'内'观与'他者'的目光——梁漱溟、费孝通对'乡村建设'中'礼俗'的不同理解"，载《江海学刊》2017 年第 4 期。

41. 夏锦文、唐宏强："儒家法律文化与中日法制现代化"，载《法律科学》1997 年第 1 期。

42. 夏天静："梁漱溟新乡村组织的伦理探析"，载《伦理学研究》2017 年第 5 期。

43. 谢晖："法治保守主义思潮评析——与苏力先生对话"，载《法学研究》1997 年第 6 期。

44. 谢晖："法治的道路选择：经验还是建构？"，载《山东社会科学》2001 年第 1 期。

45. 熊春文："以理性复兴中国、以学校组织社会——对梁漱溟乡村建设及乡村教育思想的社会学解读"，载《社会》2007 年第 3 期。

46. 徐汉明、林必恒、张孜仪："论法治建设指标体系和考核标准的科学构建"，载《法制与社会发展》2014 年第 1 期。

47. 许苏民："也谈学术、学术经典、学问与思想——对梁启超、严复、王国维观点的质疑兼评'现代学术经典之争'"，载《开放时代》1999 年第 4 期。

48. 杨朝晖："法治建构应注重本土化与国际化的协调"，载《湖北社会科学》2004 年第 8 期。

49. 杨金卫："梁漱溟乡村建设实验的主旨及其当代价值"，载《山东大学学报(哲学社会科学版)》2006 年第 5 期。

50. 杨亚佳："中国法治发展模式的若干问题"，载《领导之友》2010 年第 1 期。

51. 叶蓬："传统儒家道德义务思想研究"，载《孔子研究》1997 年第 2 期。

52. 俞祖华、赵慧峰："'和谐'语境之下的回眸——对近代思想史上的激进与保守之关系的再认识"，载《学术研究》2011 年第 1 期。

53. 喻中："新儒家的法治观念：贺麟对法治的想象与期待"，载《学术月刊》2010 年第 8 期。

54. 袁曙宏、韩春晖："社会转型时期的法治发展规律研究"，载《法学研究》2006 年第 4 期。

55. 张立文："梁漱溟反动政治思想批判——读《批判梁漱溟的反动思想》"，载《文史哲》1977 年第 4 期。

56. 郑大华：《梁漱溟对中国文化的认识与探索》，载《北京师范大学学报》1988 年第 6 期。

57. 郑东："学术概念的特质与学术发展的动能"，载《河北学刊》2005 年版第 2 期。

58. 郑建功："梁漱溟对中国问题特殊性的探究"，载《浙江学刊》2007 年第 4 期。

59. 周朗生："在传统与现代之间：梁漱溟的宪政之道"，载《云南师范大学学报》2008 年第 4 期。

60. 周禄涛："建国前后梁漱溟法制思想的变化及其原因分析"，载《福建广播电视大学学报》2010 年第 2 期。

61. 祝薇："礼乐在梁漱溟的'儒学宗教功能论'中的地位"，载《云南社会科学》2010 年第 4 期。

（三）学位论文

1. 崔慧姝：《梁漱溟乡村建设运动及其争议研究》，南开大学政治学专业2012 年博士毕业论文。

2. 赖志凌：《中国传统社会结构的伦理特质——梁漱溟社会结构理论研究》，复旦大学中国哲学专业 2004 年博士毕业论文。

3. 廖济忠：《梁漱溟伦理思想研究》，中南大学伦理学专业 2010 年博士毕业论文。

4. 刘旺华：《"国家—社会"视野下的梁漱溟研究》，黑龙江大学中国哲学专业 2014 年博士毕业论文。

5. 熊吕茂：《梁漱溟的文化思想与中国现代化》，湖南师范大学中国近现代史专业 1997 年博士毕业论文。

6. 周朗生：《寻求秩序——梁漱溟政治思想解读》，吉林大学政治学理论专业 2006 年博士毕业论文。

（四）工具书

《辞海》（第六版）缩印本，上海辞书出版社 2010 年版。

索　引

法治建设　　/9,130,132,141,155,161

返本开新　　/2,19,27-29,119,125,150,152

礼的路　　/11,67-112,115,125,133

梁漱溟　　/1-161

社会秩序　　/47-66,70,77,85,102,111,125,144,150

身的文化　　/88-100

文化　　/67-128

文化决定论　　/113

心的文化　　/101-109

新礼俗　　/47-66

新儒家法律　　/1-30,113-161

学术推进型　　/135-141

中体西用论　　/115-118

后 记

学问有三重境界：第一层为"眼耳之学"，即对学问看看、听听则过；第二层为"肌肤之学"，即对学问有感而发，但仅此而已；第三层为"血肉之学"，即把学问融入生命之中，分不清哪是学问哪是生命。道家亦云："天之至私，用之至公。"这说明学问与个人生活、生命是紧紧联系在一起的。

首先，我要感谢我的博士生导师程燎原教授。跟随程老师学习，是我学术的追求，更是我人生的追求。在博士学习期间，程老师对我用心颇多。本书在我的博士论文的基础上修改而成，从论文的选题到资料的搜集，到结构框架的确定，到观点的提炼，到个别文字的修改，都得到了程老师的指导。在此，我表示衷心的感谢，当然，文责自负。

我要感谢师母王南老师。感谢她对学术与学术人的理解、尊重与支持。

我要感谢参加我博士论文开题与预答辩的陈忠林教授、陈伯礼教授、黄锡生教授、胡光志教授、齐爱民教授、张舫教授，他们对我的博士论文选题、修改提出了宝贵的意见。

我要感谢同门师弟王辉、朱俊、肖少启，师妹衡爱民、狄亚娜，他们为我论文的写作提供了许多便利与帮助。

我要感谢我的父母，他们为我付出了太多的心血。我还要感谢我的妻子刘海亚女士，感谢她对我的理解和支持。

尹华广

2018 年 5 月